Jérémy Cukierman, Hervé Quénol
et Michelle Bouffard

Quel vin pour demain ?

Le vin face aux défis climatiques

Préface de Miguel A. Torres

DUNOD

Illustration de couverture : d'après © Tartila
et Kalinin Ilya – Shutterstock.com

11 rue Paul Bert, 92240 Malakoff
www.dunod.com
ISBN 978-2-10-082473-1

« Le changement climatique est une épée de Damoclès suspendue au-dessus du vin. Ce sont des conditions climatiques marginales qui donnent naissance aux grands vins – et si ces conditions changent… ? Cet ouvrage propose une analyse opportune, sérieuse et réfléchie de la question ainsi que de possibles réponses, de la découverte de nouvelles régions plus fraîches aux alternatives à la bouteille en verre. Une lecture nécessaire pour tous les professionnels du vin. »

Hugh Johnson, auteur

*

* *

« Miroir de nos civilisations, le vin est malheureusement depuis quelques années un révélateur symptomatique des conséquences du changement climatique sur tous nos écosystèmes. Devant l'urgence du problème et la complexité de ces causes, il fallait un livre informé, pragmatique mais éclairé pour aider le professionnel comme l'amateur à comprendre les origines anthropiques de cette situation et motiver les changements sans céder au catastrophisme paralysant. C'est fait avec cet ouvrage. Dans une synthèse claire et critique, Michelle Bouffard, Jérémy Cukierman MW et Hervé Quénol joignent leurs forces et leurs expertises pour dresser un état de lieu objectif et tracer des perspectives d'avenir possibles, pour que tous, demain, puissions continuer de produire et déguster ce vin qui passionne l'humanité depuis son origine. »

Pascaline Lepeltier, MOF, Meilleur Sommelier de France

*

* *

« Se projeter dans l'avenir de la production viticole est un défi. Ce livre fournit une grande expertise scientifique et pratique pour relever le défi, survivre et même prospérer dans de nouvelles conditions. Le livre présente d'excellentes informations pour développer de nouvelles zones viticoles ou modifier l'emplacement du vignoble vers d'autres endroits dans des régions prestigieuses qui maintiennent la qualité et la typicité des vins. Les données et analyses proposées sont essentielles pour tous les producteurs de vin. »

Vicente Sotes, professeur émérite à l'Université polytechnique de Madrid et ancien vice-président de l'OIV

*

* *

« La plupart des livres ne sont pas nécessaires. En tant que livre sur le vin, celui-ci l'est indéniablement. Le changement climatique présente des défis que l'ensemble de la filière vitivinicole doit relever au plus vite. Cet ouvrage analyse en détail, et avec grande éloquence, l'impact des évolutions climatiques de la vigne au verre tout en mettant en lumière les stratégies d'adaptation actuelles ou futures. En tant qu'expert du vin, je ne vois pas mieux placé que Jérémy Cukierman MW, pour discuter de ces sujets. Il contribue au débat, avec un palais exceptionnel, une profonde curiosité et une vive intelligence. »

Michael Schuster, auteur, journaliste et professeur de dégustation

*

* *

« Le vin fait office de refuge contre l'agitation du monde. Quand j'écris sur le vin et les changements climatiques, je subis souvent l'opprobre de lecteurs réticents à reconnaître que leurs bouteilles adorées pourraient être menacées par un problème qu'ils refusent d'affronter ou même de reconnaître. D'autres soulignent la chaleur régnant lors de grands millésimes passés ou la possibilité de faire du vin à des latitudes plus hautes qu'autrefois, en voyant surtout des avantages au réchauffement du monde. La vérité, toutefois, est que s'ils ne sont pas contrôlés, les changements climatiques viendront disloquer toute la trame de nos vies, y compris le vin. En effet, le vin, qui est le produit de la ressource agricole la plus attentivement étudiée et la plus amoureusement décrite du monde, une ressource qui occupe les terres agricoles les plus précieuses qui soient et une culture qui réagit plus que toute autre aux nuances météorologiques, est un révélateur des changements climatiques. Et encore, la fabrication, le conditionnement et le transport du vin, tels qu'on les pratique actuellement, contribuent aux changements climatiques. Aucun sujet n'est plus important, à propos du vin, et je suis donc ravi de le voir traité dans ce livre avec autant de calme, de sérieux et de perspicacité par Michelle Bouffard, Jérémy Cukierman MW et Hervé Quénol. S'il doit y avoir un avenir pour les plus grands vins du monde, ceux qui font le vin et ceux qui le boivent doivent accueillir et soutenir un changement rapide de nos façons de faire. La lecture de ce livre est un bon point de départ. »

Andrew Jefford, auteur et journaliste

*

* *

Le vin face aux défis climatiques

« C'est moins le changement climatique que son accélération qui me surprend. Alors, comment s'adapter à sa vitesse et à ses surprises ? Comme on n'a pas le temps d'observer et de comprendre ni ses modifications, ni son nouvel ordre – s'il en est un –, il me semble que la meilleure posture à adopter est de préserver au maximum la diversité de notre patrimoine. Là est la clé ! Malgré notre niveau de connaissances jamais atteint jusqu'alors, nous devons laisser de côté notre orgueil et accepter que l'évolution de la planète nous dépasse, au risque de voir disparaître des pans entiers de vignobles dans certains secteurs. Il est plus sage de s'adapter au changement que de lutter à tout prix contre lui. Ce livre offre précisément un état des lieux complet de la situation sanitaire du vignoble tout en posant des questions justes sur son avenir. Un éclairage nouveau absolument remarquable ! »

Laure Gasparotto, autrice et journaliste au journal *Le Monde*

Préface

Quel vin pour demain ? Le vin face aux défis climatiques des auteurs Jérémy Cukierman MW, Hervé Quénol et Michelle Bouffard, est un livre incontournable. Il y a de nombreux ouvrages sur les changements climatiques en général, mais peu abordent leurs conséquences pour le secteur du vin. Ce livre couvre non seulement toutes les phases du cycle de vie du vin – de la production à la consommation –, mais il suggère également des solutions possibles pour combattre les changements climatiques et s'y adapter.

Des ouvrages comme celui-ci nous aident prendre conscience que nous ne pouvons plus nous satisfaire d'une attitude passive face à ces changements. Je suis certain qu'il encouragera les vignerons et toute la filière viticole à accélérer leurs programmes de développement durable en vue de devenir neutre en carbone d'ici 2050 et par ce fait, montrer aux décideurs mondiaux qu'il est crucial que l'Accord de Paris de 2015 soit respecté. Ce n'est qu'en travaillant ensemble que nous pourrons gagner la bataille contre les changements climatiques et assurer un bel avenir aux générations futures.

Miguel A. Torres, 4e génération et président de la Familia Torres

Sommaire

Avant-propos

Cet ouvrage n'est ni un guide, ni un catalogue. Il n'a pas pour vocation d'être exhaustif ou de donner des leçons. Notre objectif, dans ce livre, se résume à expliquer les causes des changements climatiques d'origines anthropiques, à analyser leurs multiples conséquences pour la filière viti-vinicole, du vignoble au verre, et surtout à discuter des solutions et des perspectives pour construire un avenir durable.

Ces évolutions climatiques, héritées, entre autres, de la révolution industrielle, des évolutions démographiques récentes et de nos modes de vie, sont relativement récentes. Le savoir se construit progressivement, les initiatives pour s'adapter à un ciel qui change sont nombreuses et parfois isolées. Les réalités du vignoble, du chai ou du marché sont multiples. Le monde du vin reste très fragmenté, les acteurs n'ont pas toujours le loisir de partager leurs réflexions, leurs observations et les actions qui en découlent. Pour ce qui est des défis climatiques, il y a pourtant urgence. La filière viti-vinicole peut être un exemple, et montrer la voie. Elle parle le langage de la terre, celle d'un produit agricole, qui peut être de plus en plus responsable. Les stratégies d'adaptation et de mitigation aux changements climatiques sont déjà nombreuses. Elles sont, nous l'espérons, amenées à se multiplier et seront encore plus efficaces si les acteurs de la filière ont connaissance de ce qui se fait ailleurs et de ce qui pourrait s'imaginer pour demain.

À travers ces pages, nous avons essayé, humblement, de poser des questions, de donner quelques clés, de mettre en lumière des initiatives vertueuses, et surtout de donner de l'espoir. L'urgence n'appelle surtout pas le fatalisme, l'angoisse ou la résignation, mais nous invite au contraire au changement, à la vision et à la mobilisation.

« Chacun de nous peut apporter des changements dans la façon dont nous vivons nos vies et faire partie de la solution. »

Al Gore

1
Le changement climatique

Introduction

Depuis 1988, le Groupe intergouvernemental sur l'évolution du climat (GIEC) répertorie et analyse les travaux de recherches scientifiques sur les changements climatiques. Les rapports successifs du GIEC mettent en évidence un dérèglement du système climatique depuis le milieu du XIXe siècle, lié en grande partie aux activités anthropiques. Celui-ci se manifeste par une augmentation de la température globale, une répartition très variable des précipitations engendrant un accroissement du risque de sécheresse dans certaines parties de la planète et des extrêmes climatiques (par exemple vagues de chaleur) plus intenses et plus fréquents. En plus des impacts environnementaux, le changement climatique a des conséquences économiques, notamment dans le domaine agricole où les productions végétales et animales sont fortement dépendantes du climat. C'est le cas de la viticulture où la croissance de la vigne et les caractéristiques des vins subissent d'importantes modifications pouvant, à plus ou moins long terme, redéfinir la géographie viticole mondiale. Des projections des impacts sur la viticulture sont nécessaires pour l'élaboration de stratégies d'atténuation et d'adaptation.

Avant d'aborder spécifiquement les conséquences du changement climatique sur la vigne et le vin, ce chapitre a pour objectif de fournir au lecteur les notions de base sur le changement climatique. Dans une première section, nous détaillerons les mécanismes et les causes responsables du dérèglement climatique contemporain. La seconde section sera consacrée à la modélisation du changement climatique et aux différents scénarios du climat futur : le fonctionnement d'un modèle climatique ; les simulations du climat futur ; la résolution spatiale et les incertitudes des sorties de modèles climatiques.

Origine et causes du changement climatique

Le changement climatique contemporain

L'impact anthropique sur le changement climatique n'est plus à prouver et il ne fait plus aucun doute que le réchauffement à un rythme sans précédent est dû en grande partie aux forts rejets d'émissions de gaz à effet de serre liés aux activités humaines. L'influence de l'Homme engendre un dérèglement du système climatique global qui se manifeste par de nombreux changements comme l'augmentation du réchauffement de l'atmosphère et des océans, une diminution de la couverture de neige et de glace, et une élévation du niveau marin (GIEC, 2014).

La température moyenne de l'air dans le monde a augmenté de plus de 0,6 °C lors des 100 dernières années. Plus récemment, chacune des dernières décennies a été la plus chaude. Selon l'Organisation météorologique mondiale (OMM), la décennie 2011-2020 se classe comme la plus chaude jamais observée et les six années écoulées depuis 2015 ont toutes atteint des records (WMO, 2020). Les années 2016, 2019 et 2020 ont été les plus chaudes jamais enregistrées. En 2020, la température mondiale moyenne était supérieure de 1,2 °C par rapport à la période 1850-1900, considérée comme référence préindustrielle (figure 1.1).

Les anomalies de températures moyennes présentent une importante variabilité spatiale à l'échelle du globe. La figure 1.2 montre les différences de températures moyennes entre 1850 et 2018, suivant des périodes pluriannuelles, à l'échelle du globe. Il apparaît très clairement que certaines régions du globe sont soumises à une augmentation des températures beaucoup plus importante par rapport à la moyenne globale. Sur la période 2000-2018, l'ampleur du réchauffement est plus importante aux hautes latitudes (supérieur à +2 °C) et sur la terre ferme par rapport à l'océan. Les eaux de surface de l'océan Austral, en revanche, se sont réchauffées (voire ont connu un léger refroidissement) plus lentement. Il est important de noter que sur les périodes 1970-1999 et 2000-2018, la quasi-totalité de la planète a connu une augmentation de la température par rapport à la période de référence (1961-1990) (Morice *et al.*, 2021).

Figure 1.1 Différence de température annuelle moyenne mondiale par rapport aux conditions préindustrielles (1850-1900)

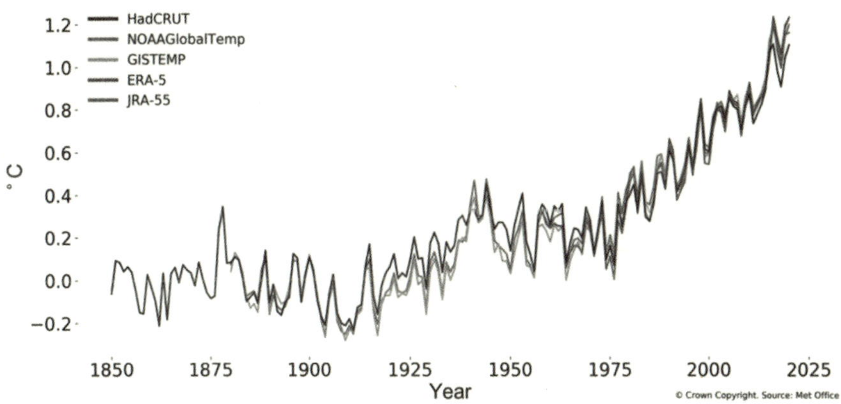

Source : © British Crown copyright, Met Office

Autant l'étude des températures est caractérisée par un réchauffement sur la quasi-totalité de la surface de la planète, autant l'évolution des précipitations est très variable suivant les régions du globe. D'une manière générale, les latitudes moyennes de l'hémisphère nord ont connu une augmentation depuis le début des années 1900. Cette tendance est robuste statistiquement si l'on se base sur l'évolution depuis 1951 (manque de données avant cette période). Aux autres latitudes, la tendance à l'augmentation ou la diminution des précipitations n'est pas suffisamment robuste statistiquement sur toute la période étudiée

(GIEC, 2014). Toutefois, de nombreuses régions du monde, notamment aux basses latitudes (par exemple, les régions méditerranéennes), subissent une diminution des précipitations moyennes, ce qui conduit à une diminution des ressources en eau.

Figure 1.2 Anomalie de la température moyenne à long terme (°C, par rapport à la période 1961-1990). (a) 1850-1879, (b) 1880-1909, (c) 1910-1939, (d) 1940-1969, (e) 1970-1999 et (f) 2000-2018
(Cette illustration est disponible en couleurs dans le premier cahier couleur)

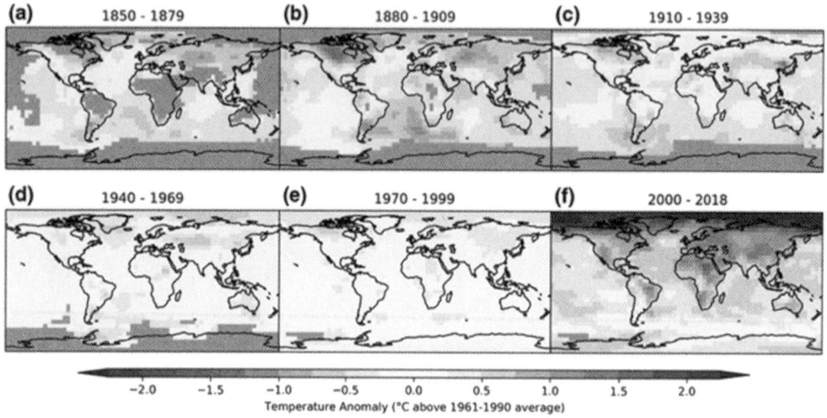

Source : © British Crown copyright, Met Office, via Morice *et al.*, 2021

L'évolution des températures et des précipitations en lien avec le changement climatique se manifeste également au niveau des extrêmes avec un impact sur l'augmentation de la fréquence et l'intensité des vagues de chaleur, les sécheresses ou les événements de fortes précipitations.

Les causes du changement climatique

La tendance actuelle au réchauffement climatique est le résultat d'un déséquilibre du budget énergétique de la Terre, qui correspond au rapport entre l'énergie entrante et l'énergie sortante pour le système Terre-atmosphère. L'augmentation des niveaux de gaz à effet de serre dans l'atmosphère due aux activités humaines est le principal moteur du changement climatique depuis le milieu du XXe siècle. L'équilibre énergétique est modifié à cause d'une plus grande absorption du rayonnement terrestre sortant et, par conséquent, une plus grande quantité de chaleur est retenue dans le système Terre-atmosphère. Les modifications de l'équilibre du bilan énergétique peuvent également provenir d'autres facteurs d'origine naturelle ou anthropique. Il s'agit donc d'une interaction de processus naturels et anthropiques à prendre en compte pour une meilleure connaissance des causes et des conséquences du changement climatique.

L'augmentation sans précédent des émissions anthropiques de gaz à effet de serre depuis l'époque préindustrielle (avant 1750) est due principalement à la croissance économique et démographique mondiale. « Les émissions passées ont élevé les concentrations atmosphériques de dioxyde de carbone, de méthane et d'oxyde nitreux à des niveaux sans précédent depuis au moins 800 000 ans, entraînant une absorption nette d'énergie par le système climatique. » (Giec, 2014). Par exemple, en 2019, les concentrations en dioxyde de carbone (CO_2), méthane (CH_4) et oxyde nitreux (N_2O) constituaient respectivement 148 %, 260 % et 123 % des niveaux préindustriels (OMM, 2020). Les émissions de gaz à effets de serre d'origine anthropique sont considérées comme en grande partie responsables de l'augmentation contemporaine des températures moyennes globales. Les observations récentes montrent que la tendance à l'augmentation des émissions de gaz à effet de serre semble s'accélérer malgré les efforts déployés pour tenter de réduire les émissions.

D'une manière générale, l'ensemble des activités humaines contribue à renforcer l'effet de serre naturel. Les rejets de gaz à effet de serre résultant de la combustion de combustibles fossiles sont considérés comme le principal facteur du réchauffement climatique. La modification de l'occupation du sol, la déforestation ou encore la modification de la composition de l'atmosphère par le biais de la pollution atmosphérique ont également un impact sur le bilan énergétique de la planète. Plusieurs études ont démontré que la contribution anthropique serait responsable de plus de la moitié de l'augmentation de la température moyenne du globe (figure 1.3).

Le changement climatique contemporain à l'échelle mondiale nécessite d'évaluer les impacts futurs afin de définir des stratégies d'atténuation et d'adaptation. Le système Terre-atmosphère est complexe avec de

Figure 1.3 Contributions au changement observé de la température en surface entre 1951 et 2010

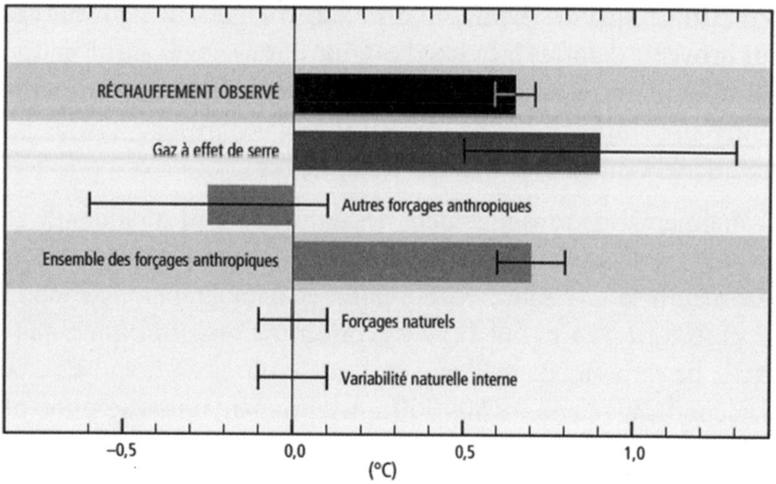

Source : d'après GIEC, 2014

nombreux facteurs humains et naturels en interaction. La modélisation climatique a pour objectif de simuler au mieux le climat futur en fonction de différents niveaux d'émissions de gaz à effet de serre.

Modélisation du climat et simulations futures

La modélisation climatique

Afin de pouvoir évaluer les impacts du changement climatique, il est indispensable de pouvoir représenter au mieux le climat. Naturellement, la prévision parfaite du climat futur n'est pas possible, mais il faut toutefois pouvoir limiter le mieux possible les biais et les incertitudes. Pour cela, la communauté scientifique et plus particulièrement les chercheurs en physique de l'atmosphère développent des modèles climatiques reproduisant le climat à l'échelle de la planète. La modélisation climatique correspond à des simulations mathématiques par l'application des équations fondamentales de la physique atmosphérique. Les modèles climatiques utilisent les mêmes équations que les modèles météorologiques. La principale différence est que les modèles météorologiques simulent le temps à court terme, tandis que les modèles climatiques sont appliqués sur de longues périodes afin de prévoir les changements climatiques futurs sur plusieurs centaines d'années. Les simulations réalisées sur le climat passé et actuel permettent d'élaborer et d'optimiser le modèle en utilisant les données observées pour validation.

Les modèles climatiques sont donc une représentation relativement simplifiée des différents mécanismes qui régissent la circulation atmosphérique entre la surface du sol (ex. : océan, surfaces en glace, relief, couvert végétal...) et l'atmosphère. La planète est représentée par une grille tridimensionnelle découpée en mailles dans lesquelles les équations sont appliquées pour simuler ces processus naturels et représenter ainsi l'ensemble du système climatique global (figure 1.4). Le calcul de ces équations à partir des modèles globaux permet d'estimer, avec une résolution spatiale de l'ordre de 100-50 km, les paramètres météorologiques comme la température, l'humidité de l'air, les précipitations ou la vitesse et la direction du vent pour chaque cellule de la grille sur différentes échelles de temps. En intégrant ces équations dans le temps, les modèles climatiques tentent de prédire l'état de l'atmosphère à un moment donné dans le futur sur la base de son état actuel.

Figure 1.4 Grille tridimensionnelle représentant la surface de la Terre et l'atmosphère dans un modèle climatique global

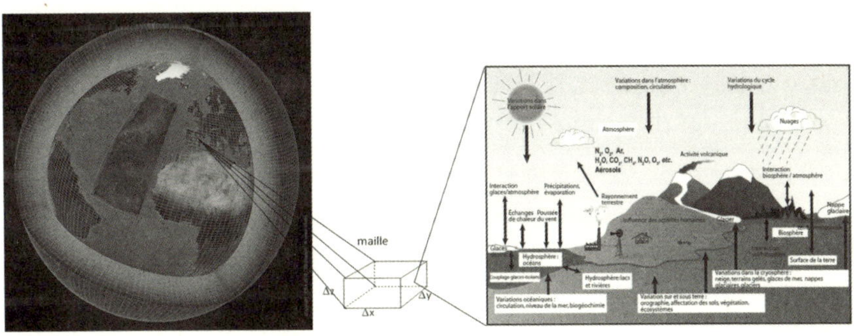

Source : d'après CEA/CNRS/Météo-France 2019 – réalisation Animea Studio

Afin d'intégrer les effets de l'activité humaine sur le réchauffement climatique, le principal forçage utilisé dans les modèles climatiques mondiaux est la contribution estimée des émissions anthropiques à la modification des concentrations de gaz à effet de serre. Dans le 5e rapport du GIEC (2014), les résultats des modélisations avec seulement un forçage naturel puis en y ajoutant un forçage anthropique ont montré que les simulations sans forçage anthropique ont complètement décroché à partir de la fin des années 1950 par rapport aux données observées. Des simulations plus récentes réalisées avec des capacités de calcul beaucoup plus importantes ont permis d'améliorer la qualité du lien entre les données observées et les simulations climatiques à l'échelle globale prenant en compte les forçages naturels et anthropiques.

Ces modèles globaux prenant en compte les forçages naturels et anthropiques sont l'élément clé de toute simulation du changement climatique et constituent le point de départ de la modélisation du climat futur. Des scénarios d'émissions sont utilisés en entrée de ces modèles climatiques afin d'évaluer les possibles évolutions du climat à l'échelle globale.

Les scénarios du changement climatique

L'intensité de ce forçage des gaz à effet de serre varie en fonction de différents scénarios socio-économiques futurs qui ont été établis pour refléter les voies d'évolution possibles de toutes les activités humaines. La gamme des scénarios d'émission de gaz à effet de serre, comme les modèles climatiques, ont évolué et ont été fortement améliorés au fur et à mesure des différents « projets d'intercomparaison des modèles couplés » (CMIP pour *Coupled Model Intercomparison Project*) et des différents rapports du GIEC.

Les scénarios *Representative Concentration Pathways* (RCP) (van Vuuren *et al.*, 2011), utilisés pour les simulations du climat futur dans le cadre du 5e rapport du GIEC et du CMIP5, prennent en compte plusieurs futurs possibles définis par un certain niveau de population, un certain type d'industrie et de système énergétique, et la croissance en réponse à d'éventuelles politiques nationales et internationales. Les RCP comprennent des scénarios d'émissions de gaz à effet de serre élevées et faibles, en relation avec la volonté politique des pays d'atténuer le changement climatique. Il existe quatre scénarios RCP correspondant à différents niveaux de forçage radiatif : RCP2.6, RCP4.5, RCP6.0 et RCP8.5. Chaque RCP représente une augmentation possible du rayonnement net (+2,6, +4,5, +6,0 et +8,5 Wm^{-2}) prévue en 2100 par rapport aux valeurs préindustrielles (GIEC, 2014). Le scénario RCP2.6 (faibles émissions de gaz à effet de serre avec réchauffement global < 2 °C à l'horizon 2100) suppose que les émissions annuelles mondiales de GES atteindront leur maximum entre 2010 et 2020, puis diminueront considérablement, tandis que le scénario RCP4.5 suppose que les émissions atteindront leur maximum vers 2040 avant de diminuer. Le scénario RCP6.0 suppose que les émissions atteindront leur maximum vers 2080 avant de diminuer et le scénario RCP8.5 (absence de politique de réduction de GES avec réchauffement global +5 °C à l'horizon 2100) suppose que les émissions continueront à augmenter tout au long du XXIe siècle. Ces hypothèses doivent être représentées par différents taux de variation des émissions de gaz à effet de serre dans les modèles climatiques afin de donner une idée de l'impact de chaque scénario sur le climat futur.

Dans le cadre du sixième rapport du GIEC, une nouvelle série de scénarios, intitulés *Share Socioeconomic Pathways* (SSP), a été créée pour alimenter les modèles climatiques du CMIP6 (O'Neill *et al.*, 2016 ; Riahi *et al.*, 2017). L'apport majeur du CMIP6 se situe au niveau d'un plus grand choix de scénarios permettant de proposer différentes trajectoires socio-économiques. Dans le CMIP5, seul le RCP8.5 correspond au scénario le plus pessimiste. Des scénarios intermédiaires ont été ajoutés dans le CMIP6. Par exemple, le SSP3-7.0 et le SSP4-6.0 correspondent à des scénarios intermédiaires entre le RCP8.5 et le RCP6.0 (politique de faible atténuation). Le SSP1-1.9 prend en compte les résultats de l'Accord de Paris avec l'objectif de limiter le réchauffement climatique à 1,5 °C en 2100 par rapport aux niveaux préindustriels (figure 1.5).

Figure 1.5 Simulation de la température moyenne mondiale selon les scénarios *Shared Socioeconomic Pathways* (SSP ; CMIP6) et comparaison avec les *Representative Concentration Pathways* (RCP ; CMIP5) à l'horizon 2100

(Cette illustration est disponible en couleurs dans le premier cahier couleur)

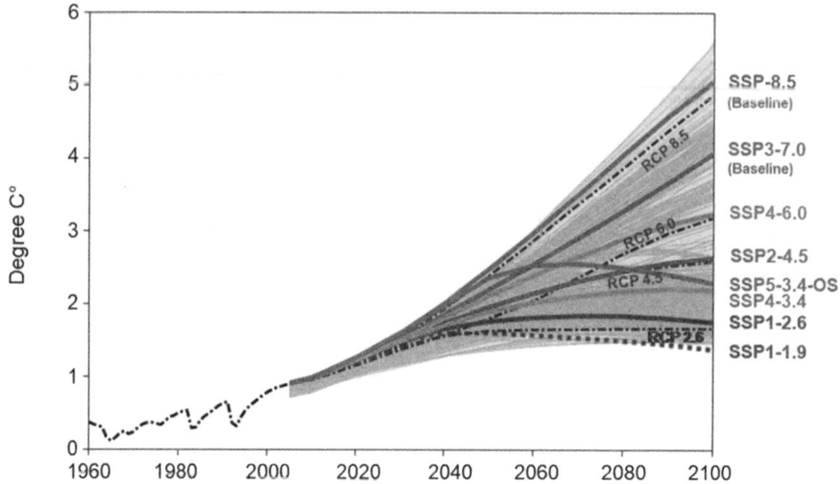

Source : d'après O'Neill *et al.*, 2016

Les simulations du climat futur

Les projections futures réalisées dans le cadre du CMIP5 selon tous les scénarios d'émissions simulent une augmentation de la température de l'air ainsi que de la fréquence et de l'intensité des événements extrêmes tels que les vagues de chaleur et les précipitations intenses. La température des océans va également continuer à augmenter, ce qui engendrera une élévation croissante du niveau moyen de la mer.

En prenant comme référence la période 1986-2005, l'augmentation de la température de surface moyenne est comprise entre 0,3 °C et 1,7 °C selon le RCP2.6 et entre 2,6 °C et 4,8 °C selon le RCP8.5 à l'horizon 2081-2100 (GIEC, 2014). Certaines régions, comme l'Arctique, seront très probablement soumises à un réchauffement plus intense. Pour les extrêmes thermiques, les vagues de chaleur pourraient être plus fréquentes, plus intenses et plus longues. Concernant les précipitations, comme pour les valeurs observées, l'évolution des précipitations projetées est différente suivant les régions du globe. Selon le scénario RCP8.5, les précipitations moyennes annuelles devraient augmenter dans les régions de hautes latitudes alors qu'elles diminueraient dans les régions subtropicales arides. Les périodes de sécheresse, déjà fréquentes dans ces régions, seront probablement plus importantes et plus intenses. Aux moyennes latitudes, les simulations montrent des résultats variables avec certaines régions où les précipitations moyennes diminueront probablement, alors que d'autres (actuelles régions humides des moyennes latitudes) connaîtront une augmentation. Cette répartition des précipitations à l'échelle de la planète est assez similaire selon les deux scénarios mais avec une plus forte intensité avec le scénario RCP8.5, ce qui pourrait engendrer un accroissement des phénomènes extrêmes (ex. : précipitations extrêmes, sécheresses...). Dernièrement, les simulations réalisées dans le cadre du CMIP6 avec les mêmes scénarios d'émissions et avec des modèles plus performants ont permis d'obtenir des résultats similaires sur la période passée et un réchauffement plus intense pour les températures moyennes et extrêmes dans le futur, notamment sur la France (Braconnot *et al.*, 2019). La figure 1.6 montre les différences entre l'ensemble des modèles du CMIP6 et CMIP5 sur la période 2081-2100 en comparaison avec 1995-2014. À l'exception de l'Arctique, la différence de température entre les deux CMIP se situe entre – 0,2 °C et + 0,2 °C.

Figure 1.6 Différences de changement de température (à gauche) et des précipitations (à droite) à l'échelle mondiale entre l'ensemble des modèles du CMIP6 et du CMIP5

(Cette illustration est disponible en couleurs dans le premier cahier couleur)

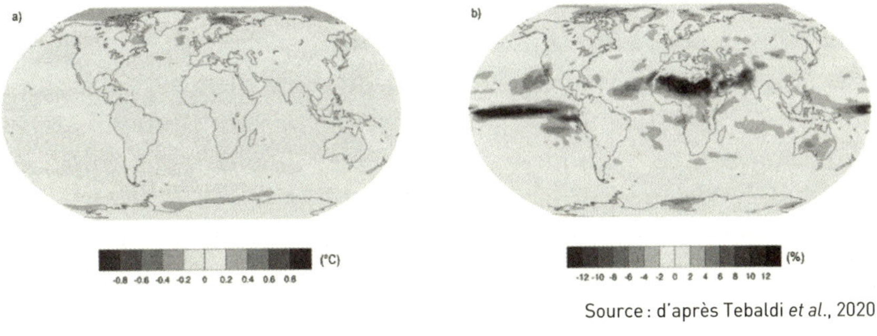

Source : d'après Tebaldi *et al.*, 2020

En ce qui concerne les précipitations, les plus grandes différences se situent au niveau des tropiques. Le signal de décroissance des précipitations se confirmerait pour les régions méditerranéennes et certaines régions d'Amérique du Sud, d'Amérique centrale et d'Afrique australe (Tebaldi *et al.* 2020).

La résolution spatiale des modèles

Les simulations climatiques avec les différents scénarios d'émission ont été réalisées à l'échelle planétaire en utilisant une grille horizontale d'une résolution de 0,5° de latitude et de longitude (environ 50 km) sur la période 2000-2300. Cette résolution spatiale permet de simuler l'influence des scénarios d'émissions sur la circulation générale de l'atmosphère et d'estimer leur impact sur les variables climatiques à l'échelle mondiale. Mais les modèles climatiques globaux ne tiennent pas compte des variations à petite échelle des caractéristiques de surface et de la variabilité spatiale du climat qui en résulte. Pourtant, en fonction de leurs applications, les modèles climatiques nécessitent des résolutions spatiales différentes. Les modèles globaux permettent de réaliser une modélisation de la circulation atmosphérique globale et d'étudier les différents processus caractérisant les conséquences du changement climatique à l'échelle de la planète. Les études d'impact du changement climatique aux échelles régionales et locales nécessitent des résolutions spatiales plus précises notamment avec l'objectif de définir des stratégies d'adaptation. Les méthodes de réduction d'échelle sont donc utilisées pour intégrer les effets de la variabilité complexe de la surface et augmenter la résolution spatiale des modèles.

Les approches dynamiques et statistiques de réduction d'échelles sont utilisées pour obtenir une résolution spatiale plus fine que les sorties de modèles climatiques globaux. La descente d'échelle dynamique correspond à la régionalisation des sorties de modèles climatiques globaux avec une méthode basée sur l'interaction entre les équations de physique de l'atmosphère et les caractéristiques de la surface. Ces modèles sont composés de grilles imbriquées où la première grille correspond à la sortie du modèle global. Plus la résolution des grilles augmente, mieux l'effet des caractéristiques de surface est représenté.

L'avantage de la réduction d'échelle dynamique est qu'elle est basée sur les processus physiques de l'atmosphère comme les modèles globaux. L'inconvénient est qu'elle nécessite d'importantes capacités de calcul, ce qui ne permet pas d'obtenir une précision inférieure à 10 km (hormis pour des études de cas spécifiques). La réduction d'échelle dynamique des projections climatiques dérivées des modèles climatiques globaux nécessite d'importantes étapes de calcul supplémentaires et c'est pour cela que la précision de la grille la plus fine est généralement autour d'une dizaine de kilomètres. Le programme CORDEX (*Coordinated Regional Climate Downscaling Experiment*) a pour objectif de produire des projections du changement climatique régionalisées sur l'ensemble de la planète. Par exemple, pour la France, les scénarios RCP2.6, RCP4.6 et RCP8.5 ont été utilisés pour réaliser des simulations régionalisées avec une résolution de 12 km (Soubeyroux *et al.*, 2020).

Les approches de la réduction d'échelle statistique dépendent de la relation statistique entre les variables d'échelle globale provenant des modèles climatiques globaux et les facteurs régionaux/locaux comme la topographie ou l'occupation du sol. Ces méthodes empiriques (ex. : régression linéaire multiple, réseau de neurones...) dépendent généralement des données climatiques obtenues à partir des réseaux de stations météorologiques. La réduction d'échelle à l'aide de méthodes statistiques nécessite moins de capacité de calcul que pour les méthodes dynamiques, ce qui peut permettre une meilleure résolution spatiale (quelques dizaines de mètres). Toutefois, l'inconvénient est que la relation statistique n'est valable que pour les données dont elle est issue c'est-à-dire sur une période passée. Les méthodes statistiques sont également utilisées pour réduire les biais identifiés dans les sorties des modèles dynamiques. Les projections régionalisées sont corrigées via des méthodes statistiques à partir de données observées sur une période de référence (climat passé et actuel). Les biais identifiés et corrigés sur la période de référence sont ensuite réduits sur la période future. La figure 1.7 montre les différentes étapes de descente d'échelle dynamique et statistique pour la réalisation du jeu de données DRIAS correspondant aux sorties de projections régionalisées du changement climatique sur la France (Soubeyroux *et al.*, 2020).

Figure 1.7 Descente d'échelle et correction de biais de l'échelle globale à l'échelle régionale

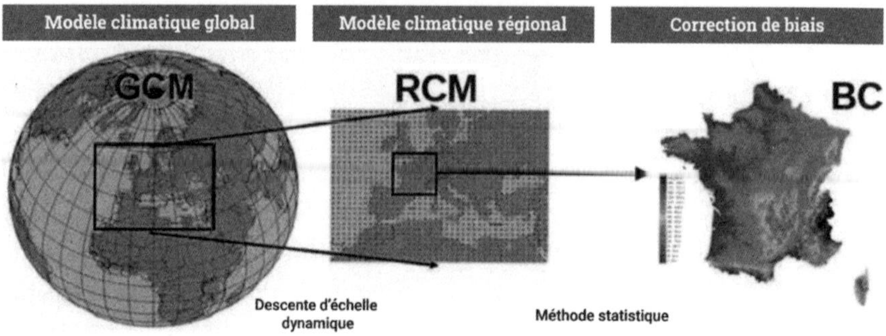

Source : d'après Soubeyroux *et al.*, 2020

Biais et incertitudes

Les sources d'incertitudes dans la modélisation du changement climatique sont nombreuses comme la variabilité naturelle du climat, les caractéristiques des modèles, les scénarios d'émissions, mais aussi tout le processus de réduction d'échelles des sorties de modèles globaux. Les modèles climatiques sont une représentation simplifiée de processus très complexes et certains paramètres sont mieux représentés que d'autres. La structure des modèles et la paramétrisation des processus atmosphériques sont différentes suivant les modèles, ce qui engendre des résultats différents même avec des hypothèses de départ similaires. La modélisation de l'évolution de la température entre 1981-2010 et 2071-2100 selon les SSP1-2.6 (réchauffement < 2 °C) et SSP3-7.0 (réchauffement +4 °C) à partir des deux modèles français (CNRM-CM6 et IPSL) a été réalisée par des équipes du CEA, CNRS et Météo-France[1]. Même si, d'une manière générale, les résultats sont relativement proches, on observe une disparité spatiale des températures dans certaines parties du globe. Ce niveau d'incertitude lié aux modèles varie également suivant les paramètres étudiés et l'intensité des phénomènes. Par exemple, le niveau d'incertitude des projections

1 www.meteofrance.fr/actualites/75607524-nouvelles-simulations-du-climat-5-points-cles.

futures est beaucoup plus important pour les précipitations que pour les températures mais aussi pour les extrêmes climatiques (Ouzeau *et al.*, 2014). Les sources d'incertitudes concernent également les émissions futures, qui sont dues à des processus socio-économiques influencés par des choix politiques, et ceux-ci sont imprévisibles. La large gamme de niveau de concentration de GES introduits dans les modèles permet d'établir plusieurs hypothèses d'évolution possible du climat du futur, mais naturellement avec un important niveau d'incertitude.

Le projet d'intercomparaison des modèles couplés (CMIP) a pour objectif d'élaborer des simulations standards du climat futur suivant un protocole commun en regroupant les principaux centres climatiques du monde entier. En adoptant une démarche commune, cela permet d'inter-comparer les différents modèles et d'évaluer les différentes sources d'incertitude. Les modèles climatiques développés dans le cadre du CMIP servent de base pour les simulations réalisées dans le cadre des différents rapports du GIEC. La plupart des simulations du GIEC sont réalisées à partir d'un modèle « moyen » issu de la combinaison d'un ensemble de modèles. Des études de comparaison de modèles ont montré qu'un ensemble de modèles doit être privilégié par rapport à l'utilisation d'un modèle unique car la validation est plus robuste (Gleckler *et al.*, 2008).

Comme cela a été développé ci-dessus, des méthodes de réduction d'échelle sont nécessaires pour affiner la résolution spatiale des projections globales du changement climatique pour des études d'impact régionales et locales. Cependant, le processus de réduction d'échelle introduit des biais supplémentaires. Le choix de la méthode de descente d'échelle, les données utilisées mais aussi la méthode de correction des biais engendrent d'autres sources d'incertitudes. Boé (2007) a parfaitement illustré la succession d'incertitudes des études d'impact du changement climatique avec un niveau d'incertitude croissant en lien avec une résolution spatiale plus fine (figure 1.8).

Figure 1.8 La cascade des incertitudes caractéristique d'une étude des impacts du changement climatique

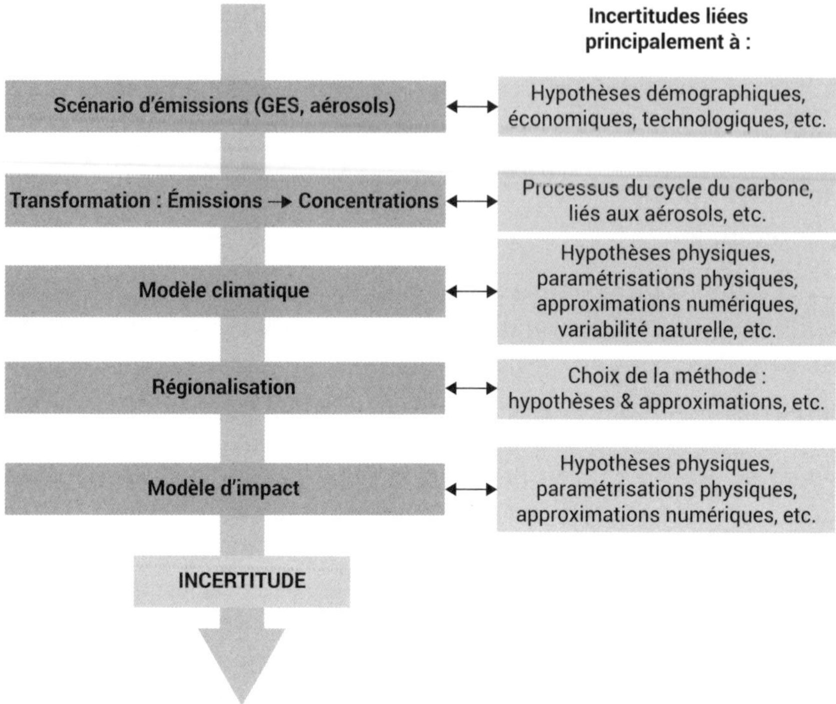

Source : d'après Boé, 2007

2

Les impacts du changement climatique sur la viticulture

Introduction

La viticulture est fortement tributaire du climat au niveau de la croissance de la plante, des caractéristiques et de la composition des raisins, et donc de la qualité des vins. Ces dernières décennies, l'évolution des conditions thermiques, hydriques, mais aussi des événements extrêmes (ex. : vagues de chaleur, sécheresses, gelées de printemps) ont impacté les régions viticoles du monde entier. Par conséquent, le changement climatique questionne fortement la profession viticole mondiale en termes d'impact et d'adaptation au climat de demain. À travers ce chapitre, nous analyserons les impacts du changement climatique contemporain sur la vigne et le vin, notamment sur la croissance de la plante, les caractéristiques des raisins, puis l'évolution géographique des régions viticoles dans le monde. Nous évoquerons ensuite les approches et les méthodologies permettant d'analyser les impacts actuels et futurs du changement climatique sur la viticulture. Pour finir, nous illustrerons ces différents points méthodologiques avec les projections climatiques futures pour la viticulture mondiale.

Comment la vigne et le vin répondent à l'évolution du climat

Ces dernières décennies, la vigne a répondu au réchauffement climatique par une avancée des stades phénologiques et une évolution significative de la composition des raisins correspondant à une augmentation de la teneur en sucre et du degré alcoolique, et à une diminution de l'acidité dans les baies. Du fait de cette évolution, certaines régions viticoles semblent avoir déjà atteint leur optimum climatique pour la culture de la vigne, alors que d'autres sont aujourd'hui dans des conditions beaucoup plus favorables qu'il y a quelques décennies.

Une évolution du cycle de croissance de la vigne et des caractéristiques des raisins et des vins

Parmi les éléments climatiques ayant une influence sur le fonctionnement de la vigne et les caractéristiques du vin, la température de l'air est considérée comme l'un des plus importants. La vigne répond au réchauffement contemporain par une modification de son cycle végétatif et une évolution de la composition des raisins (Duchêne et Schneider, 2005 ; Van Leeuwen et Dariet, 2016). Dans de nombreuses régions viticoles, les dates des stades phénologiques (débourrement, floraison, nouaison, véraison) sont plus précoces de plusieurs semaines et au même moment la période de croissance s'est raccourcie, plus particulièrement entre la floraison et la maturité des raisins (Jones et Davis 2000 ; Beltrando et Briche, 2010 ; Webb *et al.*, 2011 ; Bock *et al.*, 2011). La figure 2.1 montre l'évolution des stades phénologiques depuis 1950 pour le cépage riesling en Alsace. Entre 1950 et 2019, en dehors de la variabilité interannuelle, les stades phénologiques de la vigne ont connu une avancée moyenne de plus d'une semaine (débourrement) à plus d'un mois (véraison), avec un début de vendanges plus précoce de presque un mois (Duchêne et Schneider, 2005, Van Leeuwen *et al.*, 2019). La plus grande précocité du cycle végétatif de la vigne peut exposer la vigne à un risque gélif printanier accru. Un débourrement avancé d'une semaine accentue la vulnérabilité du bourgeon aux basses températures qui sont statistiquement plus probables en début de printemps. Les forts épisodes de gelées printanières en avril 2017 (mais aussi en avril 2019 et surtout en avril 2021) ont provoqué d'importants dégâts dans la plupart des régions viticoles françaises, ce qui a fortement impacté la production de l'année. Les stades de croissance plus précoces ainsi que le raccourcissement de la saison de croissance rendent aussi la vigne beaucoup plus sensible aux températures estivales. La maturation des raisins intervient au plus fort de l'été, ce qui peut conduire à une exposition des raisins à de fortes températures, voire des problèmes d'échaudages des baies lors de vagues de chaleur extrêmes.

Figure 2.1 Évolution de la phénologie du cépage riesling en Alsace de 1950 à 2019

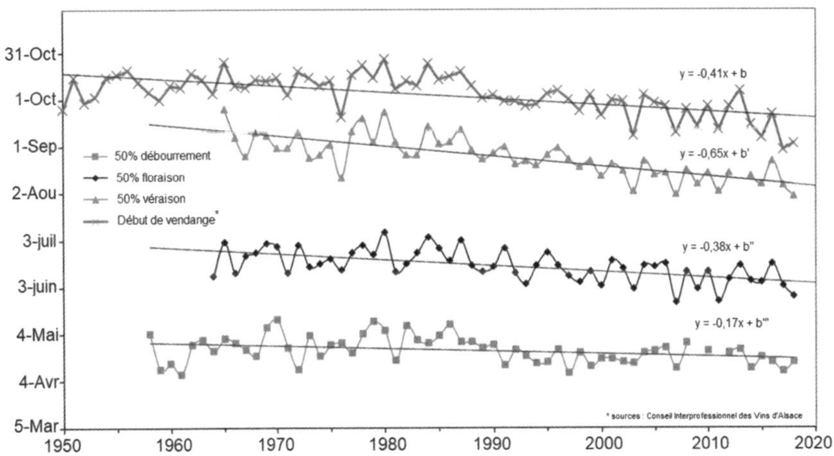

Source : d'après Duchêne et Schneider, 2005, puis adapté par Van Leeuwen *et al.*, 2019

L'augmentation de la température durant la période automno-hivernale a aussi une influence avant la reprise de croissance de la vigne. Après la chute des feuilles, la vigne a besoin d'une période de froid hivernal pour favoriser la dormance. Or, dans certaines régions du monde, l'augmentation des températures hivernales perturbe déjà fortement la dormance de la vigne et par conséquent le débourrement au printemps (Santos *et al.*, 2020).

L'augmentation de la température associée à la diminution des précipitations accentue les sécheresses, particulièrement dans les régions viticoles soumises à des climats méditerranéens. Une alimentation hydrique limitée est néfaste pour la physiologie de la plante et peut entraîner une baisse des rendements. Dans les régions plus tempérées et dans une certaine mesure, l'augmentation du déficit hydrique peut avoir un effet positif. Comme l'indiquent Van Leeuwen et Darriet (2016), « jusqu'à présent, les meilleurs millésimes à Bordeaux (où les vignes ne sont pas irriguées) sont des millésimes secs. La fréquence des millésimes secs a augmenté au cours des trois dernières décennies, ce qui s'est traduit par une meilleure notation des millésimes ces dernières années. Dans la production de vin blanc, seuls les déficits hydriques très légers sont positifs pour la qualité du vin, tandis que les déficits hydriques plus graves sont préjudiciables. » L'évolution climatique contemporaine a donc modifié le fonctionnement de la vigne via son cycle végétatif et cela a forcément impacté les caractéristiques des vins avec l'augmentation du taux d'alcool, une baisse de l'acidité ainsi qu'une modification des arômes et de la couleur. Par exemple, dans le Val de Loire, l'analyse de la composition des principaux cépages blancs et rouges a montré une augmentation de la teneur en sucre et du degré alcoolique probable ainsi qu'une diminution de l'acidité totale entre le début des années quatre-vingt et 2010 (tableau 2.1).

Cette évolution physiologique des caractéristiques des vins a un impact sur les aptitudes à produire des vins de qualité, ce qui modifie la géographie des régions viticoles de la planète. Certaines sont déjà soumises à des conditions climatiques compliquées alors que d'autres ont des conditions plus favorables (même s'il n'est pas envisageable de parler d'effet positif du changement climatique).

Tableau 2.1. Évolution de la composition des raisins pour les principaux cépages blancs et rouges cultivés dans le Val de Loire (d'après Neethling, 2016 ; sources données : CA [44] ; ATV [49] ; Laboratoire de Touraine [37] ; SICAVAC [18]).

Région (N° département)	Cépage (nbre de parcelles)	Période	Teneur en sucre (g/L)	Degré alcoolique probable	Acidité totale (g/L)[1]
Muscadet (44)	Melon (20)	1986-2009	+24,1 g/L*	+1,4°	−0,7 g/L
Anjou (49)	Sauvignon blanc (2)	1981-2010	+38,9 g/L***	+2,3°	−1,0 g/L
Anjou (49)	Chenin (8)	1981-2010	+38,2 g/L***	+2,3°	−2,0 g/L**
Anjou (49)	Gamay (6)	1981-2010	+25,0 g/L**	+1,5°	−1,2 g/L**
Anjou (49)	Grolleau noir (5)	1981-2010	+36,5 g/L***	+2,2°	−2,0 g/L**
Anjou (49)	Cabernet franc (10)	1981-2010	+46,6 g/L***	+2,8°	−2,2 g/L**
Saumur (49)	Chenin blanc (2)	1981-2010	+38,0 g/L***	+2,3°	−3,0 g/L***
Saumur (49)	Cabernet franc (4)	1981-2010	+54,4 g/L***	+3,2°	−2,0 g/L***
Bourgueil (37) -	Cabernet franc (5)	1970-2010	+41,0 g/L***	+2,4°	2,8 g/L***
Chinon (37)	Cabernet franc (5)	1970-2010	+51,8 g/L***	+3,0°	−2,7 g/L***
Touraine (37)	Sauvignon blanc (3)	1981-2010	+58,3 g/L***	+3,5°	−2,8 g/L***
Touraine (37) -	Chenin (9)	1979-2010	+39,4 g/L***	+2,3°	3,1 g/L***
Touraine (37)	Gamay (5)	1980-2010	+47,2 g/L***	+2,8°	−2,1 g/L***
Touraine (37)	Grolleau noir (4)	1980-2010	+53,5 g/L***	+3,2°	−3,5 g/L***
Sancerre (18)	Sauvignon blanc (1)	1980-2009	+45,6 g/L***	+2,7°	−1,7 g/L**

*p < 0,05, **p < 0,01 et ***pp < 0,001 respectivement ; [1] acide tartrique

Vers une nouvelle géographie viticole

Les limites de la culture de la vigne sont définies par des conditions climatiques spécifiques et, par conséquent, la vigne ne peut pas être cultivée à toutes les latitudes, notamment dans les secteurs où la température moyenne annuelle n'est pas assez élevée pour permettre une bonne maturation du raisin, ainsi que dans les régions où les extrêmes climatiques tels que le gel ou les sécheresses sont trop fréquents. De manière théorique, les limites latitudinales pour la culture de la vigne correspondent aux isothermes moyens annuels entre 12 °C et 22 °C durant la période de croissance de la vigne (Jones, 2006). Suivant cette délimitation thermique, on peut considérer que la majorité des grandes régions viticoles où il est possible de produire des vins de haute qualité, se situe dans les secteurs entre 50 °N et 35 °N pour l'hémisphère nord et entre 45 °S et 30 °S pour l'hémisphère sud (Van Leeuwen et Dariet, 2016). L'augmentation de la température moyenne globale liée au réchauffement climatique contemporain a d'ores et déjà déclenché une modification géographique des potentialités viticoles avec une remontée latitudinale de la limite thermique favorable pour la culture de la vigne. Cette évolution géographique se caractérise également avec un déplacement altitudinal pour obtenir des conditions thermiques plus favorables, sachant qu'en théorie la température moyenne diminue de 0,65 °C tous les 100 m. D'une manière plus générale, on considère qu'une augmentation de la température moyenne globale de +1 °C équivaut à un déplacement potentiel de la vigne d'environ 200 km vers les hautes latitudes ou de 150 m en altitude.

Au-delà d'un simple déplacement latitudinal des régions viticoles en lien avec l'intensité du réchauffement, l'analyse de l'évolution géographique des aires viticoles est beaucoup plus complexe et doit prendre en compte les disparités spatiales, car l'impact du changement climatique sur les différentes régions viticoles de la planète n'est pas homogène dans le temps et dans l'espace. Certaines parties de la planète sont soumises à une évolution climatique plus rapide que d'autres et cette variabilité spatio-temporelle du réchauffement a des conséquences diverses selon les régions viticoles.

Méthodes d'analyse de l'impact du changement climatique sur le vin de demain

Importance des échelles : des grandes régions viticoles à la parcelle

Dans le but d'évaluer l'impact du changement climatique sur la viticulture mondiale, il est nécessaire de définir des indicateurs agroclimatiques spécifiques pour l'aptitude de la culture de la vigne. Le calcul de ces indicateurs à partir des données issues des réseaux de stations météorologiques ou de modèles climatiques permet de déterminer les grandes zones climatiques favorables pour la viticulture. Or, des variations de croissance de la vigne ainsi que des différences dans la qualité du raisin/vin sont aussi observées sur de courtes distances à l'intérieur d'une même région viticole et sont liées aux caractéristiques locales (ex. : topographie, occupation du sol…). Ce sont souvent ces spécificités climatiques locales qui définissent les spécificités d'un vin, voire son identité avec la notion de terroir viticole. Dans le contexte de changement climatique global, une approche multi-scalaire (de l'échelle globale au local) a pour objectif d'étudier les impacts du changement climatique tout en prenant en considération les spécificités climatiques locales des vignobles. C'est donc à une échelle spatiale plus fine, en tenant compte des caractéristiques de surface et des capacités matérielles des viticulteurs, qu'il sera possible d'évaluer les conséquences imputables au changement climatique (Quénol, 2017). Suivant cette démarche, les parcelles aujourd'hui considérées comme peu favorables (ex. fonds de vallée) pourront l'être dans un futur proche (Neethling *et al.*, 2019).

Cette approche d'analyse agroclimatique multi-scalaire nécessite de définir les différents niveaux d'échelles auxquels le changement climatique a et aura un impact sur la viticulture. Les raisons de cette approche d'emboîtement d'échelles sont liées au fonctionnement de l'atmosphère. Sachant qu'une même masse d'air générant un même type de temps peut concerner un territoire étendu, il est certain que sur une entité spatiale plus petite des caractères communs sont présents. Plus le niveau d'observation s'affine, plus le nombre d'éléments influant sur les paramètres météorologiques est grand. La figure 2.2 illustre un exemple de hiérarchisation d'échelles spatiales imbriquées, allant du climat caractérisant une grande zone viticole (macroclimat) aux spécificités climatiques locales d'une parcelle (Neethling, 2016). Par exemple, l'appellation quarts-de-chaume dans l'Anjou ne représente que quelques dizaines d'hectares et est caractérisée par un climat local spécifique lié à la proximité du Layon. Mais ces spécificités climatiques locales (voire microclimatiques) sont également dépendantes du mésoclimat, qui lui-même est lié au macroclimat… Cette démarche d'analyse prenant en compte l'imbrication des échelles spatiales est compatible avec la modélisation du changement climatique.

Figure 2.2 Hiérarchisation des échelles spatiales pour l'analyse climatique d'une parcelle de chenin blanc dans le Val de Loire

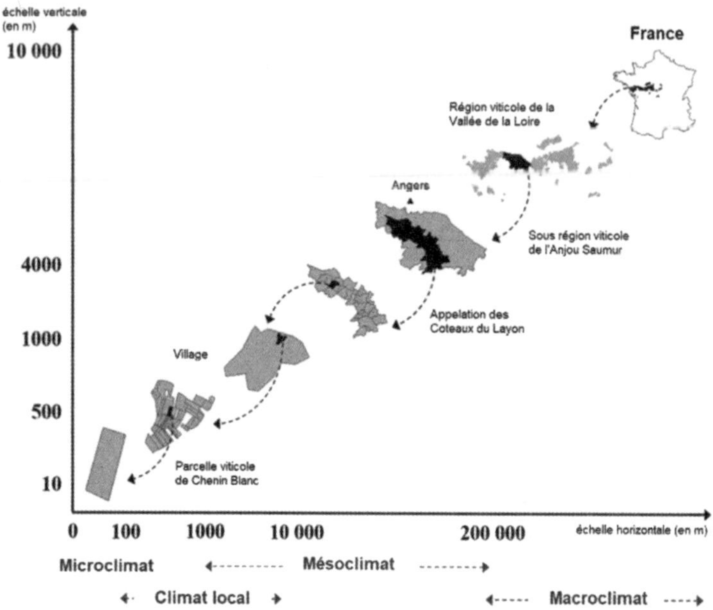

Source : d'après Neethling *et al.*, 2019

Les modèles globaux du changement climatique permettent de représenter le climat futur sur l'ensemble de la planète avec une résolution spatiale correspondant au macroclimat. Les différentes méthodes de descentes d'échelles permettent d'affiner la résolution spatiale des modèles et de prendre en compte l'influence des caractéristiques de la surface (cf. chapitre 1).

Définir les conditions climatiques optimales pour la vigne et le vin

Les indices bioclimatiques

Le fonctionnement de la vigne et les caractéristiques des raisins sont fortement dépendants du climat durant la saison végétative. De nombreux travaux ont été réalisés pour définir des indicateurs agroclimatiques spécifiques pour la viticulture en lien avec la température. Les recherches sur le lien entre la vigne et la température ont aussi donné lieu à l'utilisation du concept de degrés-jours de croissance pour développer des indices bioclimatiques. Ces indices sont basés sur l'accumulation de températures pendant la saison de croissance de la vigne et supposent que la vigne ne se développera qu'une fois que sa température de base aura été dépassée. Lorsque la température quotidienne moyenne est supérieure à la température de base, la différence s'accumule jour après jour pendant toute la saison de croissance. Cela suppose que la vigne a besoin d'un total spécifique de degrés-jours accumulés pour atteindre sa maturité. Le concept de degrés-jours est souvent utilisé en viticulture pour étudier le déroulement du cycle phénologique de la vigne, notamment dans un contexte de changement climatique. Les deux principaux indices basés sur les sommes de degrés-jours sont les indices de Winkler et de Huglin. L'indice de Winkler (également appelé « degrés-jours de croissance ») correspond à la somme des températures moyennes quotidiennes supérieures à 10 °C pour la période du 1er avril au 31 octobre dans l'hémisphère nord (du 1er octobre au 30 avril dans l'hémisphère sud). La température de base de 10 °C correspond à la température minimale nécessaire à l'activité physiologique de la vigne (tableau 2.2). L'intérêt d'utiliser l'indice de Winkler est que la chaleur cumulée est corrélée avec la phénologie de la vigne (Amerine et Winkler, 1944). L'indice de Huglin, toujours basé sur le concept de degrés-jours, est plus élaboré. Il est calculé à partir de la somme des températures moyennes et maximales supérieures à 10 °C du 1er avril au 30 septembre dans l'hémisphère nord (du 1er septembre au 30 avril dans l'hémisphère sud). Cet indice donne plus de poids aux températures diurnes, où se déroule la majeure partie du développement de la vigne, et est bien corrélé avec la teneur en sucre des baies à la vendange. En intégrant un coefficient de latitude, l'indice de Huglin prend en compte la durée d'ensoleillement, facteur très important dans la croissance de la vigne (tableau 2.2).

D'autres indices bioclimatiques correspondent à des caractéristiques spécifiques de la vigne (ex. : maturité des raisins…) ou prennent en compte d'autres facteurs climatiques (ex. : précipitations, sécheresses...) ayant un impact sur la croissance de la vigne. Par exemple, l'indice de fraîcheur des nuits (Tonietto, 1999) a ainsi été créé pour étudier les effets importants des conditions nocturnes sur la biosynthèse des composés aromatiques des baies au cours de la période de maturation des raisins. Cet indice correspond à la température minimale moyenne du mois de la récolte, soit le mois de septembre dans l'hémisphère nord et le mois de mars dans l'hémisphère sud (tableau 2.2).

Le calcul de ces différents indices à partir des données issues des réseaux de stations météorologiques permet de réaliser un zonage des différentes régions climatiques de la planète (Tonietto, 1999). Ces indices servent à définir les aptitudes d'une région viticole en termes de production des raisins, d'adaptation des cépages et à prédire le déroulement du cycle phénologique (Neethling, 2016). Toutefois, dans le contexte du changement climatique, ces indices ont un certain nombre de limites qu'il est important de prendre en compte notamment dans le cadre de simulations futures d'aptitude à la culture de la vigne. La définition de ces indices est relativement ancienne et ils ne tiennent pas compte de l'évolution du climat. Par exemple, l'indice de fraîcheur des nuits est censé être calculé sur le mois de septembre (pour l'hémisphère nord), correspondant ainsi à la période de pré-vendanges. Or, avec le réchauffement climatique, la maturité des raisins est de plus en plus précoce et l'indice de fraîcheur des nuits n'est probablement pas fiable dans certaines régions du monde tel qu'il est calculé actuellement. Mais la principale limite de ces indices est qu'ils ne prennent pas en compte la physiologie de la vigne et ses capacités à s'adapter à l'évolution du climat.

Des indicateurs écoclimatiques issus des modèles de phénologie

Pour définir l'adéquation des différents cépages dans les conditions climatiques futures, les indicateurs issus de la modélisation phénologique semblent beaucoup plus robustes. Ces modèles utilisent la température de l'air pour définir les différences de synchronisation phénologique suivant les variétés et les conditions

Tableau 2.2. Principaux indices bioclimatiques utilisés en viticulture

Indice	Équation	Classification	
Average Growing Season Temperature (Jones, 2006)*	$AGST = \sum_{01/04}^{31/10}\left[\frac{T_{max} + T_{min}}{2}\right]$	Trop frais	< 13 °C
		Frais	13-15 °C
		Tempéré	15-17 °C
		Chaud	17-19 °C
		Très chaud	19-24 °C
		Trop chaud	> 24 °C
Indice de Winkler (Winkler *et al.*, 1974)	$Winkler = \sum_{01/04}^{31/10} \max\left[\frac{T_{max} + T_{min}}{2} - 10{,}0\right]$	Trop frais	< 850
		(Région I)	850-1 389
		(Région II)	1 389-1 667
		(Région III)	1 667-1 944
		(Région IV)	1 944-2 222
		(Région V)	2 222-2 700
		Trop chaud	> 2 700
Indice de Huglin (Huglin, 1978)	$HI = \sum_{01/04}^{31/09} \max\left[\frac{T_{mean} - 10 + T_{max}}{2} - 10{,}0\right] k$	Trop frais	< 1 200
		Très frais	1 200-1 500
		Frais	1 500-1 800
		Tempéré	1 800-2 100
		Tempéré chaud	2 100-2 400
		Chaud	2 400-2 700
		Très chaud	2 700-3 000
		Trop chaud	> 3 000
Indice de fraîcheur des nuits (Tonietto, 1999)	$IF = \sum_{01/09}^{30/09} \frac{[T_{min}]}{n}$	Nuits très fraîches	≤ 12 °C
		Nuits fraîches	12-14 °C
		Nuits tempérées	14-18 °C
		Nuits chaudes	> 18 °C
Indice de sécheresse (Riou *et al.*, 1994)	$DI = \sum_{Avr}^{Sept}(W_o + P - T_\vartheta - E_s)$	Très sec	≤ −100 mm
		Modérément sec	−100-50 mm
		Sub-humide	50-150 mm
		Humide	> 150 mm
Indice hydrothermique (Branas *et al.*, 1946)	$HyI = \sum_{d=1}^{n}(T_{mean} \times P_{total})$		
Growing Season Precipitation (Blanco-Ward *et al.*, 2007)	$PGS = \sum_{01/04}^{31/10}(P)$		

* Équation définie pour l'hémisphère nord

climatiques. Parker *et al.* (2011, 2013 et 2020) ont développé deux indices permettant de classifier les différents cépages en fonction des stades phénologiques clés que sont la floraison et la véraison (GFV : *Grapevine Flowering and Veraison index*) et de la maturité en fonction du niveau de sucre dans les baies (GSR : *Grapevine Sugar Ripeness index*). Tout comme les indices bioclimatiques présentés ci-dessus, GFV et GSR sont basés sur des sommes thermiques, mais ils présentent l'avantage de prendre en compte la physiologie de la plante car ils sont dérivés d'un modèle phénologique. L'indice de floraison de la vigne (GFV) a été établi à partir d'un large échantillon de cépages (95 variétés pour la floraison et 104 pour la véraison), cultivés sous différentes conditions climatiques dans de nombreuses régions viticoles du monde. GFV est calculé sur la période végétative de la vigne à partir du 1er mars (hémisphère nord) et correspond à la température moyenne journalière cumulée avec une température de base de 0 °C. Des valeurs seuils de floraison et de véraison ont été définies pour chaque cépage, ce qui permet de définir les stades théoriques lorsque ces valeurs sont atteintes. L'indice de maturité de teneur en sucre de la vigne (GSR) suit la même approche et permet de déterminer la date où une certaine teneur en sucre sera atteinte : de 170 g/L à 220 g/L pour différents cépages. L'indice est calculé sur la période végétative de la vigne à partir du 1er avril (hémisphère nord) et correspond à la température moyenne journalière cumulée supérieure à 0 °C (figure 2.3).

Cette approche de classification basée sur la modélisation phénologique permet d'avoir des indicateurs, dans le contexte du changement climatique, beaucoup plus robustes que les indices tels que les indices de Winkler, *Average Growing Season Temperature* (AGST), ou de Huglin qui sont plus adaptés au zonage thermique dans les régions viticoles. De plus, le calcul d'un indice de confiance dans les sommes thermiques pour chaque cépage fournit de l'information sur les niveaux d'incertitudes des résultats (Parker *et al.*, 2020).

Figure 2.3 Sommes thermiques nécessaires pour atteindre 170 g/L et 220 g/L par cépage selon le modèle *Grapevine Sugar Ripeness index*

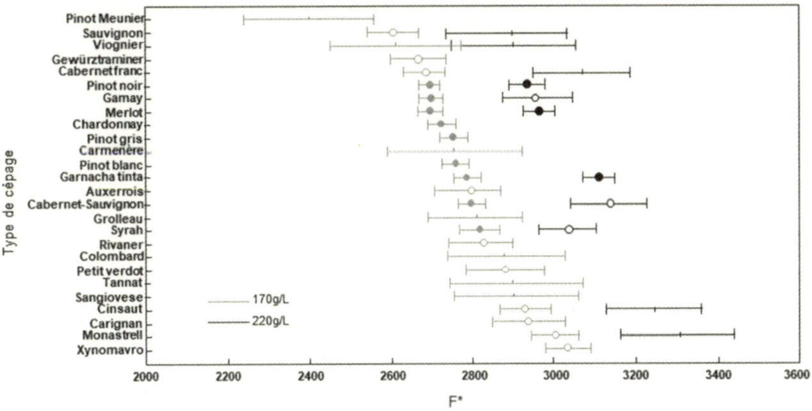

*F * est la somme des degrés-jours critiques (au-dessus de 0°C, à partir du 60e jour de l'année dans l'hémisphère nord).*

Source : d'après Parker *et al.*, 2020

Projections climatiques des futures régions viticoles

Comme cela a été développé dans le chapitre 1, les modèles climatiques permettent de représenter le climat en divers points de l'espace à l'échelle de la planète. Afin de réaliser des projections futures pour la viticulture mondiale, les différents indicateurs présentés ci-dessus peuvent être calculés à partir des données issues des sorties de modèles du changement climatique. Préalablement, afin de calibrer et valider les modèles climatiques notamment pour les projections futures, des analyses doivent être réalisées sur une période passée appelée « période de référence ». Les séries de données climatiques enregistrées par les stations météorologiques réparties dans le monde entier permettent d'acquérir des données observées sur de longues périodes. Ces données servent d'une part, à étudier l'évolution climatique depuis plusieurs décennies en tout point de l'espace (après spatialisation) et d'autre part, à fournir des valeurs de validation pour les données modélisées (par comparaison sur une même période).

Cette démarche d'analyse est suivie sur plusieurs périodes afin d'évaluer l'évolution spatiale des aptitudes à la culture de la vigne en fonction des modifications climatiques contemporaines. Par exemple, en analysant les données climatiques de plus de 5 000 stations météorologiques européennes, Spinoni *et al.* (2015) ont réalisé un zonage des conditions optimales pour la culture de la vigne en Europe en comparant les périodes 1971-2000 et 2001-2010. Les résultats ont confirmé une remontée vers le nord des limites latitudinales pour la culture de la vigne. Ces travaux réalisés sur l'évolution climatique contemporaine, à l'échelle de la planète ou dans différentes régions viticoles, représentent un état des lieux qui sert de période de référence pour les simulations du climat futur.

Le calcul des indices bioclimatiques en fonction des scénarios du changement climatique a pour objectif d'explorer les possibles évolutions pour les différentes régions viticoles par comparaison avec une période de référence. Les principaux indices bioclimatiques ont été calculés avec les sorties des modèles du changement climatique issus des différents rapports du GIEC (Fraga *et al.*, 2014 ; Hannah *et al.*, 2013 ; Moriondo *et al.*, 2013). Les résultats montrent d'importantes modifications à l'échelle de la planète avec la disparition et l'apparition de régions viticoles à l'horizon 2100. Cardell *et al.* (2019) ont réalisé une étude prospective sur la viabilité de la viticulture européenne future selon les scénarios RCP4.5 et RCP8.5 à partir des sorties de modèles climatiques régionalisés. Plusieurs indicateurs issus de la température et des précipitations ont été calculés à court (2021-2045), moyen (2046-2070) et long terme (2071-2095). Par exemple, l'analyse comparative de l'indice de Huglin entre la période actuelle (1981) et la période 2046-2070, selon le scénario RCP8.5, a mis en évidence une évolution potentielle d'une à deux classes suivant la classification (tableau 2). Certaines régions méditerranéennes (Sud du Portugal, Sud et Nord-Est de l'Espagne et du Portugal…) auraient des valeurs hors de la classification de Huglin et donc en inadéquation avec une viticulture de qualité. Inversement, les régions favorables pour des vins de qualité devraient s'étendre vers le nord, par exemple vers le sud de l'Angleterre, l'Allemagne, etc. (figure 2.4).

Figure 2.4 Modélisation de l'indice de Huglin en Europe selon le scénario RCP8.5 pour les périodes 1981-2005 et 2046-2070
(Cette illustration est disponible en couleurs dans le premier cahier couleur)

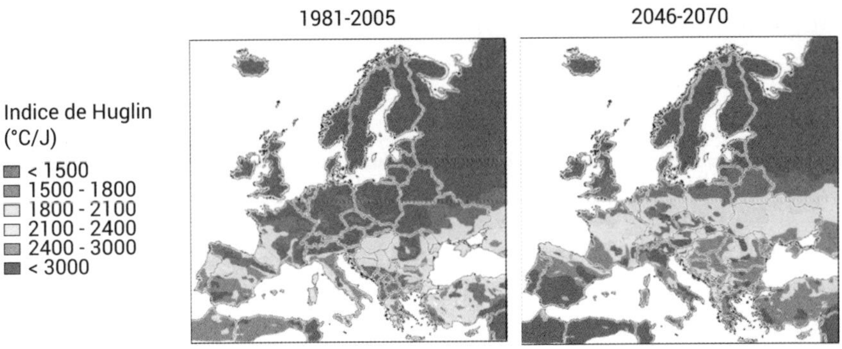

Source : d'après Cardell *et al.*, 2019

Ces travaux basés sur les calculs d'indices bioclimatiques en fonction de différents modèles et scénarios du changement climatique permettent de définir des projections pour la viticulture future mais avec une forte part d'incertitude. Celle-ci provient d'une part, des biais inhérents aux sorties de modèles climatiques (cf. « cascade d'incertitudes » dans le chapitre 1) et d'autre part, des caractéristiques des indices bioclimatiques. Ces indices ne fournissent que des indications sur les limites théoriques de la culture de la vigne et de la production de vins de qualité, mais ces indications ne tiennent pas compte de certains facteurs importants, tels que la capacité physiologique de la vigne à s'adapter au climat futur (Van Leeuwen *et al.*, 2013).

Afin de prendre en compte la physiologie de la vigne et ses capacités à résister au réchauffement climatique, des travaux ont porté sur l'intégration de modèles de culture avec les sorties de modèles du changement climatique. Fraga *et al.* (2014) ont analysé l'adéquation de la viticulture en Europe pour les climats actuels (1980-2005) et futurs (2041-2070) à l'aide du modèle de culture STICS, en fonction des scénarios RCP4.5 et RCP8.5. Le modèle de culture a été utilisé pour simuler des paramètres liés à la physiologie de la vigne tels que la phénologie, l'indice de surface foliaire, les indices de rendement et les indices de stress hydrique et azoté. Ils ont conclu que le changement climatique futur devrait entraîner une extension de l'adéquation du climat à la vigne jusqu'à 55 °N, permettant le développement de nouvelles zones viticoles (Fraga *et al.*, 2016). Bien qu'il y ait eu beaucoup de variabilité régionale, les projections futures suggèrent que le moment des événements phénologiques tels que le débourrement, la floraison, la véraison et la récolte, sera avancé de manière significative, dans certains cas plus d'un mois. Ces résultats confirment que l'application d'un modèle de culture avec les projections futures du climat permet d'intégrer la physiologie de la plante. Le zonage de culture future de la vigne suggère une expansion vers le nord comme cela est montré dans la plupart des travaux basés sur le calcul d'indices bioclimatiques. Par contre, les conclusions concernant les limites d'aptitude pour la culture de la vigne dans le sud de l'Europe seraient beaucoup moins catastrophistes du fait de la marge d'adaptation de la plante (Fraga *et al.*, 2016).

Dans une optique similaire, Parker *et al.* (2020) ont intégré les modèles phénologiques *Grapevine Flowering Veraison* (GFV) et *Grapevine Sugar Ripeness* (GSR) avec les projections régionalisées du changement climatique suivant les scénarios RCP4.5 et RCP8.5 entre 1960 et 2100. En comparaison avec différents indices bioclimatiques utilisés en viticulture (ex. : Winkler, Huglin, AGST), les résultats ont montré une forte réduction des incertitudes, notamment en affinant les simulations actuelles et futures pour les stades de croissance clés (floraison, véraison, maturité) et pour une très large gamme de cépages. L'application des indices GFV et GSR dans différentes régions viticoles de la planète dans les conditions climatiques actuelles et futures apportera des informations précieuses sur l'adaptabilité des différents cépages suivant leur cycle phénologique et leur capacité d'adaptation à un climat changeant (figure 2.5).

Tous ces travaux de projections futures du changement climatique en lien avec les aptitudes pour une viticulture de qualité sont réalisés à partir des données de simulations issues des sorties de modèles des différents rapports du GIEC. Avec l'accroissement des capacités de calcul informatique, la résolution spatiale des modèles permet de réaliser des simulations climatiques futures à l'échelle de régions viticoles avec une précision proche de la dizaine de kilomètre (Xu *et al.*, 2012 ;

Fraga *et al.* 2014; Tóth, J. P. et Végvári, 2016, Cabre *et al.* 2016; Cardell *et al.*, 2019, Quénol *et al.*, 2017; Quénol et Le Roux, 2020). C'est le cas avec les projections régionalisées du changement climatique issues du programme CORDEX (*Coordinated Regional Climate Downscalling Experiment*, cf. chapitre 1).

Figure 2.5 Simulation et validation des dates de floraison et de teneur en sucre à 170 g/L selon les modèles GFV et GSR pour le chardonnay en Champagne selon les scénarios RCP4.5 et 8.5 durant la période 1960-2100
(Cette illustration est disponible en couleurs dans le premier cahier couleur)

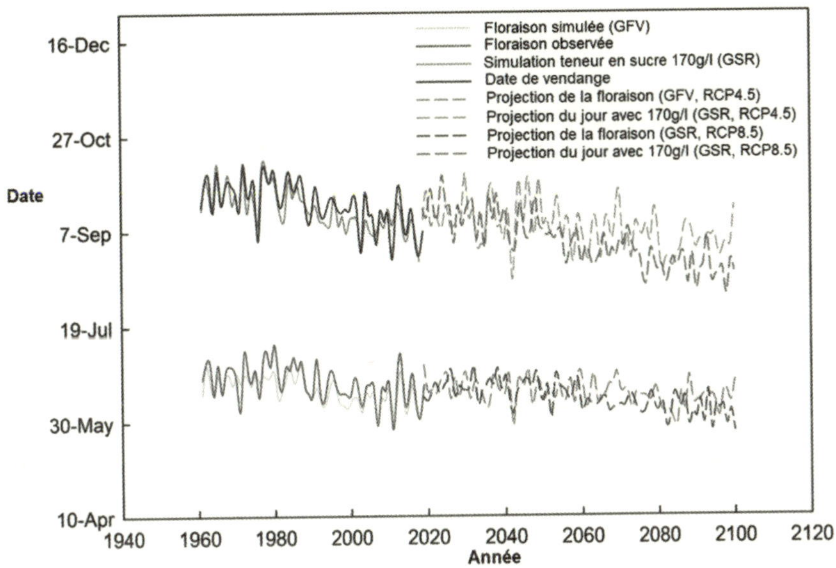

Source : d'après Parker *et al.*, 2020

La résolution spatiale des simulations climatiques régionalisées n'est pas suffisamment fine pour prendre en compte l'influence des facteurs locaux liés aux caractéristiques de surface (ex. : pente, altitude, exposition, type de sol…). Ce sont ces variations climatiques locales qui déterminent les spécificités d'un vin et c'est à l'échelle de la parcelle que le viticulteur peut mettre en place sa stratégie d'adaptation au changement climatique (Neethling *et al.*, 2017). Il est donc nécessaire d'intégrer la variabilité spatiale du climat aux échelles locales dans les sorties de modèles régionalisées du changement climatique afin d'évaluer les impacts spatiaux à l'échelle du vignoble (Quénol, 2017). Malgré les importants progrès en capacité de calcul informatique, les temps de calcul sont encore trop importants pour réaliser des simulations du changement climatique sur de grandes régions viticoles avec une résolution spatiale de quelques dizaines de mètres. Les méthodes statistiques permettent de réaliser la réduction d'échelles entre les sorties de modèles régionalisés du changement climatique et les échelles locales avec des demandes en capacité de calcul beaucoup moins importante qu'avec les modèles climatiques dynamiques basés sur les équations de physique de l'atmosphère (Le Roux *et al.*, 2018). La figure 2.6 montre l'intégration de la variabilité spatiale locale (150 m) dans les sorties de modèles régionaux de changement climatique EURO-CORDEX (12 km) dans les vignobles de Cotnari (Roumanie) pour les périodes 2031-2050 et 2081-2100 selon les scénarios RCP4.5 et 8.5. Cette zone viticole n'est couverte que par une seule maille de la grille régionalisée EURO-CORDEX. Les projections futures de l'indice de Huglin avec une réduction d'échelle statistique prenant en compte les facteurs locaux font apparaître une variabilité spatiale à l'intérieur du vignoble de Cotnari qui serait de l'ordre de 250 °C/J, alors que l'évolution temporelle pour la période 2031-2050 selon les deux scénarios (par rapport à la période de référence 1986-2005) serait d'environ 200 °C/J. Par conséquent, à moyen terme, la variabilité spatiale liée aux facteurs locaux serait plus importante que le réchauffement global du climat. À l'horizon 2100 et selon le scénario RCP8.5, l'intensité du réchauffement global sera toutefois plus forte. L'importante variabilité spatiale du climat liée aux effets locaux permet donc d'identifier plus clairement les secteurs du vignoble plus ou moins favorables à une viticulture de qualité dans le contexte du changement climatique et offrirait toute une gamme d'adaptations avec les conditions thermiques les plus fraîches dans les parties les plus élevées du site. On voit très bien ici l'apport de la connaissance des impacts spatiaux du changement climatique à une échelle locale (Quénol et Le Roux, 2020).

Figure 2.6 Projection de l'indice de Huglin avec une résolution spatiale de 100 m dans les vignobles de Cotnari (en haut) selon les scénarios RCP4.5 et 8.5 pour les périodes 2031-2050 et 2081-2100 (en bas)
(Cette illustration est disponible en couleurs dans le premier cahier couleur)

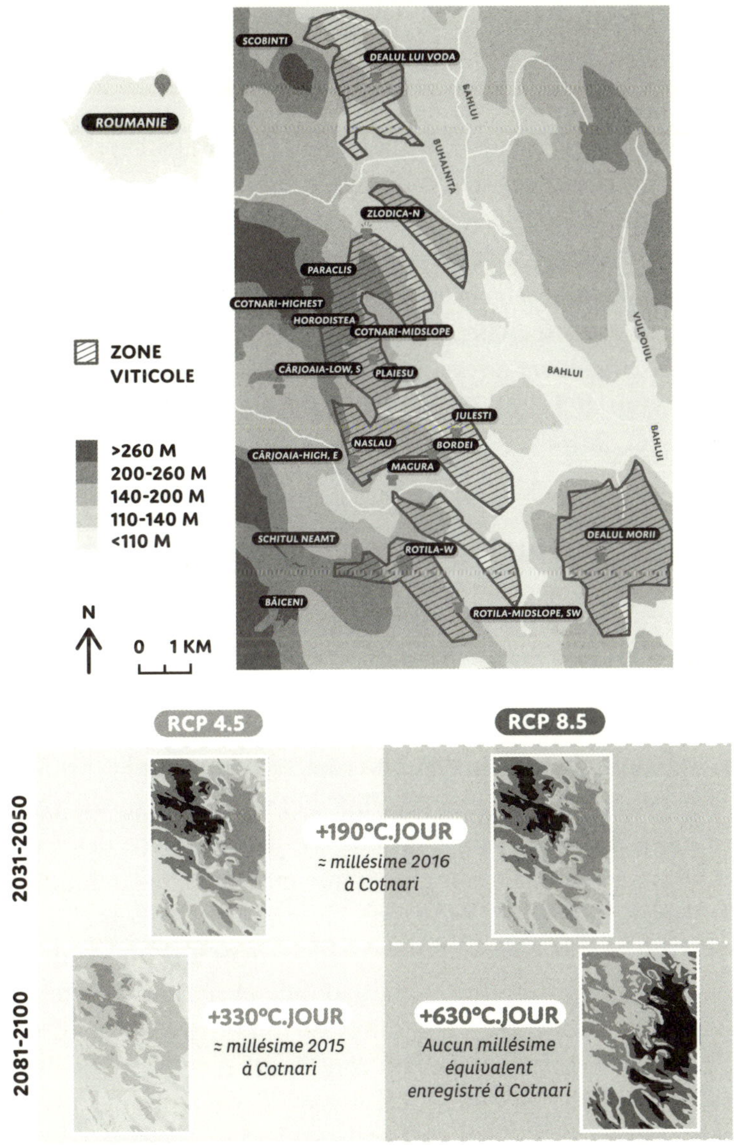

Source : d'après Quénol *et al.*, 2020 ; Petitjean *et al.*, 2021

Les travaux consistant à calculer différents indicateurs bioclimatiques à partir des sorties de modèles globaux et régionaux ont permis d'estimer les évolutions potentielles dans les grandes régions viticoles mondiales. Certains résultats suggèrent des conséquences relativement brutales comme la disparition de certaines régions viticoles (pour les scénarios les plus pessimistes à l'horizon 2100). Or, nous avons vu qu'un important niveau d'incertitudes concerne notamment la nature des indicateurs utilisés et la résolution spatiale des sorties de modèles. Il apparaît clairement que les recherches récentes consistant à développer de nouveaux indicateurs prenant en compte la physiologie de la vigne et sa capacité à s'adapter à un climat changeant permettront de réduire une partie de ces incertitudes. De même que, combinée aux scénarios climatiques régionaux, l'analyse de la variabilité spatiale du climat local permettra d'affiner la résolution spatiale des modèles et de proposer des méthodes d'adaptation raisonnées au niveau de l'exploitation (pratiques vitivinicoles, porte-greffe, cépages, etc.) plutôt qu'à l'échelle à laquelle travaille le viticulteur.

Expérimentations *in situ*

Les projections futures pour la viticulture restent des simulations avec une part d'incertitudes liées à l'absence de données d'observation pour la validation. Des expérimentations *in situ* et en laboratoire permettent d'étudier concrètement l'impact du changement climatique sur la croissance de la plante, sur les caractéristiques et la composition des raisins et donc la qualité des vins. Les résultats issus de ces expérimentations sont très précieux pour la mise en place des stratégies d'adaptation au changement climatique mais aussi pour apporter des informations et des applications concrètes aux projections climatiques futures. Le projet *VitAdapt* illustre parfaitement les apports de l'expérimentation « sur le terrain ». Cinquante-deux cépages différents avec le même porte-greffe ont été plantés sur une parcelle expérimentale dans la région bordelaise. Les objectifs sont d'étudier le comportement de différentes variétés afin d'évaluer leur potentiel d'adaptation et à terme, proposer l'introduction de nouvelles variétés par rapport à l'encépagement existant (Destrac-Irvine, van Leeuwen, 2016). Après plus de dix années d'observation, des résultats très concrets ont permis l'inscription de nouveaux cépages dans les décrets d'appellation bordeaux et bordeaux-supérieur.

D'autres études sont réalisées en conditions réelles avec des dispositifs reproduisant les évolutions climatiques futures. Afin d'évaluer les effets d'une élévation de la température sur le métabolisme des raisins et sur les arômes des vins, des écrans en polycarbonate ont été disposés de chaque côté des rangs de vigne. Ces dispositifs, créant un réchauffement d'environ 1-2 °C par effet de serre, ont été installés sur des parcelles expérimentales dans différentes régions viticoles caractérisées par des climats différents notamment à Bordeaux (France), Adélaïde (Australie), Geisenheim (Allemagne) et Mendoza (Argentine). Les résultats ont montré que des températures élevées, même modérément, ont « tendance à diminuer les quantités de polyphénols, arômes et précurseurs d'arômes dans la composition des baies de raisin des deux cépages cabernet sauvignon et sauvignon blanc » (Pieri et Girard, 2017). Dans l'optique d'améliorer la compréhension de la réponse de la vigne à l'augmentation du dioxyde de carbone (CO_2), un système *Free-Air Carbon Dioxide Enrichment* (FACE) a été disposé sur une parcelle de riesling et cabernet sauvignon de l'université de Geiseheim. La croissance de la vigne, les rendements et les caractéristiques des raisins peuvent ainsi être étudiés sous conditions de CO_2 modifiées. La photosynthèse et la production de biomasse ont augmenté durant la période végétative et les rendements ont été plus importants pour les deux cépages. L'augmentation en CO_2 a aussi un impact sur les caractéristiques des raisins (pas d'impact significatif sur les concentrations en sucre mais augmentation de l'acide malique notamment sur riesling). Cependant des analyses supplémentaires sont nécessaires afin d'obtenir des résultats significatifs concernant les effets sur la qualité des vins (Wohlfahrt *et al.*, 2018).

Des expérimentations *in situ* mais aussi en laboratoire sont également réalisées par les différents organismes de recherches agronomiques internationaux pour améliorer les connaissances de la physiologie de la vigne avec le développement de cépages, de porte-greffes et de clones permettant de maintenir ou d'acquérir un potentiel qualitatif des raisins en lien avec l'évolution du climat. Ces travaux ont pour objectif d'accroître le potentiel d'adaptation au changement climatique via le matériel végétal.

Ces différentes approches et méthodologies développées pour évaluer les impacts du changement climatique sur la vigne et le vin ont pour objectif principal de fournir de l'information aux viticulteurs en termes d'adaptation et d'atténuation. La plupart des projets de recherches sont réalisés en étroite collaboration avec la profession viticole par l'intermédiaire de l'interprofession ou directement avec les viticulteurs notamment via les expérimentations sur le terrain. Les encarts ci-après montrent des exemples de programmes scientifiques nationaux et internationaux.

L'avenir du vin australien : un atlas climatique

Le programme *Australia's Wine Future: A climate Atlas*, coordonné par l'université de Tasmanie (Hobart), a eu pour objectif de fournir à la profession viticole australienne un document cartographique sur l'évolution climatique future de chaque région viticole australienne. Cet atlas est composé d'une comparaison inter-modèles climatiques entre une période de référence (1961-1990), une période récente (1997-2017) et des projections futures (jusqu'à 2100 selon le scénario RCP8.5). L'utilisation de projections régionalisées et un important travail de réduction des biais ont permis d'obtenir une information fiable avec une résolution maximale de 5 km. La figure 2.7 illustre l'exemple d'une planche de l'atlas pour l'évolution des précipitations sur Kangaroo Island. En étudiant l'impact de la variabilité du climat et des tendances climatiques futures à long terme, cet atlas fournit à la profession viticole australienne une série d'indicateurs agroclimatiques qui serviront de base pour la mise en place de stratégies d'adaptation au changement climatique. Dans cette optique, le projet s'est aussi concentré sur la façon dont les informations climatiques régionalisées pouvaient être utilisées pour informer les décisions

• • •

•••

Figure 2.7 Atlas du changement climatique pour la viticulture australienne : exemple des précipitations sur Kangaroo Island
(Cette illustration est disponible en couleurs dans le premier cahier couleur)

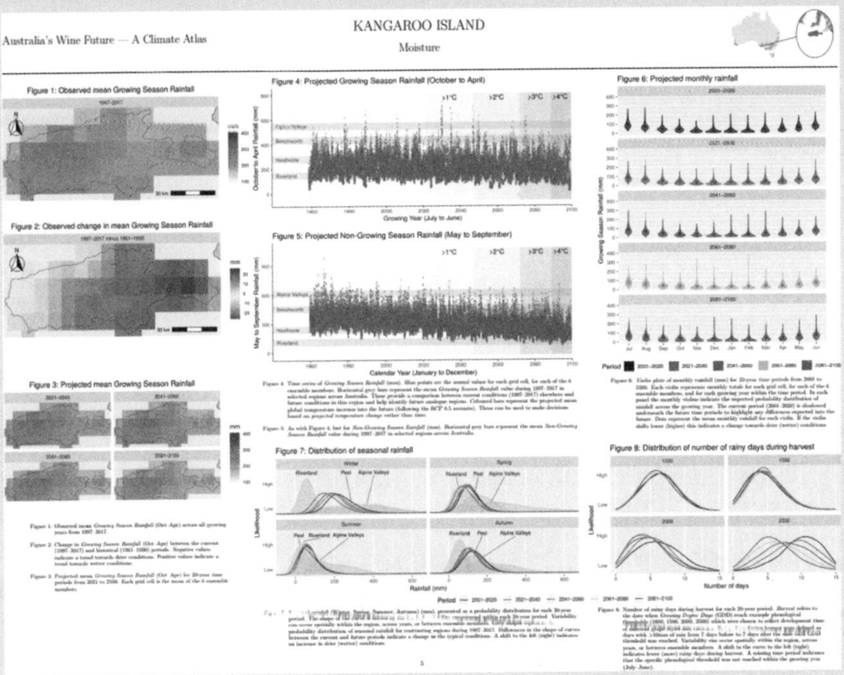

Source : d'après Remenyi *et al.*, 2020 ; www.wineaustralia.com/climate-atlas

d'adaptation permettant ainsi de déterminer les différentes options possibles suivant les régions. L'idée, ici, est basée sur l'identification de régions analogues afin de faciliter le transfert de connaissance entre des régions déjà confrontées à des conditions climatiques difficiles et celles dont les projections régionalisées montrent des conditions similaires dans le futur (Harris *et al.*, 2019). Cette initiative et la grande richesse des résultats qui en découlent inspireront probablement d'autres pays ou régions pour suivre une approche similaire et réaliser ce type de document cartographique.

Le projet européen LIFE-ADVICLIM

Le projet LIFE-ADVICLIM a été initié en 2014 par différents instituts de recherche, établissements d'enseignement supérieur, organismes techniques et bureaux d'études privés avec le soutien de la Commission européenne (Université Rennes, CNRS, INRAE, Bordeaux Sciences Agro, Institut français de la vigne et du vin, Ecoclimasol, Plumton College, Université Publique de Navarre, Université de Geisenheim et Université de Iasi). L'objectif a été d'étudier des scénarios d'adaptation et d'atténuation, à l'échelle des terroirs viticoles, pour différents vignobles représentatifs de la diversité climatique des régions viticoles européennes (Quénol *et al.*, 2020). La croissance de la vigne et la qualité des vins sont fortement tributaires de l'évolution globale du climat, mais aussi du climat local spécifique à chaque vignoble en lien avec le concept de terroir. Les caractéristiques spécifiques d'un vin sont déterminées par ces variations à l'échelle locale (par exemple, la pente, l'exposition, le type de sol, etc.) et les viticulteurs gèrent leur domaine et s'adaptent au climat à l'échelle de la parcelle, notamment par des pratiques agricoles (travail du sol, travail de la vigne, etc.). Dans le programme LIFE-ADVICLIM, la variabilité spatiale du climat à l'échelle locale a été intégrée dans les sorties des modèles régionalisés de changement climatique (figure 2.6). Les résultats issus de la modélisation agro-climatique ont été combinés aux stratégies de production des viticulteurs, afin de développer des scénarios d'adaptation au changement climatique basés sur la variabilité spatiale du climat à l'échelle du vignoble. Une analyse des émissions de gaz à effet de serre a ensuite été réalisée pour évaluer l'empreinte carbone de chaque scénario d'adaptation.

Ce projet a permis d'informer et d'accompagner les viticulteurs sur les impacts du changement climatique et sur des scénarios d'adaptation à l'échelle de leur exploitation viticole. Concernant l'éventualité de changement de cépages, celui-ci pourra avoir lieu à des périodes différentes suivant la variabilité spatiale des températures à l'échelle du vignoble (ex. : différence entre un haut de coteau et un bas de coteau). Grâce à une meilleure connaissance du climat local et des

•••

•••

pratiques d'adaptation au changement climatique, cette approche permet de contribuer à maintenir les vignobles à leur emplacement actuel et à éviter des changements « brutaux » qui pourraient entraîner des dommages environnementaux importants (ex. : biodiversité, défrichement, qualité de l'eau, etc.).

Les programmes LACCAVE

Les programmes LACCAVE (2012-2016) et LACCAVE 2.21 (2017-2021) coordonnés par l'INRAE regroupent l'ensemble des équipes scientifiques INRAE et autres laboratoires associés abordant la question du changement climatique en viticulture. En très étroite relation avec les organismes professionnels représentant la filière viticole française, les travaux menés, avec une approche multidisciplinaire, ont pour objectif d'étudier des stratégies d'adaptation au changement climatique à long terme pour la viticulture et la production de vin en France (Ollat et Touzard, 2014). Le projet LACCAVE a consisté à étudier les impacts agronomiques et socio-économiques du changement climatique sur la vigne et le vin afin de proposer différents leviers d'adaptation à long terme. Une série d'infographies[1] synthétise et vulgarise parfaitement les effets observés et attendus du changement climatique sur la viticulture française ainsi que les différentes pistes d'adaptation et d'atténuation possibles. Par exemple, les principaux leviers d'adaptations qui sont ressortis du projet sont : le changement de matériel végétal, la réorganisation des plantations dans l'espace, la modification de certaines pratiques viticoles… D'ailleurs, ces différentes pistes seront discutées dans les prochains chapitres. Le projet LACCAVE 2.21 a pour objectif de rendre opérationnel les stratégies d'adaptation définies dans la première phase. Les différents leviers d'adaptation combinés aux projections climatiques futures mais aussi

•••

1 www.inrae.fr/sites/default/files/pdf/laccave-infographies-du-projet-1_0.pdf.

•••

à des modèles de fonctionnement de la vigne et sur des territoires à différentes échelles spatiales (du régional au local) visent à concevoir des systèmes résilients. Des initiatives participatives ont été lancées afin d'impliquer et de mobiliser la filière viticole à l'amont du projet, et non pas seulement au niveau de la dissémination des résultats. Un des faits marquants a été la réalisation d'une prospective concernant les différents chemins d'adaptation possibles pour la viticulture française. Quatre scénarios ont été proposés et discutés avec la profession viticole via des ateliers dans les principales régions viticoles françaises : (1) conservateur ; (2) innovation ; (3) « nomade » et (4) libéral. Les résultats ont montré une vision différente suivant les régions. D'une manière générale, le scénario le plus représenté a été l'option « innovation » (de la vigne à la cave) alors que les options « nomades » (nouveaux territoires viticoles) et « libérales » (moins de règlementation) ont été majoritairement rejetées. Ces échanges avec la profession ont été très enrichissants et ont montré que la démarche participative était indispensable pour élaborer les stratégies d'adaptation (Aigrin *et al.*, 2019)[1].

1 www6.inrae.fr/laccave/content/download/3440/34731/version/1/file/Flyer_Laccave_Prospective_Synth%C3%A8se.pdf.

Chapitre 3
Avant la plantation

Introduction

Avant même l'acte de plantation, de nombreuses décisions peuvent avoir un impact majeur sur la pérennité d'un futur vignoble, sur sa capacité à s'adapter à un méso-climat en évolution. L'intention doit déjà se projeter vers la solution, anticiper, pour mieux installer durablement. Dans ce chapitre, nous analyserons les principaux facteurs de choix, en amont du vignoble, qui permettent à une exploitation viticole de s'inscrire dans une logique d'adaptation à moyen et long terme. Nous allons considérer, tout d'abord, les critères d'implantation qui doivent prévaloir, pour déterminer la localisation d'un vignoble. Nous discuterons ensuite de l'importance des critères ampélographiques, qui peuvent dicter le choix d'un ou plusieurs cépages, dans un contexte climatique spécifique. Ce chapitre traitera également de l'importance primordiale du matériel végétal et viticole, en fonction de la donnée climat actuelle et future. Enfin, nous considérerons les différentes approches viticoles et leur capacité à répondre au défi climatique et au défi environnemental sous-jacent, ainsi que leurs implications stratégiques et humaines.

Où planter son vignoble ?

En prenant en compte la donnée climat, son changement constaté ou à venir, les critères de choix pour sélectionner un site où implanter un vignoble sont naturellement en train d'évoluer. Le monde viticole a cherché pendant des siècles à optimiser la maturité des raisins à la vendange. Sur de nombreux sites, dans les régions au macroclimat de plus en plus généreux, il cherche désormais à la maîtriser.

Le choix d'un site adapté pour planter son vignoble est une équation complexe, qui implique de considérer de nombreux facteurs. Le facteur géographique bien sûr, en premier lieu, puisqu'il va déterminer le type de climat concerné, mais aussi l'ensoleillement journalier déterminé notamment par la latitude. Comme expliqué dans les chapitres précédents, plusieurs systèmes existent pour classer les climats des régions viticoles. L'indice de Winkler, qui se base sur un calcul par la somme de la chaleur ou degrés-jours de croissance, a longtemps été utilisé. Un mode de calcul aujourd'hui remplacé le plus souvent en climatologie par des indices héliométriques et notamment par l'indice de Huglin (IH, Huglin, 1978), qui utilise à la fois la somme des températures moyennes et maximales journalières pendant la période de croissance végétative mais aussi un coefficient de latitude, et prend donc en compte la longueur des jours et la durée potentielle d'exposition. L'IH est souvent complété par l'indice de fraîcheur des nuits (IFN, Tonietto, 1999), ou moyenne des températures minimales nocturnes pour le mois de septembre pour l'hémisphère nord et le mois de mars pour l'hémisphère sud (voir chapitre 2, « Les indices bioclimatiques »). Toutefois, avec une maturité de plus en plus précoce et des vendanges qui interviennent parfois fin août dans l'hémisphère nord ou en février dans l'hémisphère sud, la pertinence de l'IFN peut aujourd'hui sembler discutable, comme nous l'avons évoqué précédemment. Plus récemment, l'indice *Grape Flowering Veraison* (GFV, Parker *et al.*, 2011) a été développé afin de modéliser les dates de floraison et de véraison par cépage et d'analyser, justement, leur précocité, dans différents contextes climatiques.

Quel que soit le modèle ou les indices utilisés, une fois le choix de la région viticole et de la situation géographique arrêtés, il convient ensuite de considérer, entre autres, l'altitude, la topographie, l'exposition, la géologie, la pluviométrie moyenne du site (même si elle est amenée à évoluer). Autant de facteurs qui ont une influence directe ou indirecte sur le méso-climat et sur la capacité de la vigne à produire durablement des raisins à juste maturité.

Pour compliquer l'équation, il faut distinguer les régions viticoles aux cahiers des charges établies, qui permettent moins de souplesse en matière d'implantation, du moins pour l'instant, de celles qui sont moins encadrées. Les appellations d'origine contrôlées, ou systèmes équivalents, offrent un cadre géographique défini, même s'il peut être voué à évoluer ou que certains producteurs peuvent décider de sortir du cadre de l'appellation.

Quoi qu'il en soit, si on fait abstraction des cahiers des charges et délimitations géographiques contrôlées et que l'on considère uniquement la localisation idéale, nous pouvons constater que la carte du vignoble mondial, à l'instar du climat, est déjà en évolution et devrait continuer à évoluer dans le futur.

Le vigneron a plusieurs cordes à son arc en matière d'implantation, pour s'efforcer de maintenir un équilibre physiologique durable de ses vignes.

Prendre de l'altitude

Si les changements climatiques bouleversent l'équilibre viticole, à travers, notamment, une montée graduelle des températures, une des solutions pour le vigneron est d'implanter son vignoble en altitude. Il existe d'ores et déjà de nombreux exemples de vignobles haut perchés, dans des régions chaudes, telles que Mendoza en Argentine, ou Elqui au Chili. Des régions dans lesquelles la production de vin est même rendue possible par l'altitude. Cent mètres de plus au-dessus du niveau de la mer correspondent en moyenne à une baisse de température de 0,65 °C. Les fortes variations diurnes favorisées par l'altitude peuvent aussi faciliter la récolte d'une matière première plus adaptée à la production de vins de qualité supérieure et à des équilibres sucre-acide recherchés. Les nuits plus fraîches permettent de ralentir la dégradation de l'acide malique pendant la maturation des raisins, en d'autres termes de retenir plus d'acidité dans les baies et de récolter avec des pH plus bas. Prenons l'exemple de la Bodega Alta Vista, et de ses vignobles implantés dans plusieurs secteurs de la région de Mendoza. Les températures constatées entre 2010 et 2013 (Quénol, Madelin, Loussert, Corgne, Grassin, 2015) sont comprises entre 17 °C et 20,5 °C, et correspondent, selon l'IH, aux classes de climats viticoles « tempéré », « tempéré chaud » ou « chaud ». Les températures moyennes de nuit constatées en 2012 et comprises entre 9,8 °C et 12 °C correspondent, selon l'IFN, aux classes « nuit très fraîche » et « nuit fraîche ». Des conditions climatiques tout à fait adaptées à la viticulture et la production de vins de qualité, tandis qu'une viticulture en basse altitude dans des secteurs proches n'aurait pas permis de réunir de telles conditions.

Bien d'autres régions chaudes pourraient être concernées par cette recherche d'altitude pour continuer à produire des vins plus équilibrés, plus frais et moins charnus, ou tout simplement pour pouvoir continuer à produire dans les cas les plus extrêmes. Toujours en Argentine, la province de Salta abrite certains des vignobles parmi les plus hauts du monde (1 000 à plus de 3 000 mètres d'altitude). Les températures significativement plus fraîches de la région et les fortes variations diurnes continuent d'attirer de nouveaux acteurs viticoles. En Rioja, des vignobles expérimentaux ont aussi mis en exergue le potentiel de vignobles de plus en plus élevés face aux changements climatiques à venir. Prendre de la hauteur est donc une des voies possibles pour produire des vins au profil organoleptique plus frais ou continuer à produire dans des régions menacées par le réchauffement climatique, dès lors bien sûr que la topographie permet cette montée en altitude.

Dans le cadre du projet LIFE-ADVICLIM et des recherches menées par l'Université publique de Navarre (voir encadré, chapitre 2), un des sites pilotes en Rioja (Carbonera dans la municipalité de Bergasa), appartenant à Viñedos Baron de Ley, a été planté à une haute altitude, jamais expérimentée jusqu'alors dans la région (790 à 930 mètres au-dessus du niveau de la mer). Des cépages blancs à faible besoin en chaleur ont été choisis (verdejo, sauvignon blanc et chardonnay) et des capteurs de température ont été installés. Les résultats recueillis ont été très parlants, avec un indice de Huglin correspondant à un climat tempéré pour les vignobles à 790 mètres d'altitude et frais pour ceux plantés à plus de 900 mètres sur la période observée, tandis que la majorité des vignobles plantés en Rioja correspondent aux catégories tempéré-chaud et même chaud pour certains sites, en Rioja Baja notamment, à des altitudes bien plus faibles. Les mesures de température sur les vignobles expérimentaux ont été logiquement accompagnées de stades phénologiques (débourrement, floraison, nouaison, véraison) moins précoces que sur des vignobles implantés à plus basse altitude, tandis que la densité en sucre et le pH à la vendange ont significativement baissé.

Si ces vignobles expérimentaux correspondent encore, à l'heure actuelle, à des méso-climats marginaux, trop frais pour la maturation de nombreux cépages, notamment les cépages rouges autorisés en Rioja (grenache et tempranillo notamment), la démonstration confirme que de nombreux sites plus élevés, sous réserve que la géologie soit adaptée, pourraient offrir de nombreuses possibilités dans une optique d'extension de vignobles historiques.

Exposition plus fraîche, extension et nouveaux sites

L'exposition est également un facteur de choix important, avec des critères évolutifs. Si, dans le passé, les vignerons privilégiaient le plus souvent les expositions sud, sud-ouest ou sud-est pour l'hémisphère nord et nord, nord-est ou nord-ouest pour l'hémisphère sud, afin d'atteindre une meilleure maturité, la recherche d'expositions garantissant plus de fraîcheur est désormais de mise dans certaines régions viticoles chaudes et très ensoleillées. Certains avaient d'ailleurs ouvert la voie, consciemment ou inconsciemment, dans le passé, en investissant sur des sites plus frais. Eloi Dürrbach au domaine de Trévallon planta dès 1973 ses vignes sur le versant nord des Alpilles. Un vigneron qui avait anticipé cette nécessité de produire des vins sur des sites plus frais pour assurer la pérennité de sa production dans un contexte méso-climatique de plus en plus chaud.

De nombreux autres exemples existent de vignobles qui résistent mieux aux évolutions du ciel et aux étés très cléments, même dans des régions moins chaudes. On peut citer notamment le célèbre Vosne-Romanée 1er cru Cros Parantoux planté à la dynamite dans les années 1950 par Henri Jayer, sur ce climat bourguignon froid, orienté nord-est, dont personne ne voulait à l'époque. Si le vigneron bourguignon avait été guidé avant tout par des critères géologiques ou par la mitoyenneté de terroirs bourguignons parmi les plus prestigieux et non par une préoccupation liée au climat, nous pouvons constater aujourd'hui que le Vosne-Romanée 1er cru Cros-Parantoux bénéficie de son méso-climat frais, lorsque les étés chauds se succèdent.

Certains vignobles peuvent aussi envisager une extension ou une replantation partielle sur un secteur plus frais, moins exposé au soleil, comme ce fut le cas en 1979 au Château Grillet en Rhône septentrional (INAO, 2014), avec une extension sur des parcelles de géologie comparable, ouvertes vers l'est, mitoyennes et contiguës au domaine existant, qui était lui exposé au sud.

Ces initiatives risquent de se multiplier, sous-réserve bien sûr que les conditions géologiques ou topographiques soient adaptées à la production viticole.

Le changement climatique, s'il pose de nombreuses questions dans les régions chaudes, fait aussi le bonheur de régions plus fraîches dans lesquelles la maturation du raisin est plus optimale que par le passé et les plantations vont parfois bon train. C'est notamment le cas de certaines régions viticoles allemandes, des vignobles français les plus septentrionaux, du sud de l'Angleterre, de la Tasmanie ou encore de la Patagonie, pour n'en citer que quelques-uns.

À l'extension de certains vignobles, viennent aussi s'ajouter de nouvelles régions émergentes, qui peuvent désormais planter des vignes. La Bretagne, que personne n'aurait imaginé terre viticole il y a seulement quelques décennies, totalise aujourd'hui environ 100 hectares de vignes exploitées à titre professionnel pour un total de 12 exploitations réparties sur l'ensemble des départements (ARVB, 2020).

Si les principaux vignobles ont historiquement été plantés dans des zones géographiques situées entre 30° et 50° de latitude, dans l'hémisphère nord comme dans l'hémisphère sud – ces zones présentant les conditions climatiques les plus adaptées à la viticulture –, nous pouvons aussi constater aujourd'hui que ces frontières fictives sont en train de bouger et que de plus en plus d'exploitations viticoles sont localisées à l'extrémité de ces zones, voire même parfois à l'extérieur.

La Norvège, avec des vignes plantées entre le 58ᵉ et 59ᵉ parallèle nord, est par exemple aujourd'hui le vignoble le plus septentrional du monde. Si la viticulture reste encore un défi et que seuls certains sites, sur environ 10 hectares (Wine Explorers, 2020) dans les zones les moins fraîches au sud du pays, sont concernés, elle a été rendue possible par le réchauffement climatique.

En Australie, le célèbre vigneron Mac Forbes, dont les vignobles sont historiquement implantés dans la Yarra Valley, explique quant à lui que la succession d'étés très secs, le stress hydrique généré, le risque de feu et de contamination des raisins par la fumée étant de plus en plus préoccupants, il a décidé récemment de planter du pinot noir sur un site non exploité jusqu'alors dans la Vallée de Huon à l'extrême sud de la Tasmanie, une situation géographique significativement plus fraîche que le reste de l'île et avec une pluviométrie plus importante et des sols à forte capacité de rétention d'eau en période sèche.

La carte du vignoble mondial évolue donc progressivement, sur les deux hémisphères, et risque de continuer à évoluer, même si, fort heureusement, de nombreuses régions viticoles historiques ont encore un bel avenir devant elles.

Choix des cépages et ampélographie

Alors que le thermomètre continue de monter, plusieurs vignerons remettent en cause la viabilité des cépages plantés dans leurs régions et explorent activement des solutions en prévision des années à venir. L'Organisation internationale de la vigne (OIV) estime le nombre de cépages de *Vitis vinifera* à 6 000. Les options sont donc nombreuses si nous considérons que 13 cépages couvrent un tiers des vignobles mondiaux et 33 en couvrent la moitié (OIV, 2017). Plusieurs ont été laissés pour compte au profit de certains cépages devenus internationaux, principalement des cépages français, qui étaient, soit plus faciles à cultiver, soit dotés d'un profil organoleptique consensuel. C'est dans cette diversité déjà existante qu'un grand nombre de vignerons espèrent trouver la réponse aux enjeux climatiques.

Depuis une trentaine d'années, la famille Torres récupère, par exemple, des cépages ancestraux de la Catalogne. Cette quête, initialement motivée par un désir de préserver un patrimoine oublié, s'avère aujourd'hui également très prometteuse face aux changements climatiques. La famille a rapidement décidé de travailler avec la biologiste Sandra Sabaté afin d'isoler les variétés qui étaient le plus adaptées aux changements climatiques, pour des résultats déjà très parlants. Lorsque planté dans la région du Penedès, le cépage blanc forcada arrive, par exemple, à maturité un mois et demi plus tard que le chardonnay et produit des raisins avec une acidité totale moyenne de 8 mg/L. En rouge, les résultats observés sur les cépages moneu, gonfaus, pirene et querol semblent aussi très prometteurs.

En Champagne, certains vignerons se tournent aussi vers des cépages autochtones ancestraux de moins en moins utilisés. Bien qu'autorisé dans le décret, l'arbane, le petit meslier, le pinot blanc et le pinot gris n'occupent que 0,3 % des surfaces selon le Comité Champagne. Ces variétés historiques, en particulier les trois premières, ont une maturation plus tardive que celles plus couramment utilisées en terre champenoise. Michel Drappier, célèbre vigneron qui dirige la maison éponyme, estime que les étés particulièrement chauds et secs profitent notamment à l'arbane et au petit meslier qui ont besoin de ces conditions climatiques pour atteindre un bon niveau de maturité.

Pour certains pays non européens, expérimenter des variétés de *Vitis vinifera* qui s'épanouissent dans des climats similaires à ceux de leurs régions de nos jours et en prévision de futurs changements climatiques est aussi devenu très courant. L'Australie figure au premier plan et McLaren Vale a été une des premières régions à mener ce type d'expérimentation. Les résultats sont déjà concluants. Devant la récurrence de vagues de chaleur et de sécheresse, Stephen Pannell teste divers cépages méditerranéens. Il en a planté une vingtaine, entre autres l'assyrtiko, le fiano, le montepulciano, l'aglianico et le touriga nacional. « On privilégie les cépages français depuis des décennies, mais ils ne sont pas, ou en tout cas plus, adaptés à notre climat. La sécheresse affecte les rendements et le cabernet sauvignon me coûte 6 000 $/tonne. La nouaison n'arrive pas. Je n'ai pas assez de raisins», explique-t-il. Le pH élevé et la surmaturité des shiraz qui se transforment en raisins totalement desséchés confirment ses inquiétudes. «En 2008, le mois de février a enregistré des températures au-dessus de 37 degrés Celsius pendant 17 jours consécutifs. J'aimerais qu'il fasse plus frais, mais la réalité c'est qu'il va continuer à faire de plus en plus chaud.» Stephen Pannell a déjà arraché cinq acres de shiraz, le cépage le plus planté de McLaren Vale, pour replanter du grenache et du nero d'avola.

Cépages résistants

L'arrivée du phylloxera et le désir de planter des vignes dans des climats marginaux ont d'abord poussé les chercheurs dans la filière viticole à développer des hybrides. Aujourd'hui, la pression accrue des maladies fongiques provoquées notamment par les changements climatiques est l'élément central qui motive les dernières recherches. Ces recherches ont pour vocation de réduire l'utilisation des produits phytosanitaires. L'Institut français de la vigne et du vin a calculé que les maladies cryptogamiques étaient responsables de plus de 80 % de la consommation de pesticides de la filière. Didier Merdinoglu, directeur de recherche à l'INRAE, explique que les nouvelles variétés résistantes permettront justement de réduire de 80 % à 90 % l'usage des pesticides. Pourtant, la création des derniers hybrides nommés cépages résistants ou variétés résistantes est loin de faire l'unanimité.

Le Dr José Vouillamoz, célèbre ampélographe (voir encadré), explique que la plupart des hybrides ont une résistance monogénique, c'est-à-dire qu'ils ont été créés pour offrir une solution à un seul problème. Malheureusement, les maladies s'adaptent, mutent et contournent la résistance. «Il est difficile de savoir combien de temps ces cépages pourront être résistants. Divico (gamaret x bronner) est, par exemple, un cépage résistant monogénique suisse. Depuis sa sortie en 2012, aucun traitement phytosanitaire n'a en effet été nécessaire, mais nous ne savons pas si cela sera pérenne », dit le Dr Vouillamoz.

Durant les dernières années, les centres de recherches dans des pays tels que l'Italie, l'Allemagne et la Suisse ont en conséquence investi principalement dans le développement de cépages résistants polygéniques. Grâce à de multiples croisements, les hybrides possèdent trois à quatre gènes résistants. Les cépages sont obtenus en croisant d'abord les vignes natives américaines et asiatiques ayant les gènes résistants avec les *Vitis vinifera*. Il y a ensuite d'autres croisements entre l'hybride obtenu et la (ou les) variété(s) *Vitis vinifera* choisie(s), afin que le pourcentage de variété américaine ou asiatique soit très faible, et aussi pour tenter de conserver les caractéristiques organoleptiques du *Vinifera*. L'artaban, le voltis, le vidoc et le floreal sont différents exemples de ces variétés résistantes récemment développées. En France, le programme d'innovation variétale ResDur a été mis sur pied en 2000, en ce sens. Plusieurs domaines expérimentent déjà en espérant des résultats concluants. C'est le cas des Vignobles Foncalieu, une union de coopératives située dans le Languedoc, qui ont planté, en 2016, des vignes d'artaban pour produire un Vin de France sous le nom de Nu.Vo.Té en 2018.

Dierdre Heekin, vigneronne à La Garagista dans le Vermont, est convaincue du bien-fondé de l'utilisation des hybrides dans ses vignobles. Ils sont pour elle le meilleur choix pour sa région. Elle constate que ses vignes sont naturellement plus résistantes aux maladies fongiques. Elle utilise des préparations biodynamiques et arrive à ne faire que quatre traitements de cuivre de 60 mL par année. « Si vous croyez que les vins faits à partir d'hybrides sont moins bons, c'est que vous n'avez pas goûté les bons », explique-t-elle avec passion. Ses vins faits à partir de la crescent, du marquette, du frontenac gris, frontenac blanc, frontenac noir, du brianna et du sainte-croix se retrouvent sur les plus grandes tables et bars à vin en Amérique. Elle prône la diversité et accueille positivement toutes les recherches mises sur pied et l'arrivée de nouveaux hybrides.

Pour autant, les détracteurs pensent que les maladies risquent à long terme de trouver une façon de contourner les résistances de ces variétés, qu'elles soient monogéniques ou polygéniques, comme expliqué précédemment. C'est ce que croit fondamentalement Thomas Dormegnies, ingénieur agronome conseil chez le pépiniériste Lilian Bérillon. Qui plus est, il n'est pas du tout convaincu par leur profil organoleptique. « Mes 20 ans d'expérience m'ont montré que le goût des vins obtenus à partir des hybrides, ou variétés résistantes, comme certains les nomment, n'est pas du tout agréable. La solution se trouve dans la diversité qui existe déjà dans les *Vitis vinifera*.

Changements de législation

Le changement climatique et la production de nouveaux cépages provoquent progressivement une évolution dans les cahiers des charges des vignobles européens. En Europe, la principale controverse concerne la législation des cépages résistants, discutée dans la section précédente. Les premières autorisations de ces hybrides datent de 2017 et 2018. Ils sont depuis autorisés dans plusieurs Indications géographiques protégées (IGP). Certains comme Vincent Pugibet, propriétaire du domaine de la Colombette à Béziers, revendiquent un assouplissement également dans les appellations d'origines protégées (AOP). Considéré comme l'un des pionniers dans l'exploitation des variétés résistantes dans l'Hexagone, Pugibet a un total de 80 ha de vignes plantés de cépages résistants. Il est aussi un des instigateurs de PIWI France, une déclinaison de PIWI international. Cette association est un groupe de travail et un réseau d'information qui a pour objectif de promouvoir ces cépages résistants aux champignons de la vigne.

Du côté des AOP, Bordeaux est la première région à aller plus loin dans l'expérimentation de nouveaux cépages et même dans la législation. VitiAdapt, projet initié en 2007 par l'INRAE, avec le soutien financier du CIVB, a ainsi étudié le comportement des cépages bordelais face aux changements climatiques, mais aussi celui d'autres candidats à une introduction dans l'encépagement de la région. Le projet, reposant sur une parcelle expérimentale, a testé un total de 52 cépages d'origine bordelaise et d'autres variétés d'origines diverses (France, Espagne, Italie, Grèce, Portugal, Bulgarie,

Géorgie), tous plantés sur le même porte-greffe. Les résultats considérés comme les plus concluants, portant sur des cépages plus tardifs, à maturation lente, ont mené aux modifications du décret des AOP bordeaux et bordeaux-supérieur. À la fin de l'année 2020, l'INAO a officiellement permis six nouveaux cépages dans ces deux appellations, dont quatre rouges (arinarnoa, castets, marselan, touriga nacional) et deux blancs (alvarinho, liliorila). Ces variétés sont inscrites dans le cahier des charges comme cépages accessoires, elles sont limitées à 5 % de l'encépagement des exploitations et ne peuvent représenter plus de 10 % de l'assemblage final. Une décision lourde de sens et contestée par certains qui estiment que, si la diversité variétale est une solution efficace, certains cépages autochtones bordelais oubliés auraient dû être considérés en premier lieu et qu'il y a un risque de perte d'identité. Quoi qu'il en soit, maintenant que Bordeaux a ouvert la voie, plusieurs autres AOP risquent de suivre l'exemple.

OGM/édition du génome

Bien qu'explorés par plusieurs pays incluant le Canada, l'Italie, la France et la Roumanie, les organismes génétiquement modifiés (OGM) ne semblent pas représenter une solution crédible pour le futur, face au défi climatique. Ils demeurent trop controversés et selon le Dr Vouillamoz, la plupart des programmes de recherche ont été abandonnés.

L'édition du génome, ensemble de techniques de manipulation du génome visant à la modification du matériel génétique, est par contre, contrairement aux OGM, bel et bien autorisée. L'édition du génome est un ensemble de techniques qui permettent d'effectuer des modifications génétiques ciblées sans ajouter des ADN étrangers. « C'est un processus qui vise à améliorer la protection d'un pathogène en “allumant” ou “éteignant” un gène », vulgarise le Dr Vouillamoz. Les recherches entamées sont encourageantes. Des chercheurs de l'Université Rutgers au New-Jersey ont, par exemple, réussi à isoler trois gènes provoquant des foyers de mildiou dans les raisins et ils ont réussi à les éditer pour créer une version résistante à la maladie.

« L'approche est onéreuse, mais assez rapide si l'on compare à la création de cépages résistants », ajoute le Dr Vouillamoz. « La principale inquiétude face à cette technique réside dans le fait qu'avec cette méthode, on cible un ou deux clones au profit de la diversité végétale », alerte néanmoins le célèbre ampélographe.

Biodiversité inter-variétale

Dr José Vouillamoz, généticien, ampélographe

Alors que plusieurs centres de recherche investissent des sommes d'argent importantes pour le développement des cépages résistants, le Dr José Vouillamoz prône la diversité dans le matériel végétal et variétal déjà existant. Se référant à des statistiques basées sur le travail de Kim Anderson répertorié dans son livre *Which Grapes Varieties are Grown Where?*, Vouillamoz estime que depuis le commencement de la création des hybrides et des croisements au début du XIXe siècle, ces derniers ne constituent que 4,4 % des vignobles mondiaux. Un résultat donc peu concluant.

Lorsque Vouillamoz a co-écrit *Wine Grapes* en 2012 avec Jancis Robinson MW et Julia Harding MW, ils ont catalogué 1 368 cépages ayant une importance viticole avérée. Un travail complété depuis avec près de 1 500 cépages aujourd'hui. Selon lui, il y a encore de multiples possibilités à explorer pour l'avenir de nos vignobles. « Si l'on remonte dans le temps, des températures très chaudes ont été recensées pendant le Moyen Âge, notamment pendant l'optimum médiéval climatique, cycle très chaud qui s'est étendu du Xe au XIVe siècle. Plusieurs cépages ont survécu à ce cycle. Le nombre de cépages existants offre encore beaucoup d'options et de solutions.

Il y a aussi aujourd'hui de nombreuses possibilités au niveau du matériel végétal. Certaines techniques de pointe en séquençage génétique sur l'analyse de l'ADN, permettent non seulement d'identifier les clones ou individus, mais aussi de les grouper en famille géographique.

•••

• • •

Par exemple, on a jusqu'à maintenant identifié 98 clones de nebbiolo et on les a groupés dans sept familles différentes. Pour un seul cépage, la diversité est énorme. On a trouvé 500 clones de grenache et 1 000 clones de pinot noir ! », explique l'ampélographe.

Vouillamoz préconise donc une recherche approfondie sur la biodiversité inter-variétale. « Si on ne le fait pas, on risque de perdre notre héritage », dit-il. « Ensuite il faut faire des études approfondies sur les porte-greffes, mais aussi les mycorhizes (voir la section sur les différentes approches viticoles). Les porte-greffes ont aussi une importance majeure et, les étudier, ainsi que leur interaction avec les variétés existantes, va nous aider à choisir les cépages que l'on peut planter dans le futur, ceux qu'on peut maintenir au même endroit et ceux qui offrent un vrai potentiel. » Il ajoute qu'il est impératif de miser sur les cépages ayant un vrai potentiel organoleptique. « C'est personnel, mais je n'ai jamais bu de grands vins faits à partir de cépages résistants qui m'ont bouleversé. » Et l'ampélographe, de conclure : « Il faut miser avant tout sur notre héritage ampélographique. »

Choix du matériel végétal

Une fois le site déterminé et le (ou les) cépage(s) choisi(s), le vigneron doit, avec l'aide de son (ou ses) pépiniériste(s), sélectionner le matériel végétal le plus adapté. La vigne, telle qu'elle est exploitée aujourd'hui dans la plupart des vignobles du monde, consiste en fait en deux individus. Le système racinaire, ou porte-greffe, est généralement composé par une variété américaine (ou dans de rares cas croisement de variétés américaines et européennes), qui résiste mieux au phylloxera, puceron de la vigne qui a dévasté les vignobles à la fin du XIXe et au début du XXe siècle avant que le système de greffage ne soit justement utilisé. Sur ce porte-greffe, sera greffé un greffon, voué à produire la surface foliaire et les raisins. Dans la plupart des cas, pour la production de vin, il s'agit d'un individu *Vitis vinifera*, espèce de vigne qui comprend les principaux cépages du monde.

Si le système vasculaire de la plante est restauré après le greffage, tant le porte-greffe que le greffon vont conserver des caractéristiques propres qui auront une influence directe sur le développement, la physiologie de la vigne, le rythme des stades phénologiques ou encore le rendement final. Les différents porte-greffes et greffons vont donc avoir une capacité d'adaptation plus ou moins forte à un microclimat donné et en évolution.

La diversité végétale et génétique de la vigne doit donc être préservée et même potentiellement développée puisqu'elle offre de multiples possibilités. Le travail de conservation est ici primordial, le matériel végétal étant une des principales voies d'adaptation viticoles ou d'atténuation face au défi climatique (voir encadré). Si le vignoble a très longtemps favorisé des porte-greffes et des individus à maturation rapide, offrant plus de garantie de forte densité en sucre à la vendange, le travail inverse est aujourd'hui en cours dans de nombreux vignobles où la montée des degrés alcooliques potentiels et la baisse des pH à la vendange sont devenues un problème.

Le matériel végétal peut avoir, en effet, un impact direct sur la nutrition de la plante, la résistance au stress hydrique, le rythme des stades phénologiques, le développement de la surface foliaire ou encore le rendement final.

Nathalie Ollat, ingénieure de recherche dans l'unité Écophysiologie et génomique fonctionnelle de la vigne (EGFV), à Bordeaux, s'est spécialisée, depuis plus de vingt ans dans l'étude et l'amélioration des porte-greffes et, plus récemment, sur leur capacité à s'adapter aux changements climatiques (INRAE, 2016). Un travail entrepris avec de nombreux autres chercheurs, agronomes, climatologues, œnologues, entre autres, pour une approche pluridisciplinaire du sujet. Si le choix du porte-greffe a été pendant longtemps dicté par une recherche de réduction de rendement et de vigueur, Nathalie Ollat constate que les critères de choix évoluent, avec une préoccupation grandissante sur la capacité d'adaptation à la sécheresse, suite à une succession d'étés chauds et secs et de périodes de stress hydrique prolongées. Le choix du porte-greffe a notamment un effet sur la régulation de la transpiration des vignes

(Marguerit, 2010) et donc l'échange gazeux et le processus photosynthétique. Dans les travaux de Nathalie Ollat, le rythme de réduction de la transpiration a été étudié, ainsi que la structure des vaisseaux conducteurs et plus globalement la conductivité hydraulique, afin de mieux comprendre les mécanismes de tolérance à la sécheresse et d'identifier dans un contexte méso- ou microclimatique donné les porte-greffes les plus adéquats. Un travail qui a également pour vocation de permettre le développement de nouveaux génotypes de porte-greffes plus adaptés aux conditions actuelles et surtout futures.

En parallèle à ces études pour améliorer les porte-greffes, le choix de greffons ayant également des capacités de résistance plus fortes aux problèmes posés par le changement climatique est également devenu de plus en plus critique. Tout comme pour le porte-greffe, résistance aux contraintes hydriques ou maturation plus lente sont aujourd'hui des caractéristiques de plus en plus recherchées dans des vignobles face à la montée progressive des températures et à la multiplication des périodes sèches. Un travail de sélection puis de propagation d'individus qui va paradoxalement parfois à l'encontre de ce qui a été fait dans un passé récent.

Paolo de Marchi, célèbre vigneron toscan, propriétaire au domaine Isole e Olena, a été l'un des premiers à partir des années 1970 à travailler, en partenariat avec la pépinière Guillaume, à l'identification, la préservation et la propagation d'individus de Sangiovese, qui offraient les meilleurs résultats. Un travail que le vigneron poursuit aujourd'hui, mais avec des critères qui ont sensiblement évolué. Aussi étonnant que cela puisse paraître, atteindre une densité en sucre suffisante ou, en d'autres termes, un potentiel alcoolique satisfaisant et produire des vins ni trop maigres, ni trop aigres, n'étaient pas forcément chose aisée en territoire toscan il y a seulement quarante ou cinquante ans. À l'inverse, face à des périodes estivales chaudes et sèches, l'objectif est aujourd'hui de conserver des équilibres frais et acidulés, qui font la magie des grands vins de la région, et donc de maîtriser les niveaux alcooliques et de préserver les acidités à la vendange. Pour ce faire, alors qu'une montée en sucre rapide était privilégiée il y a seulement quelques décennies, Paolo de Marchi isole aujourd'hui des individus à la maturation plus lente. Une approche empirique, basée sur l'observation, très efficace dans le contexte actuel du moins.

Pour qu'il y ait des vignes demain

Lilian Bérillon, pépiniériste

Lilian Bérillon est un pépiniériste passionné et un homme sans compromis. Depuis sa pépinière située à Villeneuve dans le Rhône méridional, il a instauré des pratiques rigoureuses pour lutter contre le dépérissement de la vigne. Un phénomène qu'il observe depuis quelques décennies et qui est accentué par les changements climatiques. Pour Bérillon, la réponse aux enjeux du climat réside à la fois dans la qualité du matériel végétal et dans la préparation des sols. Un plant de vigne doit être fort et en très bonne santé pour lutter contre l'adversité.

Le pépiniériste milite pour la sélection massale autant pour les porte-greffes (pourtant toujours interdite aujourd'hui) que pour les cépages. Une alternative à la sélection clonale, qui consiste à propager une multiplicité d'individus isolés dans une multiplicité de vignobles, en fonction de leurs caractéristiques propres, plutôt que de se concentrer sur des clones qui peuvent être les mêmes partout et réduisent la diversité. Une sélection clonale pourtant majoritaire pour les greffons et systématique pour les porte greffes, avec, en conséquence, des problèmes de dégénérescence de plus en plus récurrents. Il donne comme exemple le porte-greffe 161-49 Couderc qui dépérit aujourd'hui et risque de disparaître. « La science a affaibli les vieilles espèces qui ne dépérissaient pas avant. Aujourd'hui, à force de propager et de multiplier les mêmes individus, il y a une fragilité grandissante », constate-t-il avec dépit.

Bérillon préconise aussi la fente anglaise et non la fente oméga comme technique de greffage. Le porte-greffe et le greffon sont taillés en biseau puis emboîtés manuellement. La surface de contact entre

•••

•••

les deux parties du plant est ainsi plus importante et permet une meilleure circulation de la sève au point de greffage et donc une replantation d'individus plus forts et mieux armés.

Les producteurs ont aussi la possibilité d'acheter chez Lilian Bérillon des plants greffés ou des racinés. Ces derniers sont greffés sur place dans les sols appartenant au domaine.

Bérillon prend également des précautions strictes pour éviter toutes maladies. Son matériel végétal passe de nombreux tests en ce sens, dans des laboratoires certifiés. De plus, il possède deux machines pour tremper les plants à l'eau chaude à 50 degrés Celsius pendant 45 minutes. Cette pratique, non obligatoire, a pour vocation d'éliminer les risques de propagation de virus ou autre maladie, type flavescence dorée, à la source, dès la pépinière.

Les choix de Bérillon sont coûteux. L'exigence a un prix. Il rejette tout plant pour lequel la greffe n'a pas bien pris. En 2020, il a mis 2 350 000 plants en pépinière, mais après le tri final, seulement 55 % de ceux-ci seront commercialisés. Le taux moyen de réussite des autres pépiniéristes est de 78 %.

Bérillon insiste également sur le fait qu'il est impératif que les vignerons préparent bien les sols en amont pour que ses plants puissent vieillir en santé et se transformer en vignes centenaires et mieux résister aux changements climatiques. Le sol doit être souple, aéré et reposé. Il partage sa frustration envers de nombreux consultants qui préconisent une préparation des sols en surface (20-30 cm). « Le système racinaire est superficiel et c'est pour cela que le vignoble n'arrive pas à passer le cap des changements climatiques. »

Enfin, il insiste sur l'importance du repos des sols entre les plantations.

Pendant la période de repos, il explique aussi qu'il faut enlever les racines, car les nématodes peuvent sinon se nourrir et continuer à propager virus et maladies. Le temps de repos est aussi primordial à ses yeux. Cinq ans c'est bien, mais sept c'est idéal. Au total, Bérillon a 120 ha de terres labourables, soit une capacité de rotation de huit ans,

•••

•••

lui donnant la possibilité de laisser reposer ses terres pendant sept ans (versus quatre ans qui sont prescrits). Ces terres sont travaillées en suivant les pratiques biodynamiques. « Quand le sol est propre, tu relances aussi la vie microbienne », dit-il. Durant cette période d'attente, il utilise aussi un couvert végétal qui va favoriser cette vie microbienne. « Si tu replantes avant un long repos, sur un sol pas assez bien préparé, les plants vont être chétifs et vont mourir plus tôt. Cela sera encore plus vrai avec des phénomènes de changement climatique qui vont mettre au défi les résistances des individus », renchérit-il.
Au-delà de la bonne préparation des sols et du matériel végétal qualitatif, critères indispensables pour mieux s'adapter à un climat en évolution, Bérillon est persuadé qu'il a encore beaucoup de travail et de recherches à faire. « On doit se poser davantage de questions sur les modes de taille, la densité de plantation et le rôle favorable des mycorhizes. Bien avant de se tourner vers les cépages résistants, il faut peut-être migrer les cépages du sud vers le nord et explorer des cépages oubliés. C'est ainsi qu'on arrivera mieux à lutter contre les changements climatiques et à préserver notre patrimoine », conclut Lilian Bérillon.

Conservatoires

Conserver une diversité variétale et, pour aller encore plus loin, une diversité d'individus au sein de chaque variété est une des solutions les plus efficaces pour que le vignoble s'adapte aux changements climatiques. Ce travail de conservation permet d'observer ceux qui résistent le mieux aux évolutions du ciel, au stress hydrique, à la variabilité intra-saisonnière, aux événements climatiques extrêmes, continuent de produire des raisins à l'équilibre sucre-acide à la vendange. Date des stades phénologiques, maturation plus lente, densité en sucre plus faible,

•••

•••

préservation de l'acidité, de nombreux critères scrutés pour continuer à choisir les cépages et les individus les plus adaptés à la réalité climatique actuelle et future. Si c'est, pour partie, le rôle des pépiniéristes et que certains le font avec passion et talent, certains producteurs participent aussi à ce nécessaire travail de conservation. C'est le cas de Jean-Charles Abbatucci, vigneron corse, qui a repris à la suite de son père un conservatoire de cépages autochtones fondé dès les années 1960. Barbarossa, brustiano, carcajolo bianco et nero, pagga debbit, sciaccarello, rossola bianca… Pas moins de dix-huit cépages différents sont ainsi protégés et observés sur les 20 hectares du domaine. Sans surprise, les vins produits au domaine, malgré la générosité du climat corse, restent d'une grande élégance et d'une grande justesse.

De la même manière, Aubert de Villaine, cogérant du domaine de la Romanée-Conti, et Denis Fetzmann de la maison Latour, entre autres, ont décidé de fonder en 2006 l'Association pour la sauvegarde de la diversité des cépages de Bourgogne. Une association qui regroupe aujourd'hui quelque trente-huit vignerons dont l'objectif est de reconstituer le capital de cépages de type fin, de la région. Le travail entrepris, en collaboration avec un pépiniériste, a permis de créer un conservatoire de plants fins en champs et en serres, pour s'émanciper des clones productifs, des porte-greffes vigoureux, et continuer à cultiver une diversité nécessaire dans des stratégies d'adaptation.

La maison de Champagne Louis Roederer a aussi entrepris ce travail de conservation, en créant sa propre pépinière, et en propageant et entretenant sa propre sélection massale, avec des dizaines d'individus des différents cépages champenois, mais aussi ses propres porte-greffes, afin de continuer à choisir les porte-greffes et les greffons les plus adaptés, en fonction de critères spécifiques et notamment la donnée climatique.

De nombreux autres conservatoires existent à travers le monde, initiés par des vignerons ou des instituts de recherche, à l'instar du Centre de ressources biologiques de la vigne (CRB-Vigne) de Vassal-Montpellier, unité expérimentale à l'INRAE Montpellier, constituée

•••

• • •

de plus de 8 000 accessions provenant de tous les pays du monde et dédiée à la conservation et la caractérisation des ressources génétiques viticoles. Cette collection ampélographique unique réunit de nombreux cépages du monde entier, porte-greffes, ou espèces apparentées à *Vitis vinifera*.

C'est aussi, fort de ces travaux de conservations, qui préservent et étudient la diversité génétique et ampélographique à l'échelle locale ou internationale, que les stratégies d'adaptation et d'atténuation viticoles efficaces pourront être élaborées.

Choix du matériel viticole

L'impact du carburant utilisé par les machines dans les vignobles est tout sauf minime. Karen Titulaeur, directrice du développement durable chez Villa Maria, estime qu'environ 18 % de l'empreinte carbone du domaine est issue du carburant dont la majorité provient des tracteurs. Il n'y a pas que le désir de décarboniser la viticulture qui motive les producteurs à se tourner vers de nouveaux outils viticoles. Les défis grandissants amenés par les changements climatiques tels que l'augmentation des maladies, la maturité précoce des vignes et le stress hydrique forcent les viticulteurs à trouver de nouvelles solutions pour mieux répondre aux enjeux. Alors que certains reviennent vers des choix et pratiques traditionnels, d'autres explorent de nouvelles technologies.

La main et l'animal

Au milieu des multiples options technologiques, on oublie souvent que la main de l'homme reste une solution bien plus environnementale, même si elle est souvent plus coûteuse en ressources humaines. Le désherbage manuel en lieu et place des tracteurs évite l'utilisation des herbicides chimiques. Beaucoup plus léger que les engins, l'homme évite également le tassement des sols, qui empêche l'air et l'eau de pénétrer, favorise le stress hydrique et empêche le bon fonctionnement et le développement de la vie microbienne souterraine.

Le cheval peut aussi être considéré comme un allié stratégique. Plusieurs grands noms de la viticulture tels que Lalou Bize-Leroy, Marie-Thérèse Chappaz (voir encadré) ou le domaine de la Romanée-Conti, pour n'en citer que quelques-uns, font appel au cheval pour le travail de leurs sols depuis des années. La traction animale génère des sols plus aérés permettant un bon enracinement des vignes, ce qui facilite ensuite l'exportation d'eau et de minéraux rendant la vigne plus forte et plus apte à lutter contre les changements climatiques. Le désherbage sans produits chimiques et l'engrais animal sont d'autres atouts. Le cheval a aussi l'avantage de rendre l'accès possible à certaines parcelles trop escarpées pour les engins lourds. Finalement, l'agriculture régénérative incitée par le labeur de l'animal améliore la capacité du sol à séquestrer le carbone, un aspect non négligeable, au bénéfice évident, pour le défi climatique.

Certifié biodynamique depuis 2010, le château Pontet-Canet a eu l'ingéniosité d'associer le cheval à la modernité. Des tracteurs légers avec des engins faits sur mesure intégrant des panneaux solaires et une batterie remplacent le chariot traditionnel. Cette création, efficace et écologique, offre ainsi la possibilité au travailleur de s'asseoir et de superviser le travail de l'animal. Cette invention a vu le jour grâce aux résultats d'une étude faite par une société extérieure sur la compaction des sols qui a démontré que les parcelles avec un historique de trois décennies de tracteurs conventionnels étaient compactées sur 50 cm de profondeur.

La présence de moutons dans les vignobles pendant l'hiver a aussi ses vertus, pour certains vignerons. Le désherbage et la tonte rase donnent un équilibre entre l'herbe et la vigne tandis que leur fumier procure un apport d'engrais organique.

L'aspect économique et les ressources humaines sont bien sûr à prendre en compte. Si le coût d'acquisition des animaux est faible comparé à celui du tracteur, il peut être contrebalancé par les tâches quotidiennes qui en découlent. Il existe aussi la possibilité de louer les animaux et une main-d'œuvre spécialisée pour une période donnée.

Engins électriques

Tout comme sur les routes, il y a une forte progression dans l'électrification des appareils viticoles. Les derniers développements sont de plus en plus performants et la concurrence croissante entre les compagnies favorise la compétitivité des prix. Les interfaces permettent des mises à jour fréquentes et les engins vont bien au-delà des fonctions traditionnelles. La plupart proposent un réglage sur mesure de plus en plus adapté aux besoins du viticulteur.

L'arrivée des enjambeurs électroniques autonomes est une nouvelle solution pour les producteurs qui souhaitent abandonner ou minimiser les traitements chimiques. Les prototypes d'enjambeurs sur le marché se multiplient et les derniers modèles offrent des multifonctions alléchantes. L'enjambeur Alpo, par exemple, ne pesant que 800 kg, développé par le constructeur SABI, est tout aussi adapté à des parcelles espacées qu'à des vignes étroites. De plus, il facilite une vaste gamme d'opérations incluant le travail au sol entre et sur le rang, l'effeuillage, la pulvérisation et le rognage. Alpo n'émet aucun gaz à effet de serre et il dépense dix fois moins d'énergie qu'un tracteur traditionnel.

L'électrification des tracteurs est effectivement synonyme d'avancées technologiques et environnementales intéressantes pour la filière viticole. Nommé tracteur de l'année 2020 lors des AgTech Breakthrough Awards, Monarch a fait par exemple beaucoup parler de lui. Quatre personnes sont derrière ce projet californien dont Carlo Mondavi, viticulteur faisant partie de la quatrième génération de la famille Mondavi. En plus d'être autonome et 100 % électrique, Monarch possède des capteurs qui permettent d'analyser plus de 240 GO de données chaque jour. Cet outil permet au viticulteur d'évaluer plusieurs aspects, notamment la vigueur et les maladies de la vigne. L'interface est mise à jour régulièrement, rendant l'appareil performant et durable dans le temps. La longue liste d'attente témoigne de l'intérêt que suscite ce nouvel engin. Jim Bernau, propriétaire de Willamette Valley Vineyards, est parmi ceux qui auront la chance d'avoir Monarch lors de sa sortie. « C'est très excitant. On va commencer à remplacer nos tracteurs au diesel qui opèrent sur presque 1 000 acres », partage-t-il.

Les robots

La robotique s'installe aussi peu à peu dans les vignes. Bernard Margrez, propriétaire de nombreux domaines bordelais, a été l'un des premiers à adopter une technologie robotique en France pour gérer le désherbage de certaines de ses parcelles. C'est le désir de trouver une alternative efficace à l'utilisation des herbicides qui a incité Margrez à se procurer TED pour le château Fombrauge à Saint-Émilion. Développé par Naïo Technologies à Toulouse, TED est autonome et son poids très léger évite la compaction des sols. De plus, le travail effectué par le robot dégage du temps aux vignerons, bénéfice économique notable.

L'évolution technologique des robots va effectivement bon train et des prototypes de plus en plus performants sont attendus. C'est le cas de VineScout, un projet onéreux, financé par l'Union européenne et développé par un consortium composé de l'Universitat Politècnica de Valencia, Wall-Ye SARL, University de La Rioja et Symington Family Estates. Le groupe estime que le robot VineScout sera encore bien plus précis que l'être humain malgré sa capacité d'observation et d'analyse. L'intelligence artificielle du robot peut analyser plusieurs paramètres comme la disponibilité de l'eau, la température des feuilles, les variations de la vigueur de la vigne et le stress hydrique. L'information récoltée par ce robot qui pèse seulement 100 kg vise à optimiser la gestion de la vigne et à aider le producteur à récolter les raisins à maturité optimale. Le robot utilise un GPS et le panneau solaire intégré permet d'alimenter le logiciel et les capteurs.

Jim Bernau, fondateur de Willamette Valley Vineyards, travaille quant à lui avec le USDA ARS et la compagnie norvégienne Saga, sur des solutions robotiques extrêmement innovantes pour la gestion des maladies fongiques. Le projet repose sur des robots dénommés Thorvald, qui profitent de la faiblesse des champignons la nuit pour les exposer à des rayons UV. Les résultats sont très satisfaisants, notamment pour la lutte contre l'oïdium. « Jusqu'à maintenant les essais sont très encourageants », confirme Jim Bernau. « Si on arrive à prouver que cette technologie est efficace, ça va révolutionner le monde de l'agriculture. »

Les drones

Ces petits objets qui volent sans polluer ne sont pas de simples gadgets. Munis de caméras multispectres, les drones sont des instruments sophistiqués et performants qui collectent de l'information et facilitent une viticulture de précision (voir section dédiée dans le prochain chapitre). Les capteurs photographiques permettent de prendre des clichés des parcelles sur tous les angles et ensuite d'analyser précisément plusieurs critères : la surface foliaire, le stress hydrique, les carences de la vigne, ou encore de détecter certaines maladies. Ces informations peuvent permettre ensuite aux viticulteurs d'ajuster leurs pratiques viticoles et d'être, notamment, plus précis et plus économes en traitement. Les drones peuvent également aider les producteurs à mieux analyser les niveaux de maturation et à orchestrer les vendanges avec encore plus de précision.

La pulvérisation est la fonction potentielle la plus controversée des drones. Pourtant, l'application ciblée permet de diffuser les produits de traitement de façon bien plus précise et donc en plus petites quantités. Cette méthode a également l'avantage de protéger les travailleurs et de n'émettre aucun gaz à effet de serre. La compagnie suisse AgroFly a été la première entreprise en Europe à obtenir le droit d'utilisation en 2017. En France, plusieurs producteurs exploitant des vignes dans des régions escarpées comme l'Alsace et le Rhône septentrional espèrent que les projets autorisés à titre d'expérimentations dans les pentes supérieures à 30 % permettront d'obtenir des autorisations officielles.

Choix d'une approche viticole

Le choix d'une approche viticole peut être déterminé par de nombreux critères, souvent corrélés, mais aussi par le site, par la philosophie du vigneron, et parfois, comme c'est ici le sujet qui nous anime, par l'évolution du climat. Rendement, résistance aux maladies ou aux prédateurs de la vigne, respect d'un écosystème, économie de ressources, sont généralement, en fonction de la réalité du vignoble choisi, les critères premiers qui dictent le choix de cette approche.

Dès lors, le vigneron a la possibilité de rester sur une approche dite conventionnelle, sans restriction en matière d'usage des produits phytosanitaires, ou de s'orienter vers une approche en lutte raisonnée, qui tend à minimiser l'utilisation des traitements chimiques, sans pour autant les interdire, ou une viticulture biologique ou biodynamique, toutes deux bien plus strictes en matière de traitements et vouées à respecter la plante et son environnement. Si le sujet n'est pas ici de détailler ces approches ou d'ouvrir un débat sur le bien-fondé de chacune d'entre elles, nous discuterons en revanche de l'impact de certaines décisions et pratiques, dans une démarche d'adaptation à un climat changeant, ou dans le cadre d'une stratégie de mitigation de ses effets. Il y a ici plusieurs dimensions à considérer : les ressources à disposition, leur consommation et leur préservation, l'écosystème et l'impact de l'approche retenue et des décisions ou pratiques viticoles qui en découlent et bien sûr l'adhésion des équipes à l'approche choisie, sujet développé dans la prochaine section.

Si les pratiques viticoles ne peuvent que très rarement influer sur les moteurs du changement climatique (même si la modélisation du bilan carbone des produits de synthèse utilisée en viticulture conventionnelle n'est pas toujours flatteuse), elles peuvent en revanche aider à en atténuer les conséquences, voire même à restaurer un équilibre mis à mal. Une des composantes majeures de la viticulture biologique et encore plus de la viticulture biodynamique est la stimulation de la vie souterraine et de l'activité microbienne. Bannir les produits phytosanitaires pour la gestion des sols, que ce soit pour éliminer la concurrence végétale ou pour tout autre type de traitement, réintroduire de la matière organique sous différentes formes, utiliser des composts ou autres préparations naturelles, c'est permettre à une microfaune et une microflore, à une multitude d'organismes de continuer à vivre dans un environnement adapté, et même de stimuler cette vie du sous-sol, primordiale pour le bon développement végétatif des plantes. Tandis que la vie animale souterraine, les lombrics notamment, est un gage de bonne santé des sols, contribue à leur aération et aide à maintenir une structure plus adaptée au développement du système racinaire et à la nutrition des vignes, les bactéries et autres microorganismes présents ont aussi un rôle majeur pour le bon développement végétatif et la production des grappes. Des microorganismes que les traitements chimiques peuvent menacer, tandis qu'à l'inverse la réintroduction de matière organique et un travail respectueux peuvent stimuler leur présence et leur activité. Certains de ces microorganismes favorisent notamment la biodisponibilité des nutriments en créant une relation symbiotique avec les racines des plants de vignes (Selosse, 2017). Cette association symbiotique, dénommée mycorhize, résulte de la relation entre des champignons endomycorhiziens, qui s'associent avec le système racinaire de la plante afin que les deux organismes en tirent avantage. Pour faire simple, les racines vont alimenter les champignons, en glucides et autres nutriments, tandis que les champignons vont faciliter l'exploration et le transfert des ressources du sol, eau et nutriments, nécessaires au développement de la plante et à la réaction photosynthétique. En d'autres termes, il y a échange nutritif mais la mycorhization permet aussi à la plante de mieux résister au stress hydrique, ce qui dans un contexte de changement climatique avéré et futur, avec dans certaines régions viticoles une multiplication des périodes de sécheresse prolongées, est un bénéfice majeur.

De la même manière, les approches viticoles plus respectueuses tendent à restaurer un équilibre hors sol et à stimuler la biodiversité, en utilisant des mécanismes de régulation naturels. Une biodiversité, menacée notamment par le changement climatique, ou bouleversée, avec des migrations de prédateurs, parfois vecteurs de maladie ou causant des dommages aux plants de vignes. Ces pratiques comprennent notamment la confusion sexuelle et l'introduction de prédateurs naturels et de zones d'habitat pour ces espèces, des pratiques regroupées sous le terme de biocontrôle. Alternatives aux pesticides, elles tendent à améliorer la gestion des prédateurs de la vigne, et sont déjà privilégiées par rapport aux approches chimiques dans de nombreux vignobles. 60 000 à 80 000 hectares de vignes en France sont par exemple aujourd'hui protégés de certains prédateurs par la confusion sexuelle, soit environ 10 % du vignoble hexagonal (INRAE, 2020). Le principe : placer dans les vignes des diffuseurs de phéromones, qui empêchent les Cochylis de s'accoupler et préviennent la multiplication des vers de la vigne (chenilles de la deuxième génération) qui perforent les grains de raisin et favorisent ensuite le développement de la pourriture grise et de pourritures secondaires.

Pour ce qui est des prédateurs naturels, les exemples sont nombreux. Les typhlodromes, espèces d'acariens naturels, sont très efficaces dans la régulation des acariens phytophages (acariens rouges et jaunes principalement) nuisibles à la vigne. La guêpe parasitoïde, *Anagrus atomus*, parasite les œufs de la cicadelle verte. La coccinelle *Cryptolaemus montrouzieri* est utilisée aussi bien à l'état larvaire qu'adulte, pour lutter contre les cochenilles, vecteur de la maladie de l'enroulement. Autant d'exemples, et il en existe beaucoup d'autres, qui montrent bien que le biocontrôle tend à préserver ou à restaurer une biodiversité, tandis que l'usage des pesticides accélère un phénomène de menace et de perte de biodiversité déjà largement enclenché, notamment par le changement climatique et ses conséquences.

Enfin, les approches viticoles les plus respectueuses tendent à limiter l'usage d'engins lourds (voir prochaine section pour plus de détails), tant pour le travail des sols et l'élimination de la concurrence végétale que pour les traitements, au bénéfice de moyens plus légers, qu'ils soient animaux ou mécaniques. La question des ressources humaines et par voie de fait économique, avant d'opter pour un désherbage manuel et des traitements naturels, ou encore la topographie qui peut rendre le choix plus compliqué, restent bien sûr parfois des données importantes de l'équation. Pour autant, d'un point de vue impact climat, les engins lourds sont un des premiers postes les plus importants dans le bilan carbone du vin (sujet développé dans le chapitre 6).

La séquestration du carbone dans les sols, ou retrait net de CO_2 de l'atmosphère, peut aussi être stimulée par certaines pratiques viticoles. Pour faire simple, il y a séquestration lorsque les flux entrants sont supérieurs aux flux sortants, ce qui atténue, en conséquence, les émissions de gaz à effet de serre. Selon l'INRA, le potentiel de séquestration des sols agricoles permettrait de compenser 41 % des émissions issues de l'agriculture en France.

Cette séquestration est dépendante de l'activité biologique et microbienne des sols, les différents organismes jouant un rôle protecteur. La santé et la vie des sols sont donc un critère central pour qu'il y ait séquestration. Elle est aussi stimulée par l'augmentation de la biomasse, favorisée par l'apport et la minéralisation de matière organique, que prônent les approches viticoles biologiques et biodynamiques, notamment. L'extension des cultures intermédiaires, l'utilisation de couvert végétal, des labours moins fréquents et avec des engins moins lourds ont aussi tendance à stimuler le processus de séquestration.

Toutes ces pratiques, et il en existe bien d'autres, qui tendent à restaurer un équilibre et s'appuient sur des mécanismes naturels, au-delà de toute notion philosophique, présentent donc un bénéfice évident face au défi climatique.

Marie-Thérèse Chappaz

Installée à Fully, dans le Valais en Suisse, sur des pentes abruptes, Marie-Thérèse Chappaz est devenue la vigneronne emblématique du vignoble helvétique. Elle est aussi une des pionnières en matière de viticulture biodynamique. Alors que le Valais fait face à un climat de plus en plus extrême, avec des précipitations potentiellement importantes tôt dans le cycle végétatif – qui peuvent favoriser la pression maladie – ou des étés de plus en plus chauds et secs, combinés à des sols de granit pauvres, peu profonds et compacts, elle continue à produire des vins d'une grande finesse en pratiquant une viticulture des plus respectueuses.

Les pentes vertigineuses des Claives ou de la Combe d'Enfer, sont ses jardins. « Nos coteaux sont faits pour la vigne, aime-t-elle rappeler,

•••

• • •

c'est trop raide, trop pauvre, il y a trop de cailloux pour d'autres formes de culture. »

En 1997, Marie-Thérèse Chappaz rencontre Michel Chapoutier et son consultant en biodynamie, François Bouchet. C'est un déclic, comme une réponse à de nombreuses questions. Elle est pourtant déjà reconnue, mais le changement s'impose. Marie-Thérèse sera la deuxième du Valais à se convertir à la biodynamie, après Jacky et Marion Granges du domaine de Beudon. Pourtant son vignoble est un des plus difficiles à travailler au monde : pas de route, seulement des petits chemins, une inclinaison extrême, une leçon de bravoure. « J'entends dire qu'être en bio ou en biodynamie, ce n'est pas possible à certains endroits. Si Marion, Jacky et moi avons réussi à convertir nos domaines, je pense que c'est possible partout. » La démarche de la vigneronne va encore bien plus loin : soufre naturel de mine, plantes bio-indicatrices, travail des sols avec une jument ardennaise, malgré l'inclinaison, pour éviter le tassement de sols déjà très compacts, diversité variétale et végétale. Un écosystème qui s'autorégule, hors-sol et sous-sol. Une démarche d'observation, empirique, comme une évidence, qui reprend pourtant de nombreux mécanismes naturels et aide à s'adapter aux changements du ciel : compost et autres apports organiques, meilleure séquestration du carbone, biodiversité stimulée et biocontrôle, apport de silice pour renforcement naturel des baies et moins de traitement au cuivre, etc. Une démonstration à l'état naturel des bénéfices d'une démarche vertueuse, réfléchie, même si elle demande du temps et de nombreux efforts physiques, en témoigne aussi ses vins qui restent parmi les plus élégants, malgré un réchauffement évident dans la région.

Formation des équipes

Adopter une démarche plus environnementale qui vise à la fois l'adaptation et la mitigation face aux changements climatiques, est un véritable défi, autant pour l'entreprise que pour les employés qui doivent apprendre à faire autrement. Que ce soit pour une compagnie qui entame un virage vert pour la première fois ou pour une entreprise qui milite pour un monde plus durable depuis des années, l'apprentissage est perpétuel. Il est donc important tant pour la direction que pour les employés de s'outiller pour atteindre les objectifs de manière efficace et durable.

Faire appel à de l'expertise extérieure

Réduire son empreinte carbone nécessite d'évaluer et de faire l'inventaire des différents postes de production des gaz à effet de serre (GES) au sein de son entreprise. Il y a plusieurs protocoles internationaux qui aident les entreprises à se structurer et à mesurer leurs GES. Katie Jackson, vice-présidente du département du développement durable chez Jackson Family Wines, insiste sur le fait qu'il est impossible de gérer ce qu'il n'est pas possible de mesurer. « Le protocole numéro un est le *World Resources Institute greenhouse gas Protocol* (WRI). Depuis 2008, nous avons fait un travail exhaustif pour évaluer nos GES, que ce soit les émissions directes ou les émissions indirectes. » Une organisation comme WRI offre un véritable accompagnement en mettant à disposition des outils tels que des webinaires et autres sessions individuelles sur mesure.

Il y a également de nombreuses associations interprofessionnelles et programmes tels que California Sustainable Winegrowing Alliance, Bragato Research Institute New Zealand, Sustainable Winegrowing Australia ou encore le Comité interprofessionnel du vin de Champagne (CIVC) et le Comité interprofessionnel du vin de Bordeaux (CIVB), qui soutiennent les producteurs qui souhaitent s'inscrire dans une stratégie de développement durable. Ces organisations incluent aussi, pour beaucoup d'entre elles, dans leurs programmes des outils de calcul des émissions de GES des exploitations. Elles aident aussi ensuite, une fois la quantification effectuée, à faire diminuer les émissions de GES, sur les différents postes. Ce type d'affiliation est une ressource externe stratégique, tant pour les petites entreprises qui souhaitent faire leurs premiers pas, que pour les grosses entreprises qui veulent former leurs équipes.

Les besoins étant différents selon le type d'entreprise et les objectifs, des conférences ciblées ainsi que des formations en ligne et des ouvrages permettent de se former sur les critères précis. Faire appel à un expert pour un accompagnement sur mesure peut aussi aider à avancer dans la bonne voie. Gilles de Baudus, référent biodynamie chez Gérard Bertrand, a une équipe de 85 employés répartis sur 16 domaines et 12 appellations pour un total 850 ha. Il explique que la durée de l'apprentissage de la biodynamie est au moins de 10 ans, pour arriver à des résultats concluants et visibles. « Tout a débuté en 2002 sur une parcelle de merlot. J'ai commencé seul dans mon coin avec beaucoup de volonté et un peu d'amateurisme. Je me suis vite rendu compte que si je voulais progresser et gagner en pertinence, il fallait être accompagné. On a fait appel à l'expertise de Jacques Mell, conseiller en agriculture biodynamique. Il a travaillé avec nous pendant 12 ans à une fréquence de deux jours par semaine. »

Les exigences requises par les certifications telles que ISO 14001, ISO 26000, HEV, Demeter, Carbonzero, Biodyvin et Terras Vitis permettent aux entreprises d'établir un plan de progression. Les audits aident à s'ajuster et ainsi à organiser les formations requises.

Les viticulteurs peuvent donc être accompagnés efficacement dans leurs démarches vertueuses, mieux comprendre les enjeux, les principaux axes d'amélioration et les outils à disposition pour atteindre leurs objectifs.

Formation en interne

Une vision claire de la part de la direction d'une exploitation est également primordiale pour inspirer les équipes et les accompagner dans les changements et les actions nécessaires. Et le changement passe souvent par la formation. Karen Titulaer, directrice du développement durable chez Villa Maria, insiste sur le fait que la qualité de la formation passe toujours par l'implication. « Je me suis rendu compte que les présentations PowerPoint ou autres formations statiques ne fonctionnaient pas. Il faut impliquer les employés dès la mise en place des objectifs. Leurs participations les responsabilisent et ils sentent qu'ils peuvent faire partie des solutions et ainsi du changement.

C'est gratifiant et ça motive les gens. » Jusqu'à aujourd'hui, Villa Maria a réduit son empreinte carbone de 39 % par bouteille. Karen Titulaer estime que chaque petit geste compte. « On doit trouver une manière d'impliquer chaque département. On a décidé d'offrir des voitures hybrides pour nos employés. Ça fait partie de la conscientisation. Nous sommes en pleine période de transition. Nous passons de quelques personnes qui s'occupaient du développement durable à une culture qui est ancrée et une implication de tous. C'est un gros projet et on peut seulement y arriver si c'est un travail collectif. »

Évaluation des progrès

Le partage d'information avec les équipes doit aussi faire partie d'une stratégie de formation continue. À petite ou grande échelle, les équipes doivent se réunir régulièrement pour échanger sur le progrès, les enjeux, mais aussi sur les choses qui fonctionnent bien et les solutions trouvées en interne. Analyser et cataloguer cette information permet d'évaluer le cheminement et de fixer de nouveaux objectifs.

Les données quantifiables telles que la réduction des émissions de GES ou un bilan financier donnent un point d'ancrage concret. Et souvent, c'est le terrain qui apporte conviction et inspiration. Gilles de Baudus explique qu'avec les années, même les plus sceptiques ont observé les bienfaits de la biodynamie sur la biodiversité, la qualité du sol et la santé de la vigne. « Ce qui fait la particularité de la conversion biodynamique, c'est qu'on demande à des salariés d'entamer une démarche professionnelle qui, à un moment donné, passe par une démarche personnelle. On ne peut pas les contraindre. On peut juste essayer d'avoir leur adhésion. Mon rôle c'est de les accompagner. C'est cette démarche d'accompagnement et d'implication qui crée l'initiative vertueuse. Aujourd'hui on a, par exemple, des régisseurs qui prennent l'initiative de réduire un petit peu la surface des parcelles qu'ils vont planter pour intégrer dans le dispositif de plantation des zones adjacentes aux vignobles, qui abritent de nouvelles espèces végétales et animales et favorisent la biodiversité. »

La route vers un monde plus vert, plus adaptable, quel qu'en soit le chemin, quelle que soit l'approche choisie, requiert donc beaucoup de volonté, de l'investissement, mais aussi de la patience. En priorisant les objectifs, en favorisant le partage des connaissances et la transmission, en célébrant les bénéfices, la vision donnera naissance à un changement durable. Au final, chaque travailleur doit porter la cause. Comme le disait Gandhi, soyez le changement que vous souhaitez voir dans le monde.

4
Au vignoble

Introduction

Une fois le vignoble planté, de nombreuses pratiques permettent de mieux répondre à l'évolution du climat. Certaines pratiques détaillées dans le chapitre précédent peuvent bien sûr être mises en place après plantation, chaque vigneron pouvant évoluer dans son approche. Quoi qu'il en soit, une fois le lieu choisi, le ou les cépages et le matériel végétal et viticole sélectionnés, et les ceps enracinés, le viticulteur a, fort heureusement, encore de nombreuses autres solutions pour pérenniser ou protéger son vignoble et sa production, malgré un ciel changeant.

Nous avons déjà évoqué différentes pratiques de gestion du sol. Nous évoquerons, dans la première section de ce chapitre, l'importance de contrôler le ratio azote-carbone, ainsi que d'autres solutions pour améliorer la structure des sols et la vie souterraine, ou pour lutter contre le stress hydrique et salin.

Nous discuterons également des bénéfices de certaines pratiques de gestion de l'eau et de la surface foliaire. Nous analyserons ensuite les flux migratoires de certaines espèces de prédateurs de la vigne et l'incidence grandissante de certaines maladies sous l'influence du changement climatique et nous discuterons des réponses possibles face à ces nouvelles menaces. Ce chapitre traitera aussi de la gestion des extrêmes climatiques ou encore de la viticulture de précision. Pour finir, nous analyserons les solutions à la vendange, pour éviter les phénomènes d'oxydation prématurée ou de perte d'aromatique lorsqu'il fait très chaud, ou afin d'éviter de produire plus lourd ou plus capiteux, malgré une montée plus rapide des densités en sucre et une baisse plus précoce des niveaux d'acidité.

Gestion du sol

Dans cette section nous nous attarderons, tout d'abord, sur l'importance du rapport carbone sur azote, tant pour la structure des sols et l'entretien de la vie sous-terraine que pour la nutrition des vignes et leur bon développement dans un contexte climatique évolutif. Nous évoquerons ensuite les différentes techniques de gestion de la concurrence végétale et la corrélation entre bonne gestion du sol et meilleure gestion de l'eau, puis nous analyserons la corrélation entre stress hydrique et stress salin et les solutions disponibles en gestion des sols.

L'importance du rapport carbone/azote

L'azote, élément nutritif primaire, est indispensable pour la croissance et le développement végétatif des plantes. Il est libéré, notamment, par la décomposition de la matière organique dans le sol. La disponibilité de l'azote dépend de différents critères, incluant pH du sol, microflore, température du sol, teneur en eau, et bien sûr la quantité de matière organique dans le sol. Mais il est aussi et surtout dépendant du rapport carbone sur azote (C/N). C/N est un indicateur de la capacité de la matière organique à se décomposer et de sa vitesse de décomposition. Tout apport organique, qui aide à maintenir le taux d'humus (ou à le restaurer) et contribue aux apports nutritionnels de la plante, est dégradé par les microorganismes, qui ont eux aussi besoin d'azote. Lorsque C/N est inférieur à 25, l'azote est en excès et sera donc décomposé et libéré pour les vignes rapidement. En revanche, lorsque C/N est supérieur à 25, le carbone est en excès et l'azote du sol est, avant tout, nécessaire pour les besoins des microorganismes, qui vont puiser dans les réserves du sol avant d'en libérer. La décomposition est donc beaucoup plus lente.

Lorsque l'azote est très bas, on peut parler de faim d'azote. Cette carence en azote peut se manifester par une photosynthèse perturbée, une faible vigueur, un arrêt du développement végétatif, un feuillage jaune (chlorose) et en conséquence une plus forte sensibilité au stress hydrique ou à tout extrême climatique.

La vigne est une plante peu gourmande en éléments nutritifs et ses besoins azotés sont faibles comparés à d'autres cultures : de 20 à 30 kg par hectare par an, même si les besoins ne sont pas linéaires pendant la saison et sont, bien sûr, fonction du type de sol. Lorsque l'azote est en excès, ce qui est donc plus fréquent, dans des sols riches ou lorsque l'amendement est volontariste, cela favorise le développement végétatif pour une canopée plus compacte et moins aérée. La sensibilité au botrytis et autres maladies cryptogamiques augmente en conséquence. L'excès peut aussi favoriser cette croissance végétative, au détriment de la production et de la maturation des raisins, et donc impacter le volume ou la qualité de la vendange.

Il convient par conséquent de trouver et de maintenir le bon équilibre, en fonction de la nature du sol, de sa porosité et de sa santé, afin que la vigne puisse elle aussi être en meilleure santé et plus à même de lutter contre les effets du changement climatique.

À l'instar de ses besoins en eau, on peut donc conclure que la vigne bénéficie d'un stress modéré ou maîtrisé en azote et d'un apport progressif, même si les besoins diffèrent pendant la saison et en fonction de la nature de chaque vignoble.

L'importance du choix en apports organiques

Afin de trouver ou de maintenir cet équilibre, qui passe par ce stress maîtrisé, il est donc primordial de faire le bon choix en matière d'apports organiques. Le rapport C/N des amendements organiques est donc un critère de choix central.

Les amendements composés de déchets d'origine végétale (sarment, paille, etc.), à quelques exceptions près, ont généralement un C/N élevé et se décomposent donc lentement. Ils constituent une source d'apport d'azote à long terme. À l'inverse, certains fumiers peuvent avoir des rapports C/N nettement inférieurs, avec une capacité et une vitesse de décomposition bien plus importantes et ne sont adaptés que lorsque les besoins azotés à court terme sont importants. De manière générale, dans une démarche pérenne, sauf pour des sols vraiment très pauvres, une minéralisation lente, favorisée par des apports au rapport C/N élevé est donc indiquée.

C'est encore plus vrai, aujourd'hui et *a fortiori* dans le futur, du fait de l'impact du changement climatique. Le réchauffement climatique et la multiplication des périodes sèches prolongées dans certaines régions viticoles ont pour effet de faire baisser le rapport C/N et donc d'augmenter le taux de minéralisation et la vitesse de décomposition des apports organiques. Dans cette optique, des apports organiques d'origine végétale, ou engrais verts, se décomposant lentement, seraient donc, dans la majorité des cas, à privilégier, pour éviter tout excès d'azote.

Gestion de la concurrence végétale

Dans des régions chaudes et sèches, les périodes de stress hydrique prolongées sont amenées à se multiplier, avec un taux d'évapotranspiration croissant et des conséquences évidentes sur la capacité photosynthétique des tissus des vignes. Ce stress hydrique s'accompagne aussi potentiellement de problèmes d'érosion, et d'autres phénomènes d'altération de la structure des sols qui accentuent à nouveau la tendance avec une moins bonne pénétration de l'eau. Éliminer toute concurrence végétale, tout en maintenant une bonne structure des sols, est, dans ce type de situations, capital pour atténuer le déficit hydrique des plantes. C'est vrai, tant pour maintenir les ceps en bonne santé dans les régions non irriguées, que dans une logique d'économie de ressources en eau dans les régions irrigables. L'enherbement et les autres formes de concurrences végétales représentent, en effet, une concurrence hydro-azotée, qui peut impacter directement la vigueur et la santé des vignes.

Figure 1.2 Anomalie de la température moyenne à long terme (°C, par rapport à la période 1961-1990). (a) 1850-1879, (b) 1880-1909, (c) 1910-1939, (d) 1940-1969, (e) 1970-1999 et (f) 2000-2018

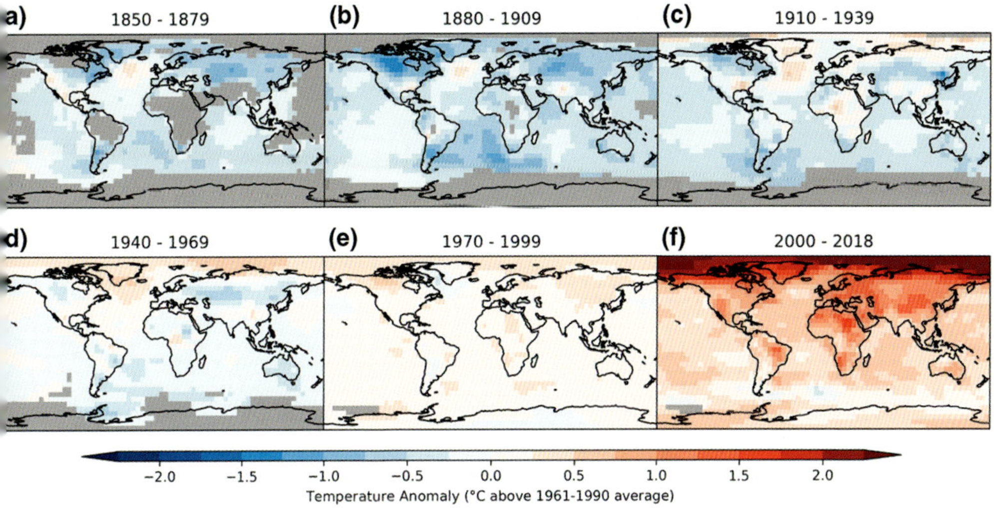

Source : © British Crown copyright, Met Office, via Morice *et al.*, 2021

Figure 1.5 Simulation de la température moyenne mondiale selon les scénarios *Shared Socioeconomic Pathways* (SSP ; CMIP6) et comparaison avec les *Representative Concentration Pathways* (RCP ; CMIP5) à l'horizon 2100

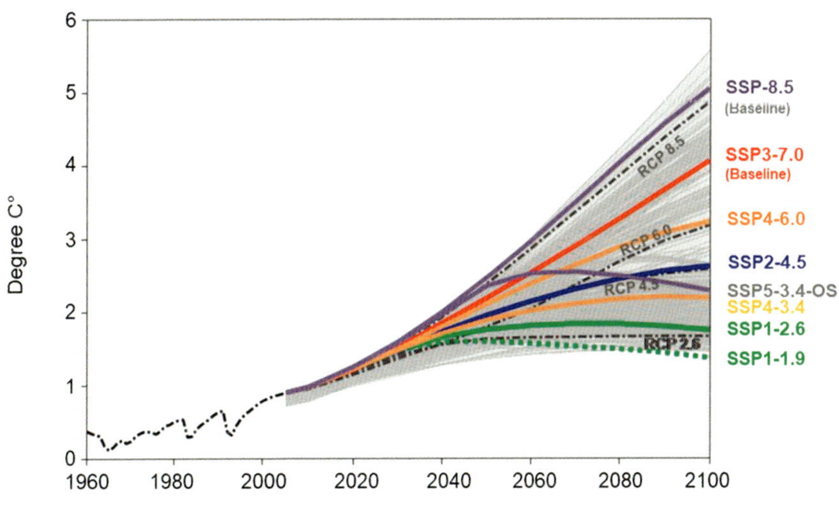

Source : d'après O'Neill *et al.*, 2016

Figure 1.6 Différences de changement de température (à gauche) et des précipitations (à droite) à l'échelle mondiale entre l'ensemble des modèles du CMIP6 et du CMIP5

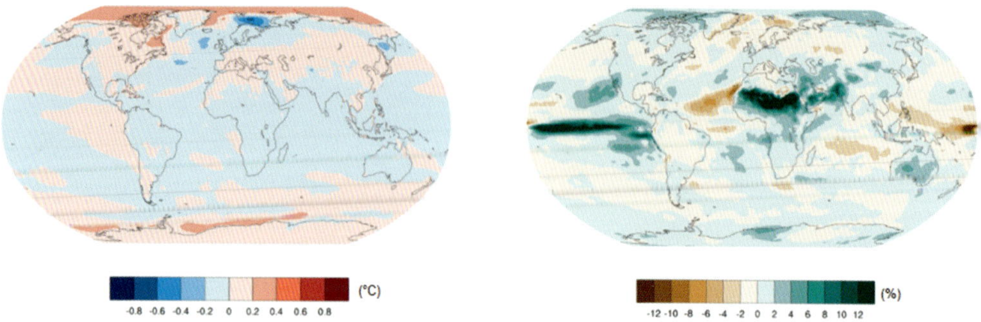

Source : d'après Tebaldi *et al.*, 2020

Figure 2.4 Modélisation de l'indice de Huglin en Europe selon le scénario RCP8.5 pour les périodes 1981-2005 (a) et 2046-2070 (b)

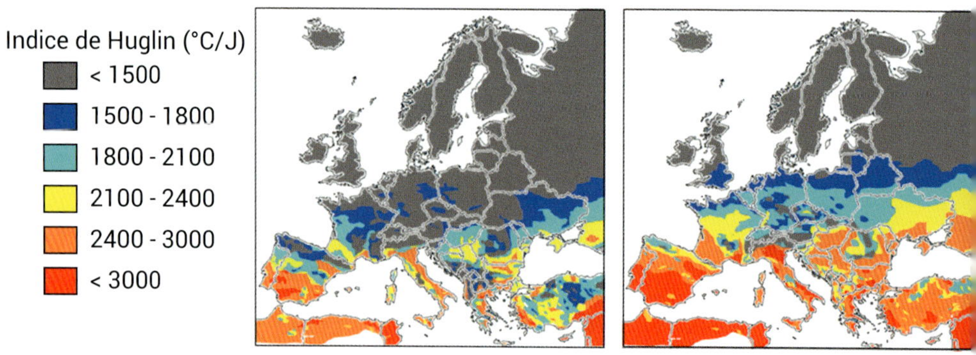

Source : d'après Cardell *et al.*, 2019

Figure 2.5 Simulation et validation des dates de floraison et de teneur en sucre à 170 g/L selon les modèles GFV et GSR pour le chardonnay en Champagne selon les scénarios RCP4.5 et 8.5 durant la période 1960-2100

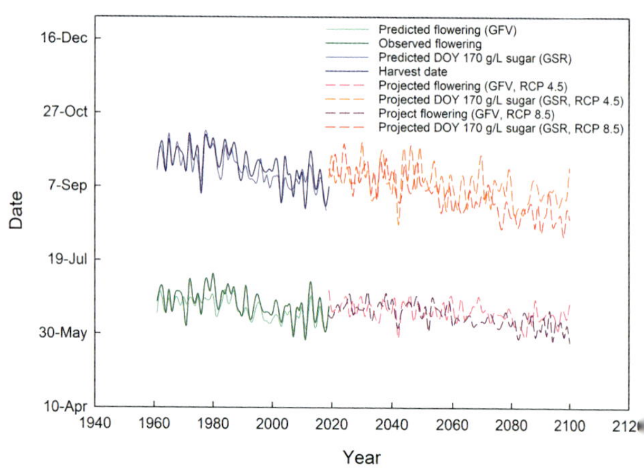

Source : d'après Parker *et al.*, 2020

Figure 2.6 Projection de l'indice de Huglin avec une résolution spatiale de 100 m dans les vignobles de Cotnari selon les scénarios RCP4.5 et 8.5 pour les périodes 2031-2050 et 2081-2100

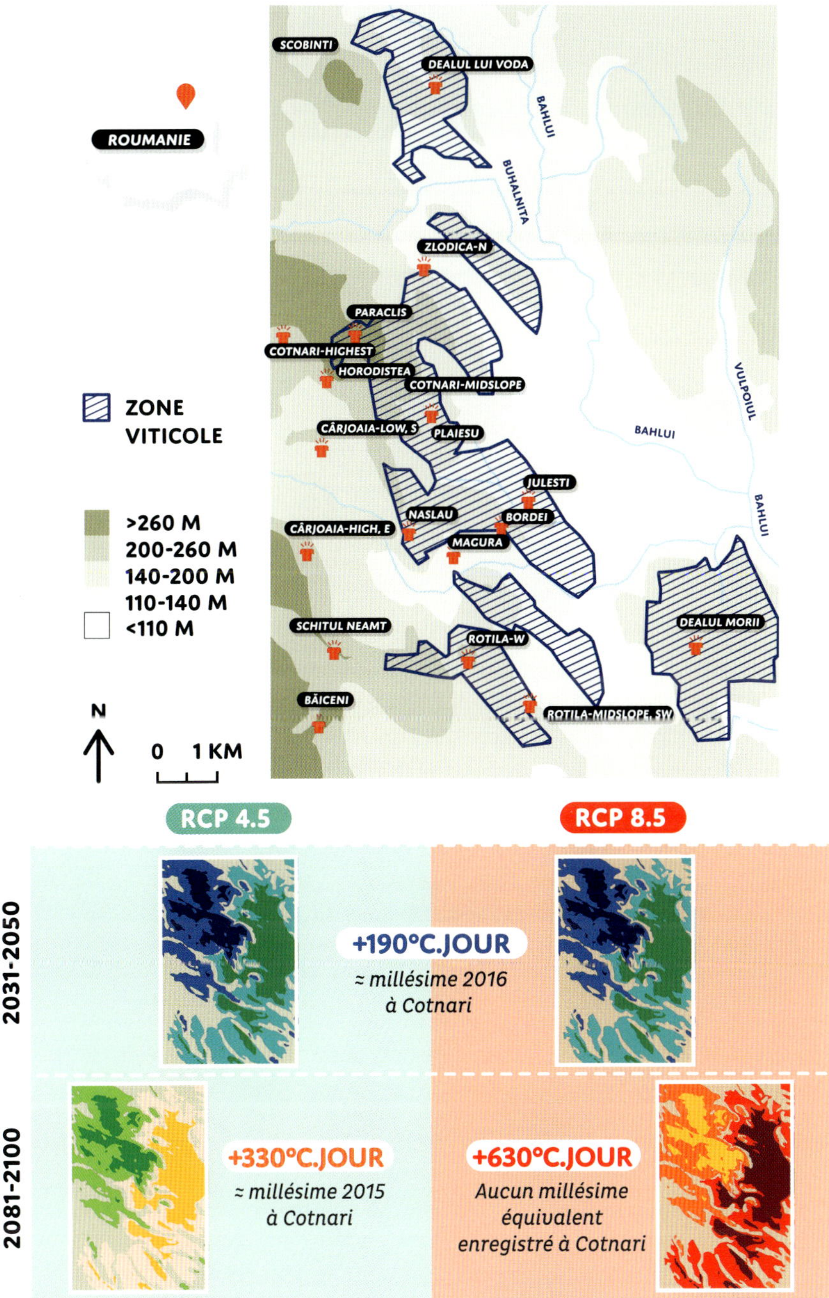

Source : d'après Quénol *et al.*, 2020 ; Petitjean *et al.*, 2021

Figure 2.7 Atlas du changement climatique pour la viticulture australienne : exemple des précipitations sur Kangaroo Island

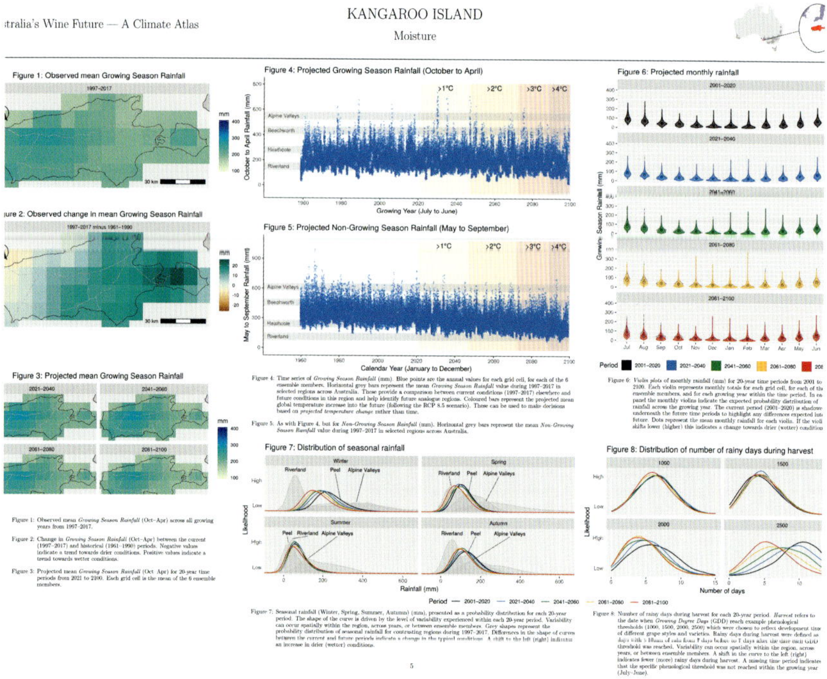

Source : d'après Remenyi *et al.*, 2020 ; www.wineaustralia.com/climate-atlas

Figure 6.1 Bilan carbone de la filière viti-vinicole californienne en 2011 en pourcentages d'émissions de GES par caisse de 9 litres de vin

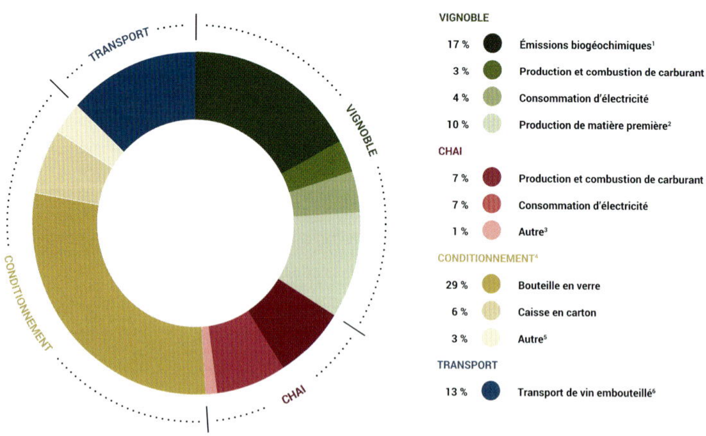

[1] Empreinte carbone associée aux émissions de GES résultant de procédés biogéochimiques naturels, impactés par le climat local, les conditions géologiques et les pratiques de gestion des sols telles que l'application de fertilisants à base d'azote.
[2] Empreinte carbone associée à la fabrication et le transport des matériaux utilisés au vignoble tels que les fertilisants et les pesticides.
[3] Empreinte carbone associée au transport du raisin du vignoble au chai, à la production de la matière première, aux procédés de réfrigération, et au traitement des déchets de fabrication.
[4] Empreinte carbone associée à la fabrication et au transport des matériaux utilisés pour le conditionnement du vin.
[5] Empreinte carbone associée au bouchon de liège naturel et papier naturel et au traitement des déchets utilisés pour la fabrication du conditionnement.
[6] Empreinte carbone associée à la production et combustion de carburants des camions ou des trains, basée sur des distances typiques pour le transport vers les lieux de vente aux États-Unis.

Source : d'après Wine Institute and the California Sustainable Winegrowing Alliance, 2014 (https://www.sustainablewinegrowing.org/docs/California_Wine_Executive_Summary.pdf)

Un capteur de température installé dans un vignoble de l'appellation quart-de-chaumes, dans le cadre du projet Adviclim.

José Vouillamoz au milieu des vignes en Suisse. Le célèbre ampélographe a une conviction : la diversité inter-variétale offre de nombreuses possibilités face aux changements climatiques.

Les vignobles du Domaine Abbatucci, dans la vallée du Taravo, un véritable conservatoire des cépages autochtones corses à ciel ouvert.

Lilian Bérillon dans sa pépinière.
Exigence et passion pour lutter contre le dépérissement des vignobles et les défis climatiques, avec un allié de choix : la diversité végétale.

Marie-Thérèse Chappaz, vigneronne emblématique du Valais, pionnière en biodynamie, travaille ses sols au cheval sur le coteau pourtant très escarpé des Claives. Plantes bio indicatrices, souffre naturel de mine, une multitude de petits détails, pour un véritable écosystème hors sol et sous-sol.

L'aspersion d'eau u
pour lutter contre
de printemps, un des princ
défis du changement clima
à Waipara en Nouvelle-Zé

L'enherbement partiel, uniquement sous les ceps de vigne, est une pratique qui permet d'éliminer une concurrence excessive. Elle nécessite, quoi qu'il en soit, un désherbage entre les rangs.

Certaines pratiques, déjà évoquées, comme le travail des sols au cheval, peuvent permettre à certains vignerons de gérer la concurrence végétale, sans utiliser des herbicides de synthèse qui peuvent altérer la structure des sols et réduire le taux de matière organique. Les robots légers (voir chapitre précédent) se multiplient aussi pour le travail des sols. Les robots bineurs – le binage consiste à ameublir et aérer la couche superficielle du sol – pourraient, notamment, devenir une solution de plus en plus répandue. Un vieil adage agricole rappelle d'ailleurs qu' « un binage vaut deux arrosages », cette technique ayant pour avantage de favoriser la pénétration de l'eau et de réduire l'évaporation.

Toutes les techniques de désherbage manuel constituent une solution alternative aux engins lourds, même si, tout comme pour le cheval ou les autres solutions animales, elles impliquent une main-d'œuvre, du temps et des ressources humaines qui pèsent parfois lourd dans le compte d'exploitation de certains viticulteurs.

La topographie est aussi un critère important. Certains vignobles sont tellement abrupts – Rhône septentrional, Vallée du Douro, Moselle allemande, etc. – que l'utilisation d'engins mécaniques est particulièrement compliquée. Les solutions se réduisent alors. Dans ces vignobles, le recours aux herbicides chimiques est encore très courant, avec des conséquences environnementales et un impact direct sur la vie animale et microbienne des sols.

Le couvert végétal et le paillage

Une alternative possible, même pour les vignobles les plus escarpés, est d'avoir recours à un couvert végétal, pendant une période courte, en hiver et au début de la saison végétative, lorsque le stress hydrique est moindre. L'herbe peut être ensuite contrôlée par des systèmes de paillage en fin de printemps et en période estivale. Le choix du couvert végétal et du paillage sont bien sûr cruciaux pour la réussite de ces pratiques. Certains couverts végétaux peuvent maîtriser la vigueur sur des sols riches, ou à l'inverse constituer un apport azoté (voir section précédente et rapport C/N). La vesce, plante légumineuse annuelle, est, par exemple, un des rares engrais verts très efficaces pour des sols trop pauvres. Cette plante au très faible rapport C/N, qui se minéralise très vite, peut être utilisée comme support azoté, en début de cycle végétatif, avant potentiellement d'utiliser un paillage, plus tard dans la saison.

Antonio Magalhães, chef de culture des vignobles Fladgate – Taylor's, Fonseca, Croft – dans la vallée du Douro portugaise, explique avoir de son côté choisi le trèfle rouge pour son couvert végétal. Une plante qui, comme la vesce, apporte de l'azote aux vignes dans les sols de schistes très pauvres du Douro et protège de l'érosion pendant l'hiver et au début du printemps. Le trèfle rouge meurt ensuite naturellement avec l'arrivée des beaux jours, préservant aussi les vignobles de tout autre concurrence végétale.

À chaque vignoble, sa réalité. Quoi qu'il en soit, ces différentes techniques montrent qu'il y a une corrélation directe entre gestion de la concurrence végétale, du déficit hydrique, des éléments nutritifs de la vigne et maintien d'une structure de sol adéquate. Prendre en compte cette corrélation est indispensable pour mieux s'adapter aux changements climatiques.

Stress hydrique et salinité des sols

Si la salinité des sols peut avoir une origine naturelle (proximité de la mer, de marais salants, existence de dépôts salins, etc.), elle est aussi une des conséquences directes du déficit hydrique que le changement climatique a tendance à accentuer dans certains vignobles. Elle devient ensuite, à son tour, un accélérateur de stress hydrique et une source de toxicité pour les vignes.

Le stress hydrique intervient en situation de déficit en eau, lorsque la perte d'eau par transpiration est supérieure à l'approvisionnement en eau. Dans une situation de stress hydrique, l'eau remonte par capillarité, le taux d'évaporation augmente, et certains sels minéraux (ou ions minéraux) s'accumulent en surface. C'est ce qui peut provoquer ensuite un stress salin.

Le stress salin est d'abord un stress ionique, du fait de la toxicité de certains ions minéraux qui se concentrent, notamment le sodium et le chlore. C'est aussi un stress osmotique puisqu'il diminue la capacité d'absorption et de rétention d'eau de la plante, augmentant ainsi le déficit hydrique.

Ces contraintes liées au stress salin peuvent avoir des conséquences dramatiques pour la santé de la plante : déséquilibre nutritionnel (les ions minéraux concurrencent d'autres ions nutritifs) et réduction de la capacité photosynthétique. Les conséquences du stress salin peuvent se traduire ensuite physiquement par une perte de vigueur, une réduction de la surface foliaire, une perte ou un arrêt de croissance, et par l'apparition de symptômes nécrotiques et chlorotiques. Les rendements et la qualité de la vendange peuvent aussi être impactés.

De nombreux vignobles sont déjà concernés par le stress salin, notamment en Australie, en Argentine, ou encore dans les zones plus chaudes de Californie, comme la Vallée centrale. Si les prévisions de changements climatiques futurs se confirment, la tendance devrait s'accentuer, avec de plus en plus de régions impactées. Fort heureusement, il existe des solutions pour s'adapter et mitiger l'impact du stress salin.

Stratégie réactive ou préventive ?

Une des solutions les plus évidentes pour lutter contre le stress salin est de sélectionner des porte-greffes résistants, comme le 1103 Paulsen ou le Ramsey. Quoi qu'il en soit, c'est une solution qui ne traite pas la source du problème mais tente uniquement de minimiser ses conséquences et les symptômes qui en découlent. Nous sommes ici uniquement dans la réaction alors que l'enjeu principal, dans une vision à long terme, est de tenter de rétablir un équilibre. Le choix d'un porte-greffe résistant doit donc s'accompagner d'autres pratiques préventives.

Différentes techniques de travail des sols, déjà décrites, qui facilitent l'absorption de l'eau ou minimisent l'évaporation, sont logiquement à considérer en premier lieu, le binage et l'utilisation de paillage notamment.

Le stress salin étant une des conséquences du stress hydrique, une irrigation plus volontariste pourrait, à première vue, faire figure de solution logique. Il n'en est rien, bien au contraire. Une irrigation peu maîtrisée a tendance, à l'inverse, à augmenter la dépendance en apports hydriques et la salinité des sols. L'irrigation fréquente résulte tout d'abord en un enracinement superficiel et donc une sensibilité plus forte au stress hydrique. Elle augmente aussi le taux d'évaporation, ce qui facilite la concentration des ions minéraux responsables de la salinité des sols. Pour finir, elle favorise un enracinement proche de la surface, zone où les sels minéraux toxiques seront le plus concentrés s'il y a stress salin. Lorsque l'irrigation est vraiment nécessaire, elle doit donc être finement contrôlée (voir section suivante), idéalement induire un stress hydrique maîtrisé du moins à certaines périodes du cycle végétatif, et tenter de favoriser un enracinement profond. Les techniques de déficit hydrique régulé, ou d'irrigation alternée, ou encore d'irrigation en profondeur, sont donc à privilégier, comme nous le détaillerons par la suite.

Certains outils de viticulture de précision, comme les capteurs de flux de sève qui permettent de calculer beaucoup plus précisément les besoins en eau de la plante, peuvent aussi être très utiles, pour éviter ces phénomènes de stress salin causés par une irrigation trop volontariste.

L'origine de l'eau utilisée pour l'irrigation est aussi à considérer. Les eaux souterraines peuvent présenter un taux de sels minéraux élevé, notamment de sodium et de chlore, à l'inverse des eaux de pluies lorsqu'elles sont directement recyclées. Une approche qui est, par ailleurs, plus environnementale, dans une démarche de préservation des ressources en eau.

Une dernière solution consiste à ajouter du gypse, tant dans l'eau utilisée pour l'irrigation s'il y a lieu, que dans le sol. Le gypse, ou sulfate di-hydraté de calcium, agit comme un lessivant. Le calcium contenu dans le gypse remplace le sodium et aide ainsi à minimiser la toxicité causée par ce dernier.

Cette section démontre, une nouvelle fois, que la gestion du sol et la gestion de l'eau sont intimement liées. Elle démontre également qu'agir dans une logique préventive plutôt que réactive permet et permettra de s'adapter bien plus efficacement à un climat qui évolue.

Gestion de l'eau

Selon l'Organisation des Nations unies pour l'alimentation et l'agriculture (FAO, 2011), l'agriculture utilise 70 % des ressources d'eau mondiale. La pénurie d'eau constatée en Afrique du Sud en 2018 puis en 2019 donne un aperçu de ce qui risque de se produire dans le futur pour plusieurs régions de la planète. Lorsque les réserves d'eau sont proches de zéro, on coupe naturellement le robinet pour l'irrigation des terres agricoles, les besoins en eau de la population étant logiquement prioritaires. Si l'on devait ensuite hiérarchiser et choisir les pans de l'agriculture prioritaires pour le peu d'eau restante, la viticulture risquerait d'être dans les derniers de la liste.

À l'instar de certaines régions viticoles sud-africaines, la viticulture dans la région de Mendoza, en Argentine, pourrait, par exemple, à terme être directement menacée. Le déficit hydrique est tel dans la région que sans irrigation, exploiter un vignoble est impossible. Avec le réchauffement climatique, les pénuries en eau, liées principalement à la forte diminution des précipitations neigeuses sur les Andes (principales sources d'eau pour l'irrigation), sont de plus en plus importantes. Cela engendre des conflits grandissants, concernant l'accès à l'eau, qui dépassent aussi très largement le domaine de la viticulture.

Qu'un vignoble s'épanouisse avec ou sans irrigation, l'eau doit être traitée comme une denrée rare. Fort heureusement, c'est un sujet qui est devenu une priorité pour de nombreuses exploitations viticoles, tant par conscience environnementale que par nécessité.

Rôle de l'eau

L'eau est tout d'abord un élément structurel des plantes. Il représente plus de 85 % du tissu végétatif. Le tissu végétatif est comme un ballon d'eau, qui gonfle avec l'apport hydrique. L'eau est donc partiellement responsable de la structure première de la plante et de la tenue du tissu végétatif. L'eau est aussi et surtout un élément essentiel dans la réaction photosynthétique, processus biochimique qui permet la croissance de la vigne et la production des baies. Dans la plupart des plantes, la transpiration des feuilles (durant le processus photosynthétique) représente environ 95 % de l'eau consommée. En d'autres termes, seulement 5 % des apports en eau sont nécessaires pour les autres réactions biochimiques. L'eau est également un solvant polaire, qui contribue à l'assimilation des nutriments et sert de moyen de transport pour ceux-ci, dans le système vasculaire de la plante.

Pour toutes ces raisons, l'eau est primordiale pour la survie de la vigne et son bon développement, puis pour la production des raisins. Un stress hydrique extrême résulte inévitablement en des blocages photosynthétiques, impacte le développement végétatif et la productivité et, dans les pires cas, peut causer la mort de la plante. À l'inverse, une trop grande quantité d'eau peut entraîner une vigueur excessive et favoriser le développement des maladies fongiques. Dans les deux cas, la santé de la plante et la qualité des fruits sont impactées.

Les besoins en eau d'une vigne se situent généralement entre 500 mm et 1 200 mm d'eau par saison, en fonction des caractéristiques du vignoble concerné. La quantité requise dépend du taux d'évapotranspiration (ET). C'est-à-dire la perte d'eau par évaporation du sol et la transpiration des plantes. L'évapotranspiration est influencée par de nombreux facteurs incluant le vent, la chaleur bien sûr, le type de sol, l'humidité dans l'air et la concurrence végétale.

Il y a des moments critiques dans le cycle annuel de la vigne où un bon apport hydrique est encore plus crucial. Pendant l'hiver, la vigne a besoin notamment de faire des réserves hydriques pour avoir la vitalité nécessaire au printemps lorsque la vigne sort de sa période de dormance. De la même manière, un bon apport en eau est très important avant la floraison et la nouaison, notamment du fait du rôle structurel de l'eau décrit précédemment. En revanche, entre la nouaison et la véraison, un stress hydrique maîtrisé peut être bénéfique. Ce stress maîtrisé va favoriser la production d'une hormone, l'acide abscissique, qui agit comme un signal interne et provoque une réduction du taux de photosynthèse. Fort de ce signal, la conductivité stomatique des feuilles baisse et la plante produit moins de carbohydrates. Dès lors, la vigne, en tant que plante fructifère, va naturellement privilégier le développement et la maturation de ses fruits au détriment du développement végétatif et donc nourrir avant tout les raisins. Un mécanisme plutôt bénéfique à ce stade de la saison.

Quoi qu'il en soit, les enjeux provoqués par les changements climatiques ne sont pas uniquement reliés à la maîtrise du stress hydrique. Des épisodes isolés de précipitations importantes, voire extrêmes, sont également une préoccupation grandissante dans le vignoble. La clef est d'essayer de créer les conditions hydriques idéales pour que la vigne ait accès à la quantité d'eau nécessaire au bon moment, sachant que ce que donne le ciel est par nature aléatoire.

Mesurer pour mieux ajuster

Que la viticulture fasse appel ou non à l'irrigation, mesurer la quantité d'eau disponible dans le sol et ensuite dans la plante peut être extrêmement utile. Les informations recueillies permettent de mieux analyser les besoins de la vigne dans un contexte spécifique et d'adapter les pratiques viticoles en conséquence. Les outils pour mesurer ces données évoluent constamment et certaines avancées récentes seront discutées dans ce chapitre. Les chambres à pression permettent de mesurer le potentiel hydrique foliaire pour analyser l'état hydrique de la vigne, le poromètre permet quant à lui de mesurer la conductance stomatique et de monitorer plus finement un stress hydrique contrôlé aux périodes stratégiques. Ensuite, à l'aide d'instruments comme des sondes capacitives, sondes à neutrons ou de la réflectométrie temporelle, on peut déterminer l'humidité du sol. Finalement, la plupart des stations météorologiques locales recueillent et enregistrent les données d'évapotranspiration des sites ou régions les plus proches. Ces outils et données permettent de mieux comprendre et ensuite de mieux pourvoir au besoin et de mieux préserver les ressources en eau.

Avec ou sans irrigation ?

L'irrigation est encore relativement rare dans les pays européens. La législation l'interdit dans de nombreuses régions viticoles. En contraste, 83 % des vignobles du Nouveau Monde (Johnson-Bell, 2017) sont irrigués. Néanmoins, les lignes bougent et les tendances s'inversent parfois.

On observe d'un côté, un changement dans le cahier des charges de certaines régions du vieux monde avec de plus en plus d'autorisation d'accès à l'irrigation. Et lorsque l'autorisation n'est pas systématique, des dérogations sont de plus en plus souvent accordées pour pouvoir arroser et faire face à une multiplication de périodes estivales chaudes et sèches. À l'inverse, conscients que l'eau est une ressource de plus en plus rare, des producteurs du Nouveau Monde ont de plus en plus tendance à fermer le robinet et à adapter leurs pratiques viticoles en conséquence.

Dans les climats où les précipitations se font rares, utiliser des techniques pour favoriser la rétention d'eau dans le sol et minimiser l'évapotranspiration s'avère essentiel pour les viticulteurs qui n'irriguent pas. Certaines pratiques sont spécifiques aux régions concernées. La conduite des vignes en forme de couronne située près du sol que l'on appelle *kouloura* sur l'île de Santorin est un bon exemple. Les grappes s'épanouissent à l'intérieur de la « couronne », étant ainsi protégées de l'intensité du soleil et des vents puissants. Cette forme de conduite diminue l'évapotranspiration et favorise la rétention d'eau pendant les précipitations. À Jerez, en Andalousie, ce sont les *serpias*, des mini-couloirs creusés entre les vignes pendant l'automne et l'hiver, qui favorisent la pénétration d'eau dans les sols d'Albariza, qui ont ensuite de fortes capacités de rétention, pendant les printemps et étés très secs.

Au-delà des pratiques locales, il y a des techniques plus universelles. En commençant par la couverture végétale entre les rangs. Au domaine Seresin, dans la région de Marlborough en Nouvelle-Zélande, on plante entre 25 et 35 espèces différentes. Chacune a une fonction spécifique. Certaines augmentent, par exemple, le taux de pénétration dans les sols plus compacts tels que l'argile. C'est le cas du panais, des carottes et de la moutarde. João Corbette, directeur du vignoble à Seresin, explique que la symbiose entre la couverture végétale et les micro-organismes du sol est aussi primordiale et aide à améliorer la capacité de rétention d'eau. La couverture végétale est éliminée, par tonte, lorsqu'une compétition azotée trop importante est constatée.

La densité de plantation est un autre sujet qui fait toujours débat et influe naturellement sur le régime hydrique des vignes. Le domaine Frog's Leap (voir encadré) est un des rares à ne pas être irrigué dans la vallée de Napa en Californie. Rory Williams explique que cela ne serait pas possible avec une densité de plantation élevée, car les conditions sont beaucoup trop sèches.

Comme discuté dans le chapitre précédent, le choix du porte-greffe est aussi primordial pour une bonne gestion de l'eau (voir l'encart).

À l'instar du domaine Frog's Leap, certains constatent qu'irriguer n'est pas toujours nécessaire ou pas toujours bénéfique, même dans des conditions réputées comme très sèches. Mac Forbes, producteur australien, a ainsi fait le choix il y a quelques années d'arrêter d'irriguer ses vignes. « Aujourd'hui, lorsque l'on examine les vignes de ma région qui doivent être arrachées à cause du phylloxera, on peut constater qu'il y a une grosse différence entre les systèmes racinaires. Les vignes qui étaient irriguées ont un système racinaire très superficiel, proche de la surface, alors qu'à l'inverse, les vignes non irriguées ont un système racinaire plus profond. Ceci explique pourquoi les vignes non irriguées résistent mieux aux températures extrêmes. »

L'irrigation appelle donc souvent l'irrigation, rend plus dépendant. Un constat qui laisse supposer que beaucoup de vignobles irrigués le sont, sans forcément que cela soit indispensable et que l'irrigation rend souvent la plante plus vulnérable et bien plus sensible aux effets du changement climatique.

Frog's Leap : planter sans irriguer

Plusieurs grands vins du passé, qui ont contribué à la réputation de la vallée de Napa étaient issus de vignes non irriguées. La majorité de la région ne pratiquait d'ailleurs pas l'irrigation jusqu'aux années 1970. Depuis, celle-ci s'est propagée et quasiment toutes les exploitations viticoles sont converties à la pratique.

Au domaine Frog's Leap, à l'inverse, on a décidé de ne plus irriguer depuis une trentaine d'années. John Williams, fondateur de l'exploitation qui fait, pour certains, figure de visionnaire, n'a jamais cédé à la tentation du goutte-à-goutte depuis. Son fils, Rory Williams, qui travaille aujourd'hui au domaine, partage les convictions de son père et nous explique les raisons de ce choix. Il détaille aussi les pratiques viticoles installées pour pouvoir maintenir ses vignes en bonne santé dans ce contexte chaud et sec, sans jamais irriguer.

Rory Williams rappelle que cette démarche est avant tout un choix écologique : « Pendant l'été, le sol n'est généralement pas bioactif sur la surface. Lorsque tu irrigues et que tu mouilles la surface, cela réveille les bactéries et libère surtout du protoxyde d'azote (N_2O). » Moins connu et bien moins présent dans l'atmosphère que le dioxyde de carbone, le N_2O est un gaz à effet de serre qui a pourtant un pouvoir réchauffant trois cent dix fois plus élevé que le CO_2 !

« L'autre motivation est bien sûr la préservation de la ressource eau et l'énergie épargnée, requise pour le pompage et la diffusion. »

Lorsque l'on connaît les conditions climatiques de la vallée de Napa, il est évidemment difficile de concevoir que ce modèle fonctionne et soit pérenne. Pourtant, à ce jour, Frog's Leap n'a jamais perdu une seule récolte du fait du manque d'eau et du stress hydrique.

Une grande connaissance du terroir et une combinaison de pratiques rendent une telle approche possible. Rory Williams rappelle d'abord l'importance du choix des porte-greffes. À Frog's Leap, plusieurs types de porte-greffes sont donc utilisés, chacun d'eux étant judicieusement choisi en fonction des types de sols concernés, certains

• • •

•••

performant parfois également mieux sur certains types de millésime. Le 110 Richter, porte-greffe qui résiste mieux à des situations de stress hydrique, est plus adapté aux sols de graves à fort pouvoir drainant et aux années solaires et chaudes, tandis que le St George est utilisé sur les sols plus profonds avec meilleure rétention d'eau et est généralement plus performant les années plus humides. Rory Williams souligne le fait que le choix des porte-greffes est trop souvent dicté par des logiques régionales ou internationales alors que la notion de microclimat doit prévaloir.

Un autre facteur essentiel pour Rory Williams est l'espacement entre les vignes qui n'est pas toujours adapté aux logiques locales. Si la densité de plantation est trop élevée dans un climat chaud et sec, la vigne ne va pas survivre sans irrigation, malgré un choix fin de porte-greffes. À Frog's Leap, on plante un maximum de 600 vignes par acre.

Le domaine utilise aussi des couverts végétaux entre les rangs de vigne pendant l'hiver pour éviter tout phénomène d'érosion. Le travail des sols au printemps avec une tonte d'abord alternée, puis totale en fin de printemps et un paillage ensuite, permet d'éliminer progressivement la concurrence hydrique que représenteraient ces couverts et d'intégrer de la matière organique dans le sol, tout en contribuant à la capacité de rétention d'eau et en minimisant le taux d'évaporation. Un système qui favorise aussi bien sûr les enracinements profonds pour une meilleure hydratation naturelle de la plante. Le choix des couverts végétaux est aussi adapté à chaque typologie de sol et aux besoins hydro-azotés de chaque parcelle.

Le domaine pratique aussi une sélection massale très fine, afin de propager un matériel végétal plus adapté aux conditions climatiques et au stress hydrique. À l'inverse, bien que le domaine mène quelques expérimentations sur de nouveaux cépages, il continue à miser avant tout sur les cépages historiques de la région, pour s'adapter aux changements climatiques, convaincu que cela fonctionne, fort d'expressions embouteillées encore fraîches et équilibrées.

•••

• • •

Rory Williams répète qu'il faut être patient et que le succès réside dans une combinaison de gestes et de décisions, qui reposent sur l'observation et la connaissance de ses terroirs. « On est capable de ne pas irriguer parce qu'on a mis en place beaucoup de choses pour que nos vignes ne s'attendent plus à recevoir plus d'eau que celle que le ciel veut bien leur donner. Je suis convaincu que la vigne est intelligente et a une très forte capacité d'adaptation aux conditions climatiques, bien plus qu'on ne veut le dire ou le croire et que c'est avant tout à nous de nous adapter. »

Malgré les températures qui augmentent, Frog's Leap continue à produire des vins très frais, avec des niveaux d'alcool sensiblement plus faibles que ceux des vins de leurs voisins proches. Le domaine récolte tôt lorsque c'est nécessaire. Mais Rory Williams attribue ces niveaux d'alcool maîtrisés avant tout au choix de ne pas irriguer et aux capacités d'autorégulation de la plante.

« J'aimerais que les gens arrêtent d'irriguer, mais je comprends que cela peut être extrême pour certaines personnes. Il y a une certaine perte de contrôle. La clef, c'est beaucoup de travail en amont pour gagner en confiance. Il y a toujours un risque, mais la récompense est au rendez-vous. La vigne doit être considérée comme un allié pour combattre les changements climatiques. »

Au-delà du choix de ne pas irriguer, Frog's Leap a été un des tout premiers domaines à se convertir à l'agriculture biologique dans la Napa, en 1998. Un domaine qui fait aussi pousser quelques soixante-dix autres plantes à côté de ses vignes et produit toute son énergie à partir du solaire depuis 2004.

Une véritable vision holistique du développement durable et de la transition écologique qui devrait faire des émules.

Irriguer

Si l'utilisation de systèmes d'irrigation est sûrement trop répandue versus les besoins réels, il existe néanmoins des vignobles pour lesquels celle-ci est plus logique et justifiable. Si on décide d'irriguer, il convient aussi de réfléchir à la façon de le faire, tant pour favoriser le bon développement de la vigne que dans une logique de préservation de l'eau.

À une certaine époque, des techniques peu efficaces comme l'irrigation par inondation étaient très courantes dans des pays tels que le Chili et l'Argentine. Les arroseuses au-dessus des vignes étaient aussi fréquemment utilisées. Ces systèmes qui favorisent l'évaporation, le développement des maladies cryptogamiques et sont très gourmands en eau ont heureusement beaucoup perdu en popularité. On opte désormais le plus souvent pour le goutte-à-goutte qui est plus efficace et permet de contrôler avec précision le débit d'eau.

Avec le goutte-à-goutte, il y a plusieurs manières d'optimiser l'efficacité de l'eau et sa gestion. Les Australiens ont développé deux techniques qui offrent la possibilité de rendre la vigne moins dépendante à l'eau, en créant une situation de stress hydrique contrôlé, avec les bénéfices associés décrits précédemment. La première, connue sur le nom de *partial rootzone drying* (PRD), consiste à irriguer une moitié de la zone racinaire pendant que l'autre ne l'est pas. Cette technique permet d'induire un stress hydrique maîtrisé, tout en favorisant un enracinement peu superficiel. Le PRD réduit aussi la consommation d'eau de 30 à 50 %. « La technique fonctionne bien », explique le Dr Dylan Grigg, célèbre consultant viticole en Australie et en Espagne. « Mais les gens ne l'ont pas adopté, car les coûts sont trop élevés, la technique requiert un double système de goutte-à-goutte. »

La deuxième technique, connue sous le nom de *regulated deficit irrigation* (RDI), a aujourd'hui plus d'adeptes. Le principe est simple : diminuer la quantité d'eau dans les périodes stratégiques, notamment après la nouaison et jusqu'à la véraison. Outre un bon développement fructifère, la technique permettrait d'après ses adeptes d'accélérer l'obtention de la maturité phénolique. L'avantage de la RDI versus le

PRD, c'est qu'elle est immédiatement utilisable avec un système de goutte-à-goutte déjà en place. Tony Hoare, consultant en viticulture en Australie, a beaucoup utilisé (et utilise encore) la RDI. Lorsqu'il travaillait chez Wirra Wirra à McLaren Vale, il s'est d'abord servi des capteurs pour mesurer la quantité d'eau dans le sol. Les données recueillies ont été analysées, afin d'implémenter le RDI en anticipant bien plus finement les besoins de la vigne. Hoare affirme avoir ainsi réduit la consommation d'eau de ses vignobles de 25 à 30 %.

La société californienne Advanced Viticulture consulte pour de nombreux vignerons et a fait de la question de la gestion de l'eau une de ses spécialités. Son président, le Dr Mark Greenspan, insiste sur le fait que, quelle que soit la technique utilisée, il est primordial de mesurer l'humidité dans le sol ainsi que la conductivité des stomates et le potentiel hydrique des feuilles avant d'établir un plan d'irrigation. « L'analyse des données est souvent très surprenante », rapporte-t-il. Il relate notamment que certains producteurs comprennent parfois, grâce aux mesures réalisées, qu'ils peuvent se passer de l'irrigation une saison entière ou même durablement.

La technologie au service de l'eau

La technologie progresse rapidement, avec de nombreux outils de pointe, désormais disponibles, qui peuvent aider le viticulteur dans sa gestion de l'eau. À défaut de tous les citer, voici quelques exemples qui suscitent beaucoup d'engouement.

- **Phytech**

Cette nouvelle technologie consiste en un dendromètre installé sur le tronc de la vigne pour mesurer la variation du diamètre de celui-ci, variation engendrée par un changement de débit dans la sève. La contraction du tronc indique que la vigne entre dans une période de stress hydrique importante. Les algorithmes de Phytech transforment les données prises par les dendromètres en temps réel et celles-ci sont ensuite analysées, afin d'ajuster le régime d'irrigation. Cette application peut être utilisée en combinaison des images satellites qui aident à analyser la végétation et les zones les plus susceptibles de subir un déficit hydrique, ce qui permet d'installer les dendromètres dans les zones qui semblent plus problématiques.

• **Fruition Sciences**

Le système repose sur des capteurs de flux de sève qui mesurent la transpiration de la vigne et donnent ainsi un indicateur très précis de gestion du statut hydrique de la plante. Le prestigieux domaine Ridge Vineyards en Californie utilise Fruition Sciences depuis des années. Grâce aux données recueillies, les vieilles vignes ne sont quasiment jamais irriguées tandis que les ressources en eau nécessaires pour l'irrigation des jeunes vignes ont baissé de plus de 35 %. Au total, le producteur californien a réduit son utilisation d'eau de moitié grâce à ces capteurs de flux de sève.

• **Tule Vision**

Développée pour remplacer la chambre à pression, cette technologie génère aussi énormément d'engouement. Le système repose sur une application mobile, qui analyse des photos de vigne prises par téléphone portable à mi-journée afin d'obtenir le potentiel hydrique foliaire en temps réel. Une technologie flexible, avec possibilité d'avoir une analyse très fine au sein d'un vignoble, est plus pratique que la chambre à pression qui doit être utilisée au milieu de la nuit.

Ridge Vineyards utilise Tule Vision en parallèle des capteurs de flux de sève Fruition Sciences.

• **Direct Root-Zone (DRZ)**

Développé par le Dr Peter Jacoby et son équipe au Department of Crop and Soil à l'université de Washington State, DRZ est un système d'irrigation qui envoie l'eau directement au système racinaire des plantes, soit à 60 cm de profondeur. L'eau est délivrée à l'aide de tubes rigides qui sont installés à la verticale près de la base de la plante. Ce système favorise l'établissement d'un système racinaire plus profond, pour des vignes plus résilientes dans des régions sèches ou pendant les périodes de stress hydrique. La surface du sol étant ainsi plus sèche, la technique limite aussi la croissance des mauvaises herbes qui concurrencent la vigne pour l'eau. DRZ permettrait en conséquence de réduire la quantité d'eau utilisée de 40-60 % tout en augmentant les rendements dans ces vignobles sujets à de forts déficits hydriques de 9-12 %.

• **Efficacité du système d'irrigation**

California Sustainable Winegrowing Alliance (CSWA) collabore avec la Pacific Gas & Electric Company (PG&E) pour s'assurer de l'efficacité de systèmes d'irrigation. PG&E développe un programme pour aider les viticulteurs à améliorer l'efficacité des pompes du système d'irrigation ou déterminer les sources rendant le système d'apport d'eau moins efficace. L'approche repose tout d'abord sur les vues aériennes du vignoble issues de Google Earth et l'identification des parcelles ou zones qui semblent problématiques. Ensuite, on évalue l'uniformité de la distribution d'eau grâce à des tests de débit sur les lignes de goutte-à-goutte.

• **E-Terroir**

Développé par InterLoire en collaboration avec l'Institut français de la vigne et du vin (IFV), E-Terroir est un outil de cartographie géo-pédologique des vignobles qui permet de visualiser en temps réel le niveau de réserve d'eau dans le sol sur un vignoble ou une zone spécifique. Les données sont disponibles et visualisables sous forme de carte sur le site internet Techniloire. En cliquant sur une parcelle, le producteur peut voir en temps réel la dynamique du remplissage en eau de son sol. Dans une zone non irriguée, ces données permettent avant tout aux vignerons d'avoir un bilan hydrique en temps réel et d'ajuster leurs pratiques viticoles en conséquence.

L'eau : point de vue économique

Les producteurs habitant des lieux où la sécheresse est devenue réalité répètent tous la même chose : aujourd'hui, ce n'est plus la terre qui a la plus grande valeur, c'est l'eau ! Dans certains pays tels que l'Australie et l'Afrique du Sud, il faut acheter des permis d'accès à l'eau, et ensuite le volume d'eau acquis. Et les coûts associés peuvent être importants. Melissa Brown, propriétaire de Gemtree Wines, affirme que l'eau qu'elle achète ajoute 4 500 $ par acre au coût de production (voir encadré McLaren Vale).

Dans le Nouveau Monde, la décision d'irriguer ou non dépend, effectivement, bien souvent, du facteur coût. Rory Williams de Frog's Leap Winery (domaine qui n'irrigue pas depuis plus de 30 ans – voir encadré) est satisfait de ses rendements malgré son approche qui peut être considérée comme limitative. Il récolte trois à quatre tonnes par acre en moyenne pour son cabernet sauvignon, ce qui est d'après lui dans la norme pour les cabernets haut de gamme de la vallée de Napa. Par contre, il concède qu'il serait impossible d'obtenir sans irrigation des rendements très élevés, ce que font certains pour produire à très faible coût.

Avec les conditions climatiques à prévoir dans le futur, la disponibilité et le coût de l'eau vont inévitablement être un enjeu encore important. Il existe des compagnies comme le Water Footprint Network (WFN) qui permettent à un domaine viticole de faire le bilan de son empreinte hydrique.

À l'instar d'un bilan carbone, tous les secteurs d'utilisation d'eau sont analysés, incluant l'approvisionnement et la chaîne de distribution. Le domaine chilien Concha y Toro utilise cette méthode et a ainsi pu calculer que son empreinte hydrique était de 48 litres pour 125 mL de vin (un verre). Un chiffre qui peut sembler très élevé et qui est pourtant 56 % plus bas que la moyenne de l'industrie! L'irrigation compte pour 98 % dans ce chiffre, le reste étant associé aux activités dans le chai et le conditionnement. Avoir accès à des chiffres précis quant à la consommation d'eau de son domaine peut motiver à mettre place des méthodes pour réduire son utilisation. Concha y Toro a grâce à cette analyse et fort de la motivation qui en a découlé, réduit de 70 % l'eau utilisée pour l'irrigation de ses vignobles.

En matière d'eau, tout n'est pas blanc ou noir. Les producteurs qui n'irriguent pas pourraient se voir contraints de le faire dans le futur si les températures deviennent trop extrêmes. Quoi qu'il en soit, qu'un vignoble soit irrigué ou non, il est critique de mettre en place des techniques pour préserver cette ressource naturelle qui risque de devenir de moins en moins accessible, et de plus en plus coûteuse. Si on applique dès maintenant des pratiques viticoles centrées sur l'efficacité de l'utilisation de l'eau, outre la question de la préservation de cette ressource, la vigne sera plus résiliente lorsqu'arriveront les périodes de sécheresse prolongées.

McLaren Vale - Anticiper la pénurie d'eau

La sécheresse grandissante dans les pays comme l'Australie, l'Afrique du Sud se fait de plus en plus menaçante et pourrait même devenir un frein pour les futures plantations. Bien avant que la situation ne soit aussi alarmante, un groupe d'agriculteurs de la McLaren Vale en Australie avait eu la lucidité d'anticiper le pire et de mettre sur pied un plan stratégique afin d'assurer la pérennité de leur production viticole. Fort de cette vision à long terme, un système de traitement et de recyclage de l'eau a été mis en place dans les années 1990. Ce système permet aujourd'hui à de nombreux producteurs de continuer à produire malgré la diminution notable des précipitations.

Tout a débuté en 1991 lorsqu'un groupe d'agriculteurs s'est réuni pour demander au gouvernement d'imposer une restriction sur la quantité d'eau permise pour irriguer. Une première en Australie, où un permis est nécessaire pour utiliser l'eau – autre que celle stockée dans des réservoirs – pour l'agriculture. Fort de cette pression, venant pourtant des principaux concernés, la quantité d'eau autorisée par hectare a diminué de plus de la moitié au début des années 2000. Jock Harvey, consultant et directeur de viticulture à Chalk Hill, a été un des instigateurs de ce changement et de ces restrictions salutaires. « Les eaux souterraines commençaient à s'épuiser et par conséquent la salinité de celles-ci augmentait considérablement. Une équation qui freinait l'établissement de nouveaux vignobles et était aussi un problème pour les vignobles existants. » Il explique quoi qu'il en soit, que cette initiative n'était qu'une composante d'une plus grande stratégie. En parallèle, en 1997, 15 agriculteurs se sont regroupés pour fonder la Willunga Basin Water Company (WBWC) et racheter les droits du système de traitement d'eau de Christies Beach Wastewater, pour environ 10 gigalitres d'eau disponibles par an. « Cette initiative a

•••

• • •

permis de substituer l'eau de ville utilisée jusqu'alors par de l'eau recyclée et traitée, à moindre coût », explique Jock Harvey.

Aujourd'hui, la WBWC appartient et est régie par le Water Utilities Group Australia (WUA). Un producteur qui souhaite se faire connecter au système doit payer 7 500 $ par mégalitre et doit ensuite acheter une allocation d'eau pour l'année.

Si ces montants semblent évidemment élevés pour les gens qui habitent dans des endroits où l'accès à l'eau potable est gratuit, ils le sont également pour les producteurs de la région, mais pour certains cet investissement est nécessaire. Melissa Brown, propriétaire de Gemtree Wines, affirme que cet accès à cette eau recyclée représente un surcoût de 4 500 $ par acre. Et ce surcoût ne peut pas être intégré dans le prix de ses bouteilles, car celui-ci ne serait plus compétitif. Pour autant, elle rappelle que sans ce système, elle aurait été dans une position bien plus précaire.

Le prix de l'eau n'est pas toujours réglementé, ce qui pourrait devenir rapidement un sujet inquiétant avec la baisse des ressources hydriques. Stephen Pannell, producteur dans la région de McLaren Vale et propriétaire de S.C. Pannell Wines, affirme en effet que le plus grand défi auquel son pays fait face, c'est la sécurisation de l'eau. La situation précaire de l'eau en Australie est sûrement annonciatrice de ce qui risque d'arriver ailleurs. La vision et la proactivité des viticulteurs à McLaren Vale devraient, à ce titre, inspirer de nombreuses autres régions viticoles.

Gestion de la vigne et prophylaxie

La conduite de la vigne, notamment la gestion de la surface foliaire, est également un paramètre essentiel dans une logique d'adaptation à un contexte climatique évolutif. En matière de gestion de la surface foliaire, la prévention porte un nom : prophylaxie.

Le vigneron doit, dans cette logique préventive, faire face à un véritable dilemme. Il peut pendant un seul et même cycle végétatif, subir plusieurs épisodes climatiques marqués, qui diffèrent radicalement dans leurs conséquences et appellent donc à des pratiques de conduite de la vigne radicalement différentes.

Les deux principaux enjeux du vigneron, aujourd'hui, sont :

– prévenir des maladies cryptogamiques (oïdium, mildiou, pourriture grise...) qui sont favorisées par une canopée trop compacte et peu ventilée ;
– tout en anticipant des périodes de grosses chaleurs et de très fortes expositions au soleil et protéger les baies en conséquence.

En d'autres termes, il faut savoir aujourd'hui aérer la surface foliaire pour ne pas favoriser le développement des champignons de la vigne, tout en protégeant les baies et en conservant de la fraîcheur au sein de la canopée pour atténuer les méfaits potentiels de l'échaudage ou d'autres phénomènes de brûlure.

Les ponts rhodaniens

Les vignerons ont longtemps cherché à favoriser l'exposition des baies au soleil, ce qui dans une logique de recherche de maturité, pouvait faire sens pour des vignobles qui avaient souvent du mal à récolter mûr. L'effeuillage volontariste, tôt dans la saison, ou des techniques de taille et de conduite favorisant l'exposition des baies, sont des pratiques qui ont en conséquence été utilisées assez communément dans différentes régions viticoles.

Aujourd'hui, fort des effets du changement climatique, avec une maturité de plus en plus précoce, des périodes de forte chaleur et de stress hydrique, des phénomènes d'échaudage, de brûlure et de séchage des baies, la tendance est plutôt à protéger les raisins des méfaits du mercure et de l'astre solaire. Les effeuillages sont plus tardifs et se font désormais, la plupart du temps, uniquement du côté du levant afin d'éviter la surexposition en milieu de journée ou l'après-midi, lorsque le soleil tape le plus fort et les températures sont les plus hautes. Une surface foliaire plus conséquente, côté couchant ou face au sud, c'est aussi un effet d'ombre qui permet de faire baisser sensiblement la température, dans les zones fructifères, aux périodes les plus chaudes de la journée.

Une technique de conduite de la vigne, désignée dans le Rhône septentrional comme « pont », commence, par exemple, à faire des envieux. Les vignes hautes, conduites en gobelet sur échalas, ne sont pas rognées et les extrémités des sarments de vigne sont attachées à ceux du cep voisin pour obtenir une forme qui fait effectivement penser à un pont. Ce système permet d'augmenter les zones d'ombre, tout en conservant une surface foliaire importante – nécessaire pour une bonne photosynthèse – et une canopée ventilée. Si la technique est utilisée depuis des années dans le vignoble rhodanien, elle commence à donner des idées à des vignerons dans d'autres régions. Suite à une succession d'étés chauds et secs, Jean-Louis Trapet, célèbre vigneron à Gevrey-Chambertin, a ainsi décidé d'augmenter la densité de plantation sur certaines de ses parcelles et de troquer ses traditionnelles tailles guyots par des gobelets hauts afin de tester l'efficacité de ces fameux ponts rhodaniens. Forts de résultats particulièrement probants, il prévoit d'étendre cette pratique à d'autres parcelles.

La protection physique

Dans certaines régions, des solutions encore plus drastiques, avec une protection physique des raisins, ont été expérimentées, avec succès. C'est le cas par exemple de filets, qui filtrent les rayons ultraviolets (UV), prévenant ainsi les phénomènes de brûlure, tout en augmentant les zones d'ombre et en faisant baisser la température.

La crème solaire pour raisin, sous la forme d'argile de kaolin ou kaolinite calcinée ou encore le carbonate de calcium, est aussi utilisée par certains viticulteurs. Les résultats, notamment de l'argile de kaolin, ont démontré leur efficacité, résultant en une meilleure protection des raisins, tout en réduisant la température au sein de la canopée, mais aussi le taux d'évapotranspiration, pour des rendements plus élevés au final et une meilleure qualité de fruit. Une pratique utilisée par des domaines historiques de la Barossa et la Eden Valley en Australie, par exemple, comme Yalumba, ou Rockford, qui confirment les bénéfices sur la qualité de la vendange et les volumes récoltés.

Protéger tout en prévenant des maladies fongiques

Protéger oui, mais sans trop compacter la surface foliaire, en maintenant une bonne ventilation au sein de la canopée, peut être un véritable défi. D'autant que l'exposition maîtrisée au soleil et, par voie de fait, aux rayons UV, reste un paramètre essentiel pour maintenir la capacité photosynthétique de la plante. L'exposition aux rayons UV est encore plus importante pour les raisins rouges et la synthétisation des composants phénoliques dans les peaux qui conditionnent ensuite la couleur et les tanins.

Les feuilles sont des absorbants de lumière très efficaces. La première couche de feuilles de la canopée absorbe en moyenne 94 % de la lumière du soleil. Sous deux couches de feuilles, les baies sont donc quasiment totalement dans l'ombre. Certains ratios sont avancés, pour déterminer l'exposition idéale des raisins, 60 % étant le chiffre qui revient le plus souvent. Une estimation chiffrée qui semble pourtant peu pertinente, puisque l'exposition idéale est dépendante de nombreux paramètres : cépage, durée d'exposition par jour, altitude, effet de réverbération (sol, surface d'eau à proximité), type de vin produit, etc.

Quoi qu'il en soit, si une surface foliaire trop dégarnie n'est pas recommandée pour toutes les raisons évoquées dans la section précédente, à l'inverse une canopée trop compacte va favoriser l'humidité, le développement des maladies fongiques, pour des conséquences ensuite en traitements, en ressources et sur les rendements ou la qualité récoltée.

Les vignes hautes combinées à une forte densité de plantation, avec un effeuillage judicieux au bon moment, pas trop tôt dans le cycle végétatif, sont un exemple d'approche, qui peut permettre à la fois de maintenir une bonne surface foliaire et une canopée bien ventilée, tout en prenant en compte le paramètre protection des baies. Des systèmes de divisions verticales ou horizontales des canopées – Lyre, Scott-Henry, Smart-Dyson, entre autres – sont aussi pratiqués dans certaines régions afin de favoriser cette bonne circulation d'air, nécessaire pour mieux lutter contre les maladies cryptogamiques. La

Nouvelle-Zélande est championne en la matière, avec des systèmes de taille et de conduite de la vigne particulièrement sophistiqués pour répondre à ces enjeux. Pour autant, une approche plus spontanée ou empirique de la conduite de la vigne, dans les vignobles historiques qui se voient parfois imposer les systèmes de taille, peut aussi s'avérer efficace pour prévenir une grosse pression maladie ou réduire les traitements.

Photographie hémisphérique ou aérienne

Certains domaines utilisent la photographie aérienne ou hémisphérique – technique de photographie vers le haut avec un objectif au champ de vision très large – pour analyser la structure de la canopée de leurs vignes. Des techniques, notamment la photographie hémisphérique, qui permettent de calculer des indices de rayonnement interceptés par la canopée : l'indice de surface de feuille (LAI), qui correspond à la surface foliaire, pour une unité de surface de sol et l'indice d'ouverture de la canopée. Forts de ces calculs et de l'analyse qui en découle, les domaines peuvent ensuite adapter les techniques de gestion de la surface foliaire, et ce, sur de très petits périmètres.

Le célèbre domaine Robert Mondavi, dans la vallée de Napa, a été un des pionniers dans l'expérimentation de ces techniques de photographies aériennes, puis plus tard de photographies hémisphériques, afin d'évaluer l'efficacité des techniques de gestion de la surface foliaire implémentées. Les résultats ont mis en exergue une forte variabilité locale et l'importance d'une gestion plus fine, intra-parcelle.

Si ces techniques photographiques peuvent donner des enseignements très précis et aider ensuite le vigneron à adapter ses choix, elles ont naturellement des implications économiques et ne sont pas toujours accessibles pour de petites exploitations.

Quoi qu'il en soit, que les pratiques fassent appel à la technologie, à l'observation et l'empirisme, ou au deux, une analyse fine de la structure de la canopée, prenant en compte les spécificités locales, est, comme nous venons de le constater, une des conditions, pour une bonne adaptation aux changements climatiques.

Prédateurs et maladies liées aux changements climatiques

Les bouleversements climatiques peuvent avoir une influence majeure sur l'incidence des maladies et la présence et la propagation des prédateurs de la vigne. Les hivers très froids sur lesquels comptent les vignerons pour atténuer la population de certains parasites et l'incidence de certaines maladies se font de plus en plus rares. Chez certains insectes, on observe une plus grande rapidité de reproduction et un nombre grandissant de générations par année. On constate notamment une recrudescence dans plusieurs zones géographiques des populations de cicadelles, d'eudémis de la vigne, de drosophiles et de cochenilles. La fluctuation des températures saisonnières intensifie également certaines maladies : la chaleur lorsqu'elle est associée à une humidité forte augmente la pression des maladies cryptogamiques telles que l'oïdium et le mildiou. En parallèle, la montée des températures associée à la sécheresse favorise les maladies du bois telles que l'esca.

De plus, à cause des évolutions climatiques, on observe des phénomènes migratoires chez les insectes et de nouvelles zones touchées par certaines maladies de la vigne, tandis que l'incidence de certains pathogènes peut s'intensifier dans des zones déjà touchées. Un nouveau défi de taille pour les producteurs. Alors que certains ont recours aux traitements pour lutter, d'autres préfèrent s'appuyer sur le bio-contrôle pour éviter de nouveaux problèmes environnementaux, favoriser une autorégulation et tenter de restaurer un équilibre.

Migration des insectes

La température étant le facteur qui influence le plus le comportement des insectes, il est logique que l'on constate une intensification des phénomènes migratoires. L'impact sur le monde viticole peut être majeur, puisque plusieurs insectes sont aussi vecteurs de maladies bactériennes ou virales de la vigne.

• Cicadelle et flavescence dorée

Avec la montée des températures, on observe une migration de la cicadelle vers des régions septentrionales. Certaines espèces de cicadelle sont bien plus préoccupantes que d'autres. La *Scaphoideus titanus*, si elle ne cause pas de dégâts directs sur la plante, est par exemple vecteur d'un phytoplasme responsable d'une très grave maladie de la vigne: la flavescence dorée, une maladie qui entraîne le dépérissement progressif des plantes et impacte très sévèrement les rendements.

Certains experts, tels que Denis Thiery, entomologiste et directeur de recherche à l'INRA de Bordeaux, comparent la cicadelle au phylloxera, ce qui illustre l'impact potentiel lié à sa propagation. L'insecte, originaire de l'État du Nord-Est des États-Unis et du Sud-Est du Canada, a été accidentellement introduit en Europe au début du XXe siècle. Les flux migratoires se sont intensifiés récemment avec une présence constatée de la *Scaphoideus titanus* dans les pays comme la Suisse, l'Allemagne et l'Autriche. La transmission du phytoplasme est favorisée par l'augmentation des températures. Celui-ci peut également être propagé par certains pépiniéristes peu scrupuleux, qui commercialisent des plants déjà infectés. La première prévention passe donc par l'assurance d'avoir des plants sains qui sortent de la pépinière, notamment en traitant le matériel végétal à l'eau chaude.

Pour ce qui est de la lutte *in situ*, certaines régions imposent des traitements chimiques, ce qui n'est pas sans poser problème pour des vignerons biologiques ou biodynamiques. Les traitements biologiques sont à ce jour encore limités, même si certains produits semblent émerger, notamment le pyrèthre naturel et l'azadirachtine, ou encore le Parexan® N, à base d'huile de sésame qui semble démontrer son efficacité mais uniquement sur les populations jeunes de *Scaphoideus titanus*. Les tests sur le kaolin ont aussi été plutôt probants dans certains vignobles. De nombreuses expérimentations ont eu lieu pour identifier des prédateurs naturels. Si certaines pistes semblaient prometteuses avec certaines espèces d'acariens ou d'araignées, aucune stratégie de biocontrôle n'a donné entièrement satisfaction à ce jour. Une fois l'incidence flavescence dorée constatée, des mesures strictes sont souvent imposées aux producteurs comme l'arrachage des ceps affectés pour éviter une propagation rapide du phytoplasme.

• Maladie de Pierce

D'autres espèces de cicadelles sont partiellement responsables – avec certaines pépinières à nouveau – de la propagation de la maladie bactérienne de Pierce, notamment les cicadelles bleues-vertes (*Graphocephala atropunctata*) et les cicadelles aux ailes vitreuses (*Homalodisca coagulata*). Ces cicadelles transmettent la bactérie *Xylella fastidiosa* en se nourrissant de la sève de la vigne. Une bactérie qui va entraîner la mort du cep en un ou deux ans tout au plus, créant un bouchon dans le système vasculaire et empêchant le transport de l'eau, pour une mort par stress hydrique. Si la maladie de Pierce est moins répandue géographiquement que la flavescence dorée, le changement climatique semble intensifier le problème et pourrait également l'étendre à de nouvelles zones. L'incidence de la maladie décroît sensiblement lorsque la température dans le système vasculaire de la vigne tombe à moins de 5 degrés Celsius. Avec des hivers de plus en plus chauds, ces conditions se raréfient dans les zones concernées par la maladie.

Rory William, du domaine Frog's Leap, explique que l'incidence est effectivement croissante avec une succession d'hivers chauds : « Les cicadelles vecteurs de la maladie sont endémiques à la région californienne. Mais généralement les quelques jours de gel d'hiver permettent de les éliminer. Avec la série d'hivers chauds entre 2014 et 2020, les cicadelles se sont multipliées. Un de nos vignobles a été particulièrement impacté. Il ne reste aujourd'hui que quatre vignes sur huit cents de la plantation originale ! Si une vigne est infectée par la maladie, elle sera morte l'été suivant. » Frog's Leap investit aujourd'hui dans les cépages résistants à la maladie de Pierce qui ont été développés à UC Davis. Ils plantent ces cépages, notamment le caminante blanc, en bordure des zones ripariennes qui attirent l'insecte, afin de protéger le reste du vignoble. Mis à part ces cépages résistants, aucune cure n'existe pour la maladie de Pierce. Les stratégies de prévention vont de l'élimination du vecteur, mais avec les mêmes limites que pour la flavescence dorée, notamment pour les produits biologiques, aux traitements à l'eau chaude en pépinière. La maladie de Pierce est principalement répandue dans des zones aux hivers tempérés, notamment en Amérique du Nord. Sa manifestation récente en Europe (Italie, Espagne, France) laisse penser que d'autres zones géographiques pourraient bientôt être concernées.

• Eudémis de la vigne (ver de la grappe)

L'impact des changements climatiques sur l'eudémis est complexe. Les fonctions vitales de l'insecte sont affectées par les hautes températures, il migre donc vers le nord pour survivre. On prévoit par exemple une plus forte présence dans les secteurs nord de la zone Europe. À l'inverse, l'eudémis risque d'être moins présent dans les climats méditerranéens.

Le principal impact que pourraient engendrer les changements climatiques est la multiplication des générations d'eudémis par année, dans des conditions tempérées. À Bordeaux, on observe, par exemple, l'arrivée d'une quatrième génération en novembre alors qu'il y a moins de moyens de lutte mis en place dans les vignes. Qui plus est, l'eudémis pond plus d'œufs la nuit lorsque la concentration du CO_2 est plus élevée. Les vents forts qui deviennent plus conséquents dans certaines régions ont aussi un impact, car les mâles ne sentent plus les phéromones. Ceci rend donc les capsules de confusion sexuelle – principal moyen de prévention déployé – moins efficaces dans la lutte contre l'insecte.

Les hivers doux et humides qui offrent des conditions idéales pour les bactéries et les champignons entomopathogènes, ennemis naturels des vers de la vigne, pourraient venir équilibrer la donne. Il y a donc encore beaucoup de questionnements quant à l'impact qu'auront les changements climatiques sur ces prédateurs, même si, pour l'instant, la lutte intégrée et la confusion sexuelle demeurent des solutions efficaces pour limiter les ravages de l'eudémis.

• Cochenille

La capacité de la cochenille à vivre dans un grand spectre de climats explique sa présence dans de nombreuses zones viticoles du monde. Certaines variétés de l'insecte, notamment les cochenilles farineuses et floconneuses, transmettent la maladie virale incurable de l'enroulement de la vigne (GLRaV-1 et GLRaV-3). Tout comme la maladie de Pierce et la flavescence dorée, la transmission peut aussi être verticale, c'est-à-dire d'une génération de plante à la suivante.

La cochenille peut contaminer une parcelle entière en quelques années. Si le virus n'est pas mortel, il reste très impactant. L'infection résulte notamment en une altération de la réaction photosynthétique pour des symptômes incluant une baisse de vigueur, un enroulement des feuilles, une diminution du poids des baies et du rendement, une densité en sucre qui baisse et une élévation du pH. L'insecte colonise la vigne principalement l'hiver sous sa forme larvaire en s'installant le plus souvent sous l'écorce de la vigne, avant de migrer au début du printemps vers les jeunes pousses. Le risque principal, avec l'augmentation des moyennes de température, c'est que la cochenille se cache plus longtemps ou davantage, sous l'écorce, pour se protéger de la chaleur, rendant son éradication encore plus compliquée. Si certains insecticides peuvent être utilisés, avec les effets collatéraux que l'on peut imaginer, notamment sur d'autres espèces bénéfiques, les mesures prophylactiques sont les plus efficaces – puisqu'un cep malade ne peut être guéri. Elles comprennent notamment : l'achat de matériel végétal sain et certifié tout d'abord, le bio-contrôle avec notamment l'introduction de prédateurs naturels tels que la coccinelle *Cryptolaemus montrouzieri* et la plantation de zone d'habitat pour ces espèces. Les stratégies de prévention comprennent aussi le maintien de bandes d'isolement enherbées pour éviter la dissémination rapide d'une parcelle à l'autre, ou encore l'élimination des bois de taille tôt pour réduire les populations de cochenilles présentes sous l'écorce.

• Drosophile

La présence et les ravages de la *Drosophila suzukii* (Mastumara, 1931) – une des variétés de drosophile originaire du Sud-Est de l'Asie – posent aussi la question de l'incidence des changements climatiques constatés et à venir. La petite mouche brune a investi progressivement l'Asie puis plus récemment les continents américains et européens. L'insecte apprécie particulièrement les climats humides et doux. Les zones tempérées, avec des températures pas trop chaudes et une forte humidité, sont donc particulièrement propices. Les zones de forte végétation peuvent aussi servir d'habitat lorsque le mercure monte et que les conditions sont plus sèches. La variabilité climatique annuelle et intrasaisonnière, avec des périodes très chaudes et sèches mais aussi potentiellement des périodes ou saisons très humides dans certaines régions viticoles, pourrait ainsi favoriser sa présence.

La drosophile peut provoquer des blessures sur des baies saines. Elle infeste les raisins en perçant la peau du fruit et en insérant des œufs à l'intérieur. Les larves se nourrissent ensuite de la pulpe, ce qui accélère les phénomènes d'oxydation, la propagation de bactéries responsables de la pourriture acide ou de maladies cryptogamiques, notamment le *Botrytis cinerera* responsable de la pourriture grise.

Le stress hydrique prolongé impactant leur capacité de reproduction pourrait venir freiner leur multiplication dans de nombreuses régions, mais la variabilité climatique importante pourrait avoir l'effet inverse dans d'autres régions ou sur d'autres millésimes. La prévention demeure la meilleure option. Couvrir les vignobles avec des filets anti-insectes peut être très efficace, mais ils ne sont pas autorisés partout et leur installation peut être très fastidieuse et peu adaptée à de grandes parcelles. Michael Marler, propriétaire du vignoble Les Pervenches au Québec, relate néanmoins avoir réussi à contrôler des invasions importantes de drosophiles grâce à ce type de filet. Plusieurs pièges existent sur le marché avec des efficacités contrastées. Des tests sur une approche push-pull avec une combinaison de produits attractifs et répulsifs sont également en cours. La lutte contre ce ravageur s'oriente aussi vers le bio-contrôle, avec, notamment, des expérimentations sur l'efficacité de deux espèces d'hyménoptères parasitoïdes (micro guêpes).

Des maladies qui s'intensifient

Les bouleversements climatiques ont une influence directe sur l'incidence et l'étendue des maladies du bois et des maladies cryptogamiques. Les changements de températures et la variabilité climatique contribuent à favoriser l'expansion et l'importance des symptômes. Les périodes chaudes et sèches sont notamment propices aux formes les plus aiguës d'esca, la maladie du bois la plus répandue, tandis que la pression mildiou serait encouragée par l'augmentation de CO_2 dans l'atmosphère.

• Esca

L'esca est une des maladies les plus anciennes de la vigne, et aujourd'hui une des plus préoccupantes. Elle affecte les tissus ligneux de la plante, notamment à travers les plaies de taille, avec dissémination de champignons qui se traduit par la présence d'une pourriture blanche dans le bois, désorganise les cellules et détruit les canaux de sève. La maladie peut se manifester sous deux formes, une plus lente et une bien plus foudroyante. Si les causes de la maladie et le lien direct avec le climat sont des sujets complexes, on peut constater que la forme sévère ou apoplexie, qui peut tuer la vigne en quelques jours, se manifeste tout particulièrement en période sèche et chaude, pendant les mois estivaux. Les vents chauds stimulent également cette forme aiguë de la maladie. L'influence du changement climatique – du moins sur l'incidence de la maladie du bois – est donc évidente. Autrefois peu répandue dans les régions septentrionales, la maladie s'étend de plus en plus dans ces zones de production viticoles. Selon l'Institut français de la vigne et du vin (Larignon, 2020), entre 5 et 10 % des ceps du vignoble du Luxembourg sont, par exemple, aujourd'hui atteints. De la même manière, jusqu'à 12 % des surfaces de riesling de Rhénanie-Palatinat seraient désormais affectées par l'esca.

L'arsenite de sodium, traitement autorisé jusqu'en 2001, a été logiquement interdit du fait de sa toxicité, malgré son efficacité anti-fongique. La lutte contre les maladies du bois, et notamment l'esca, est aujourd'hui particulièrement complexe. Si aucune technique ne permet l'éradication totale de la maladie, le principal enjeu est de faire baisser l'incidence et le taux de mortalité. L'application de produit à base de trichoderma a été homologuée, avec des résultats contrastés. Une nouvelle fois, la lutte prophylactique semble donc la plus efficace. Des stratégies préventives qui consistent à enlever les souches mortes, restaurer rapidement les pieds malades et surtout privilégier les techniques de taille douce, qui bannissent les plaies de taille rase et les grosses coupes et respectent les flux de sève, semblent aujourd'hui les plus efficaces.

• Maladies cryptogamiques

Le débat autour des cépages résistants ou des approches prophylactiques abordé dans le chapitre précédent témoigne de la gravité des maladies cryptogamiques et de la préoccupation grandissante liée à la variabilité climatique qui s'intensifie. D'autres phénomènes liés au changement climatique pourraient avoir une incidence directe sur la présence et l'intensité de ces maladies.

• Oïdium et mildiou

Favorisé par des températures clémentes et par l'humidité, le mildiou (*Plasmapora viticola*) et l'oïdium (*Uncinula necator*) sont des menaces dans la majorité des régions viticoles. Outre la préoccupation liée à la variabilité climatique grandissante, le projet FACE (*Free Air Carbon-dioxide Enrichment*), piloté par l'université de Geisenheim, semble démontrer que l'incidence de ces maladies pourrait être directement stimulée par l'augmentation de la concentration atmosphérique de dioxyde de carbone. Les projections calculées pour 2050 suggèrent que cette concentration grandissante aurait deux effets concomitants :

- un changement dans la structure et l'architecture des grappes qui pourraient devenir de plus en plus compactes et donc favoriser les champignons de la vigne ;
- des vignes avec une densité stomatique plus importante, ce qui favoriserait directement l'incidence du mildiou, le pathogène pénétrant la plante à travers les stomates des feuilles.

Une nouvelle fois, aucune recette miracle n'existe pour lutter contre la pression fongique et rien n'est tout blanc ou tout noir. Le recours aux cépages résistants et le débat qui en découle ont été évoqués dans le chapitre précédent. Il existe aussi d'un côté les limites évidentes des traitements phytosanitaires et de leurs effets collatéraux, de l'autre un débat légitime sur l'incidence du cuivre – autorisé en agriculture biologique et biodynamique –, métal lourd non biodégradable utilisé pour le traitement contre le mildiou sous la forme de sulfate de cuivre (bouillie bordelaise). Même si elle ne peut à elle seule résoudre le problème, une approche prophylactique face à une pression fongique grandissante avant d'envisager le curatif est primordiale, notamment pour favoriser la ventilation de la canopée, l'aération des grappes et idéalement des baies.

Gestion des extrêmes climatiques

Le changement climatique est trop souvent réduit à un seul phénomène, certes préoccupant : la montée progressive des températures. Cependant, le plus compliqué pour le viticulteur, c'est de gérer la variabilité climatique, qu'elle soit annuelle ou intra-saisonnière. Au sein d'un seul cycle végétatif, des épisodes climatiques extrêmes peuvent se succéder. Paradoxalement, certains vignobles n'ont jamais été autant sous la menace du gel. Plus tard dans la saison, le vigneron peut aussi avoir à gérer des périodes caniculaires. Ces cycles végétatifs contrastés, avec des extrêmes climatiques successifs ou récurrents, sont amenés à se multiplier. Le vignoble n'a donc d'autre choix que d'apprendre, progressivement, à s'adapter.

Débourrement précoce et gel

C'est probablement, à première vue du moins, le plus grand paradoxe du changement climatique, mais, oui, le risque gel est de plus en plus fort !

Les montées des températures qui déterminent, chaque année, la période de démarrage du nouveau cycle végétatif sont de plus en plus précoces. Les bourgeons prennent du volume, les écailles s'écartent et laissent apparaître de la bourre. C'est le débourrement, signe que la vigne est sortie de sa période hivernale. Le débourrement est en théorie déclenché par le franchissement d'un seuil de température moyenne de 10 °C, raison pour laquelle les indices climatiques (échelle de Winkler, indice de Huglin) ne prennent en compte que les températures supérieures à 10 °C. Cela n'est pourtant pas aussi simple et chaque cépage doit accumuler une certaine somme de température pour qu'il y ait débourrement. La vitesse de débourrement varie ensuite, suivant une loi de forme logarithmique, également fonction des températures.

Avec des hivers plus doux et des remontées en températures plus précoces, le débourrement intervient donc, logiquement, de plus en plus tôt et souvent de plus en plus rapidement. Le stade de mi-débourrement a ainsi avancé, par exemple, de plus de 7 jours en moyenne en Bourgogne, en seulement 30 ans (BIVB, 2018). Une fois le cycle végétatif enclenché, le risque d'impact du gel devient bien plus important. Une forte baisse du thermomètre, même courte, peut devenir synonyme de perte de rendement importante. Si le gel est faible, seuls les feuilles hautes et l'apex (extrémité des rameaux) sont affectés. Si la gelée est plus forte, les inflorescences sèchent et brunissent sous l'effet du gel pour autant de baies ou de grappes de raisin en moins à la récolte. En situation de forte humidité (gelée blanche), les baisses de températures sont typiquement moins importantes que lorsque l'hygrométrie est inférieure à 60 % (gelée noire). Pour autant, ce qui complique le problème, les températures létales pour les jeunes pousses ne sont pas toujours définies par le type de gelée rencontré.

Qu'il s'agisse de gelée blanche ou noire, ou d'une combinaison des deux, de nombreuses régions viticoles ont subi à leurs dépens, de façon récurrente, au cours des dernières années, cette chronologie fatale : montée des températures et débourrement précoce suivi quelques semaines plus tard d'une vague de froid. Une grande partie du vignoble ligérien, la Champagne, la Bourgogne, la Moselle allemande, entre autres, ont ainsi subi des gels de printemps importants, au cours de la dernière décennie. À l'heure où nous écrivons ces pages, un terrible gel de printemps a d'ailleurs touché de nombreuses régions viticoles européennes. Ce gel de 2021 met en relief l'accélération des risques, du fait de la précocité du débourrement, puisqu'il est advenu début avril et a pourtant eu un impact très significatif. Le développement végétatif était donc déjà avancé, extrêmement tôt dans la saison.

Combattre le gel ? Comprendre d'abord

Lutter contre le gel n'est pas toujours possible. Les effets du gel sont rapides et il suffit de perdre quelques dixièmes de degrés Celsius sur quelques heures, pour ensuite être privé d'une grande partie de sa future récolte. À l'inverse, la seule bonne nouvelle c'est qu'il suffit parfois de réussir à reprendre quelques dixièmes de degrés Celsius pour sauver tout ou partie de la future vendange menacée.

Une nouvelle fois, les approches préventives sont bien sûr les plus efficaces : choix de cépages qui débourrent plus tard, de vignobles moins sensibles au gel, taille plus tardive, etc. Néanmoins, dans les faits, certains vignobles sont déjà plantés, dans des régions qui ont prouvé pouvoir produire de grands vins, avec des cépages déjà sélectionnés et adaptés à cette logique qualitative. La taille tardive, si elle permet de retarder le débourrement, n'est pas non plus toujours réaliste, dans des domaines où chaque tailleur doit gérer une surface importante. La taille en deux temps – qui consiste à faire le gros du travail en hiver mais à laisser plus de longueur que nécessaire sur les bois porteurs des futurs bourgeons et à repasser au printemps – permet de retarder le débourrement précoce des bourgeons basals, mais peut poser les mêmes problèmes de main-d'œuvre et de temps. Elle pourrait quoi qu'il en soit, face à l'incidence gel, avoir de plus en plus d'adeptes.

Le préventif n'est donc, dans ce cas précis, pas toujours possible ou réaliste et les techniques de lutte *in situ*, lorsque le risque gel arrive, sont souvent le seul recours possible. Avant d'analyser les différentes stratégies pour contrer le gel ou minimiser son impact, il convient dans un premier temps de bien comprendre les causes des épisodes de gel et la nature du gel contre lequel le vigneron va lutter. Le gel de printemps est le plus souvent un gel de radiatif, résultant de l'accumulation d'air froid au sol et proche de la surface du sol. Le refroidissement radiatif arrive lorsque le ciel est clair ou peu nuageux et que la vitesse du vent est inférieure à 2 mètres/seconde. Ce type de refroidissement nocturne se produit lorsque le rapport entre l'énergie reçue par le sol et l'énergie renvoyée par l'atmosphère est négatif. L'absence de rayonnement solaire après le coucher du soleil provoque une baisse de la température jusqu'au lever du jour pouvant engendrer des gelées en fin de nuit (souvent gelées blanches). Les dégâts sont souvent très localisés. Les secteurs les plus froids correspondent généralement aux fonds de vallée ou en amont d'obstacles engendrant un blocage de l'air froid. Les systèmes de lutte antigel doivent alors être disposés dans ces secteurs les plus gélifs.

Les gels d'advection – passage d'une grande masse d'air froid sur toute une région ou même un pays – interviennent plus souvent en hiver, lorsque la vigne est en dormance et nettement moins sensible. Lorsque ce type de gel se produit au printemps, ce qui est, fort heureusement, plus rare, les dégâts sont généralisés et peuvent toucher de grandes régions. Ce type de gel réduit fortement l'efficacité de tous types de systèmes de lutte antigel.

C'est parfois la combinaison des deux types de refroidissement qui engendre des dégâts importants. Par exemple, les fortes gelées de 2017 intervenues dans différentes régions européennes se sont produites à la suite d'une période de temps perturbé (nuages, vent) combinée à l'arrivée d'une masse d'air froid d'est. Durant plusieurs jours, la température moyenne a été relativement basse (phase advective). Puis le ciel s'est dégagé et la vitesse du vent s'est réduite (phase radiative). La température étant préalablement basse, l'intensité du refroidissement nocturne a donc été beaucoup plus forte, engendrant par la suite des dégâts majeurs sur des zones étendues.

Le gel de printemps est, quoi qu'il en soit, la plupart du temps, plus localisé, chaque commune voire chaque vigneron, vivant avec l'appréhension d'une baisse du mercure sur tout ou partie du sol de son vignoble.

Lutter sur le terrain contre le gel de printemps

Les solutions de luttes contre le gel sont nombreuses, même si chacune présente des limites ou des contraintes. Leur efficacité dépend de l'importance du gel et des températures contre lesquelles le viticulteur va devoir lutter. Elles ont, par ailleurs, une implication économique plus ou moins importante.

Trois principaux types de moyens de lutte existent, la protection par brassage d'air, par chauffage ou par aspersion d'eau. Quelques alternatives seront aussi détaillées en fin de section.

Le gel printanier étant provoqué par des poches d'air froid en surface du sol, tandis que l'air chaud est lui remonté, brasser les masses d'air chaud et d'air froid est un moyen logique pour faire remonter le mercure. Cela peut se matérialiser, notamment, sous la forme de tour antigel fixe. Le gain thermique peut paraître faible (1 à 2 °C) mais une bonne implantation (en fonction des entrées d'air froid et de l'intensité de l'inversion thermique) améliore fortement leur efficacité. Le projet PEI SICTAG (Système et gestion des tours antigel en viticulture)[1] mené par la CUMA des vignobles de Quincy a pour objectif d'optimiser l'utilisation des tours antigel. Les observations réalisées lors des épisodes gélifs d'avril 2021 ont montré très clairement que les parcelles munies de tours antigel avaient limité les dommages. L'efficacité est fortement améliorée avec un réseau de tours. En Nouvelle-Zélande, par exemple, le quadrillage avec une tour à vent par hectare peut permettre d'avoir une bonne protection sur toute une région viticole. Ces tours peuvent aussi être accompagnées par des systèmes de chauffage d'appoint ou par le passage d'hélicoptères (voir plus bas) lorsque le refroidissement est trop important. Il y a aussi une pollution visuelle et ces tours sont bruyantes. Si on en voit beaucoup en Nouvelle-Zélande ou dans certaines régions du Chili, sur des parcelles de vigne relativement plates, elles sont bien moins adaptées à des vignobles très pentus.

Les éoliennes mobiles sont une solution complémentaire, moins coûteuse et la pollution visuelle n'est que temporaire. Elles peuvent être disposées dans les secteurs d'accumulation d'air froid. Elles ont aussi, quoi qu'il en soit, une efficacité limitée et sont impuissantes face aux gels advectifs.

Les hélicoptères peuvent quant à eux couvrir de grandes surfaces, le gain thermique est plus important (jusqu'à 4,5 °C), le coût est faible ramené à la surface, mais ils ne sont pas autorisés avant l'aube, aux heures où les températures peuvent être les plus basses. Ils sont donc parfois impuissants face au problème. De plus, il ne faut pas négliger les nuisances sonores et les problèmes de sécurité avec des plans de vols proches du sol. L'utilisation des hélicoptères a,

1 www.sictag.fr.

néanmoins, permis à certains vignerons de sauver tout ou partie de leur récolte à Montlouis-sur-Loire en avril 2017, année de débourrement très précoce suivi d'un gel radiatif.

Le gain thermique peut aussi être notable en utilisant des aspirateurs à air froid, mais ils soulèvent la question de la consommation (connexion à un tracteur) et sont aussi très bruyants.

L'aspersion d'eau, aussi étonnant que cela puisse paraître, est aussi un moyen de lutte qui peut être très efficace. La couche d'eau qui glace, autour du tissu végétatif, se maintient à une température de 0 °C. Un système donc très efficient quel que soit le type de gel, et automatisable. Les limites sont en revanche assez évidentes, il faut des ressources en eau conséquentes, dans un monde qui en manque de plus en plus, puisque le système ne fonctionne que si on maintient l'aspersion pendant toute la période de risque gel. Un moyen de lutte qui peut donc logiquement être considéré comme une hérésie dans certaines régions très sèches. L'aspersion d'eau peut aussi amplifier les phénomènes d'érosion et d'altération de la structure des sols. Enfin, l'entretien est important et la main-d'œuvre nécessaire peut être coûteuse.

Les systèmes de chauffage sont aussi nombreux. Les chaufferettes alimentées en fuel pulvérisé, bien que plutôt efficaces, sont coûteuses et la question de la pollution de l'air se pose naturellement. Les bougies et les bûches calorifiques sont comparativement relativement peu coûteuses mais le gain thermique est limité. Les convecteurs à air chaud, appelés FrostBuster, restent aussi raisonnables au niveau économique, mais ils nécessitent beaucoup de manutention avec des passages très réguliers pour un résultat véritablement effectif. Des systèmes plus sophistiqués comme les fils ou câbles chauffants peuvent être efficaces contre tous types de gel, mais ils sont beaucoup plus onéreux.

Les vignerons bourguignons ont, quant à eux, décidé en avril 2017 et à nouveau en avril 2019 de lutter contre le gel à l'aide de feux de paille à proximité des rangs de vigne, des gelées qui ont suivi pour ces deux années un débourrement très précoce. Si les résultats semblent avoir été probants en 2017 et un peu moins en 2019 où le thermomètre est tombé plus bas, cette mobilisation commune et la force collective déployée ne peuvent que forcer l'admiration. Il est logique que les vignerons fassent tout ce qui est possible avec les moyens à disposition pour sauver leurs vignobles. Il convient toutefois de rappeler que face au changement climatique, brûler de la paille c'est créer, aussi, de la pollution atmosphérique, une stratégie qui ne peut donc être considérée comme pérenne.

D'autres solutions existent, comme les bâches antigel, qui ne sont cependant pas autorisées par l'Institut national de l'origine et de la qualité (INAO) en France et dans d'autres régions viticoles, puisqu'elles peuvent augmenter l'effet d'un gel advectif, avec accumulation de l'air froid sous les bâches.

Citons une dernière stratégie de lutte, en cours d'expérimentation, reposant sur l'utilisation d'une bactérie antigel, la *Pseudomonas fluorescens* A5O6, qui permettrait d'éliminer les bactéries partiellement responsables du gel. L'efficacité de cette technique n'est pas encore prouvée, mais elle démontre que la lutte contre les méfaits du climat est un apprentissage perpétuel et que de nouvelles solutions continuent et continueront de voir le jour.

Une lutte efficace passe avant tout par une connaissance des secteurs les plus gélifs, en fonction de l'aérologie locale et de la vulnérabilité de sa vigne, et aussi, par l'accès pour chaque vigneron à des prévisions météorologiques de plus en plus fines, à l'échelle de son vignoble. L'accès à cette information essentielle a heureusement tendance à se généraliser, dans de nombreuses régions viticoles.

Les chaleurs et les canicules

Outre les retours de froids au printemps après un démarrage végétatif précoce, ou les épisodes isolés de fortes précipitations qui peuvent intervenir tout au long de la saison et augmenter la pression maladie, les périodes de grosses chaleurs, de stress hydriques et les canicules sont aussi de plus en plus fréquentes. L'été caniculaire de 2003 en Europe a été annonciateur d'une réalité climatique nouvelle. Ces périodes très chaudes et sèches, avec un fort risque de stress hydrique, d'échaudage ou de brûlure des baies ne sont plus, depuis ce fameux millésime 2003, des phénomènes extraordinaires.

Tout comme pour le risque gel, il n'y a pas de remède miracle. Il y a de nombreuses techniques et stratégies possibles, dont l'efficacité est fonction de la durée et de l'intensité de la période de chaleur et de sécheresse et des spécificités de chaque vignoble.

Le matériel végétal et sa capacité à supporter un stress hydrique plus important peuvent apporter une partie de la solution, comme nous avons pu l'évoquer dans le chapitre précédent. Favoriser une bonne pénétration des apports en eau et tenter de minimiser le taux d'évaporation à travers une gestion des sols adaptée constitue une autre partie de la réponse.

S'assurer quoi qu'il en soit que la plante va bénéficier d'un apport hydrique suffisant reste indispensable en situation extrême. Les vignerons doivent de plus en plus souvent éliminer la concurrence végétale et réfléchir à la meilleure gestion de l'eau (voir sections précédentes) en fonction des ressources disponibles, pour éviter un déficit hydrique majeur. Les besoins de la plante, la conductivité du système vasculaire de la vigne et les flux hydriques évoluent tout au long du cycle végétatif. Pour autant, même si la vigne est, comparativement, une culture peu demandeuse en eau et peut même bénéficier d'un stress hydrique modéré, un déficit hydrique majeur, quelle que soit la période, va impacter son bon développement et celui des raisins. Un stress hydrique important tôt dans la saison, même s'il est bien plus rare, impactera le développement végétatif, par réduction de la capacité photosynthétique. À la floraison, il peut augmenter les risques de coulure (mauvaise fécondation de la fleur entraînant sa chute) et donc réduire sensiblement la future vendange. Après nouaison et véraison, il peut résulter, notamment, en une déshydratation rapide des baies.

Les techniques de conduite de la vigne qui permettent de mieux protéger les raisins et de faire baisser la température au sein de la canopée contribuent aussi à ces stratégies d'adaptation aux épisodes caniculaires. Si certains considèrent que limiter la hauteur du feuillage est important, pour des vignes moins demandeuses en eau, d'autres vont privilégier des vignes hautes pour l'effet d'ombre produit, comme nous avons pu le voir précédemment.

Tout comme pour le risque gel, les pistes pour s'adapter sont nombreuses, même s'il n'y a pas toujours une solution miracle. Les stratégies de mitigation et d'adaptation passent, le plus souvent, par une combinaison de pratiques, pour être vraiment efficaces.

Viticulture de précision

La viticulture de précision est une approche qui date des années 1990. Elle repose sur la mesure de la variabilité au sein des parcelles de vigne et sur le fait que l'analyse fine des facteurs de variation peut permettre de réduire son incidence et de mieux gérer un vignoble. De nombreuses techniques de mesures et d'analyse peuvent être impliquées pour mesurer les variations intra-parcelle, de l'imagerie satellite et spatiale à la photographie hémisphérique, jusqu'aux multiples outils de mesures au sein même du vignoble (capteurs, caméras, évaporomètres…). Les données recueillies aident ensuite à déterminer les causes de la variabilité et à adapter les pratiques viticoles, en conséquence. Dans le cadre de la problématique des changements climatiques, la viticulture de précision est une approche qui peut permettre de mieux mesurer les besoins d'une vigne et d'avoir une gestion plus fine des pratiques et des ressources.

Éviter la surconsommation

Grâce aux données acquises en viticulture de précision, on peut identifier précisément les zones qui nécessitent des amendements ou des traitements. Au château Lynch-Bages, Nicolas Labenne, directeur technique, explique par exemple, qu'après avoir cartographié l'ensemble du vignoble avec un géoréférencement au centimètre près, il pratique aujourd'hui la fertilisation géoréférencée sur l'ensemble du domaine. Il ajoute que cette technique a permis de réduire les amendements de 15 à 20 % et de mieux répartir l'engrais selon les besoins spécifiques de chaque zone.

La viticulture de précision aide non seulement les producteurs à mieux planifier leurs traitements, mais aussi et surtout à identifier avec justesse les zones prioritaires. Lisa Gustafsoon, responsable du vignoble au château Calon-Ségur, explique que grâce au GPS piéton RTK qui permet de géolocaliser avec une précision centimétrique, le château a pu diminuer de 15 % ses traitements.

De la même manière, l'analyse du stress hydrique peut se faire, grâce à la viticulture de précision, à échelle bien plus fine et lorsqu'il y a irrigation, elle peut être bien plus localisée, pour une meilleure économie d'eau. Les exemples cités précédemment, dans la section sur la gestion de l'eau, montrent en effet que la viticulture de précision peut permettre une économie importante en ressources hydriques.

Mesurer, pour mieux se projeter et mieux anticiper

À l'aide de la viticulture de précision, on peut également surveiller en temps réel les facteurs température et humidité sur différentes zones d'un même vignoble et mieux anticiper la pression fongique sur des échelles bien plus fines. L'imagerie spatiale et aérienne à haute définition permet également de mesurer la densité ou la structure de la surface foliaire (voir précédemment) ou encore de détecter certains symptômes foliaires de maladies de la vigne.

La viticulture de précision a aussi pour avantage de donner une vision plus complète en analysant une combinaison de données. Dans le contexte des changements climatiques, cela peut permettre d'observer la réaction de la plante à l'échelle microclimatique et d'adapter ensuite les pratiques, si nécessaire. Les informations recueillies sur plusieurs années et l'analyse de l'évolution sont particulièrement pertinentes. Elles permettent de mieux se projeter et de développer des stratégies à long terme sur des paramètres tels que la sélection du porte-greffe, le type de cépage, la densité de plantation et le mode de conduite de la vigne.

Pour finir, le changement climatique est synonyme dans de nombreuses régions viticoles de vendanges avancées, comme nous avons pu l'évoquer dans les sections précédentes. En outre, la variabilité intra-saisonnière et des épisodes climatiques parfois extrêmes ou très localisés peuvent provoquer encore plus d'hétérogénéité dans les parcelles et une disparité dans la maturité des raisins. Les informations recueillies en viticulture de précision – indice de végétation, capteurs optiques de maturité – peuvent aider les producteurs à orchestrer leurs vendanges en ciblant les parties du vignoble où les baies doivent être dégustées en premier ou encore celles qui doivent être vendangées en priorité.

La viticulture de précision, pertinente pour tous et partout ?

La viticulture de précision est une option coûteuse, ce qui peut freiner certains producteurs qui ont des moyens financiers limités ou exploitent de petites surfaces. La viticulture de précision ne doit pas remplacer l'observation et l'expérience. Chaque région et chaque vigneron font face à des défis différents, chacun des outils n'est donc pas forcément aussi pertinent ou utile partout. Enfin, la viticulture de précision reposant sur la variabilité intra-vignoble ou intra-parcelle est naturellement plus pertinente sur des vignobles plus étendus que dans des régions déjà très fragmentées où le travail est déjà très localisé. Quoi qu'il en soit, la technologie peut donner, en complément de l'observation et de l'expérience du vigneron, des informations très précises qui peuvent ensuite permettre de mieux s'adapter aux changements climatiques. Comme l'explique le Dr Dylan Grigg, « lorsque l'on observe un symptôme dans une vigne, on est déjà dans le rattrapage alors que si on arrive à anticiper, on maximise l'efficacité des actions et on économise des ressources ». À long terme, le retour sur investissement risque donc, bien souvent, de justifier le recours à la technologie.

Gestion des vendanges

Le changement climatique a deux conséquences majeures lorsque la période des vendanges approche. La première est une montée plus rapide des sucres et une baisse également plus précoce de l'acidité.

L'équilibre sucre-acidité souhaité, appelé maturité technologique, arrive plus tôt, mais pas toujours lorsque la maturité phénolique – maturité des arômes et des tanins pour les rouges – est atteinte. On observe donc un phénomène de désynchronisation. Faut-il attendre la maturité phénolique, alors que le potentiel alcoolique augmente et que l'acidité chute ? Faut-il à l'inverse vendanger tôt et, auquel cas, est-il possible de maintenir un équilibre organoleptique ? Des questions auxquelles nous allons nous efforcer de répondre dans la section suivante.

La seconde conséquence, c'est pour les régions les plus chaudes, de plus en plus de vendanges sous un soleil de plomb et des températures élevées, ce qui peut favoriser les phénomènes d'oxydation prématurée du moût et impacter le potentiel aromatique du futur vin. Une problématique qui incite de plus en plus de vignerons, dans ces régions viticoles au climat estival particulièrement chaud, à vendanger la nuit.

Vendanger tôt ou attendre ?

Si beaucoup de vignerons considèrent qu'attendre la maturité phénolique, notamment pour les rouges, est primordial pour produire bon, malgré la montée de la densité en sucre et la baisse des acidités naturelles, certains exemples récents tendent à démontrer le contraire ou du moins à remettre en cause cette conviction.

Il suffit, tout d'abord, de remonter quelques décennies en arrière, pour constater que la notion de maturité phénolique n'avait que peu de valeur. Les bons millésimes étaient ceux où la maturité en sucre était atteinte et où la chaptalisation n'était pas indispensable. Personne ne se souciait à l'époque de la maturité phénolique et pourtant les vins, issus de ces millésimes, pouvaient être très bons. On peut même légitimement se demander aujourd'hui, si leurs profils organoleptiques n'étaient pas proches de celui des vins que l'on peut encore produire aujourd'hui en récoltant très tôt.

La montée en alcool, dans certaines régions, avec des vins qui peuvent titrer jusqu'à 16 % d'alcool par volume et une acidité qui a sensiblement baissé, pose naturellement question. Est-il encore possible à ces niveaux-là de conserver un équilibre organoleptique et un même niveau de complexité, sans intervenir ensuite au chai en ajustant le moût ? Ceux qui y arrivent font figure d'exception.

Citons, à l'inverse, deux régions, qui cultivent pourtant des cépages qui ont tendance à accumuler rapidement les sucres, le Roussillon en France et le Swartland en Afrique du Sud (voir encadré pour cette dernière), où beaucoup de vignerons ont tout simplement pris le parti de vendanger plus tôt. Ces vignerons sont guidés par leur volonté de produire des vins qui restent frais et les résultats sont particulièrement inspirants. C'est le cas dans le Roussillon, au Roc des Anges, au Mas Amiel, au domaine Danjou Banessy, entre autres. Des domaines qui produisent, en effet, malgré le réchauffement climatique, des vins tranquilles de plus en plus élégants, avec des niveaux d'alcool qui restent maîtrisés et des acidités naturelles qui restent hautes pour les cépages concernés. Les cépages en question ? Grenache, carignan, syrah et mourvèdre, en premier lieu. Ces mêmes cépages, que certaines régions vendangent bien plus tard, considérant qu'attendre la maturité phénolique est nécessaire, pour des résultats parfois plus capiteux et moins équilibrés.

Même constat dans le Swartland, avec une véritable démarche collective et une volonté de produire élégant, frais et précis. Les vignerons du Swartland doivent pourtant faire face, encore plus que ceux du Roussillon, à un climat particulièrement extrême. Pour autant, des vendanges souvent anticipées pour préserver équilibre et fraîcheur contribuent à faire de cette région un convive de choix à la table des vins les plus élégants. Les cépages rouges les plus cultivés en Swartland sont pourtant à nouveau des cépages qui peuvent facilement produire des vins capiteux.

L'équation ne se résume bien sûr pas uniquement à la donnée chronologie des vendanges. La géologie, la topographie, les pratiques viticoles et ensuite les choix de vinification ont aussi leur mot à dire. Néanmoins, force est de constater qu'enfanter la finesse dans ces conditions extrêmes et directement impactées par le changement climatique est possible et que vendanger tôt peut être une des composantes de la recette.

Vendanger la nuit

Récolter lorsque le mercure est très haut présente de nombreux risques. La fraîcheur aide tout d'abord à préserver les composants aromatiques. Vendanger quand il fait très chaud, c'est donc une possible perte de potentiel aromatique. Cela peut aussi favoriser les phénomènes d'oxydation prématurée du moût, enclencher des macérations pré-fermentaires non désirées ou encore les fermentations spontanées, l'activité des levures pouvant être stimulée par la température. Ces risques sont encore plus importants pour les raisins blancs, très sensibles à l'oxydation prématurée et pour lesquels préserver le potentiel aromatique est souvent essentiel.

C'est la raison pour laquelle beaucoup de vignerons, évoluant dans des régions chaudes, décident de vendanger la nuit, que la vendange soit pratiquée mécaniquement ou manuellement. Eran Pick, vigneron israélien, à Tzora Vineyards, fait partie de ceux qui ont opté pour des vendanges nocturnes. Ses vendangeurs sont équipés de lampes frontales afin de pouvoir récolter manuellement malgré l'obscurité. Il explique que la température des raisins lorsqu'ils arrivent, à l'aube, à la table de tri, ne dépasse pas 20 °C, alors qu'elle pourrait atteindre plus de 35 °C si les vendanges se déroulaient de jour. Vendanger de jour résulterait donc inévitablement en une perte de précurseurs aromatiques et en une augmentation des taux d'oxydation.

Bien sûr vendanger la nuit ne facilite pas le tri au vignoble et celui effectué ensuite au domaine est souvent plus fastidieux. Mais préserver la qualité du fruit reste naturellement la priorité pour nombre de vignerons concernés.

Récolter la nuit assure aussi des conditions bien plus fraîches pour les vendangeurs. Une approche pour finir, plus environnementale, puisqu'elle permet ensuite de réduire les ressources et l'énergie utilisées au chai pour rafraîchir la vendange.

Swartland

L'urgence fait naître la concertation et la cohésion. Certaines régions font face à des conditions particulièrement extrêmes. Dans ces contrées viticoles, les changements climatiques rendent l'équation viticole encore plus complexe. C'est le cas au Swartland, en Afrique du Sud, où un vent sec et chaud venu du Cap – le Cape Doctor souffle sur les vignobles, tandis que la chaleur et la sécheresse s'installent durablement presque tous les étés. Les sols, principalement des schistes et des granits, sont pauvres et compacts, et l'eau est une denrée rare. Les vignes sont chaque année sous la menace de blocages photosynthétiques, les sols de l'érosion, les baies de la morsure du soleil et de la brûlure estivale. Lorsque le défi est immense, le partage devient nécessaire et une stratégie collective s'impose. On s'assied autour de la table, on partage les enseignements, pour préserver et avancer, ensemble. Initiée par quelques vignerons pionniers et visionnaires, Eben Sadie, Andrea et Chris Mullineux, Adi Badenhorst et Callie Louw, en tête, bientôt suivis par toute une nouvelle génération de vignerons, cette démarche collective fait des prouesses au Swartland, face au défi climatique. Dix-huit domaines viticoles de la région, partageant des valeurs communes, sont ainsi membres d'un groupement intitulé les Swartland Independent Producers. Des vignerons mus par une ambition qualitative, une volonté d'identité viticole régionale affirmée, mais aussi une conscience des enjeux et des défis.

Dans ces domaines, l'irrigation est rarement pratiquée et considérée comme un recours ultime, tandis qu'elle est systématique dans d'autres contrées viticoles pourtant moins touchées par le déficit hydrique. Il y a une notion de responsabilité qui s'impose naturellement, l'eau disponible pour les besoins de l'homme étant déjà limitée. Les systèmes de récupération et de recyclage des eaux de pluies sont légion. La préservation des vieilles vignes, qui s'autorégulent et s'acclimatent mieux au déficit hydrique, fort d'un système racinaire profond et établi, est au cœur du projet commun. On apprend de ces vieux ceps et les jeunes

•••

• • •

vignes s'inspirent, à l'instar des jeunes vignerons qui écoutent leurs aînés. Les vignerons préparent leur propre compost et utilisent différents paillages, pour éliminer la concurrence végétale. Ils font appel au contrôle biologique pour lutter contre les prédateurs de la vigne, avec notamment des plantations de zones d'habitat en limite de vignoble pour la coccinelle *Cryptolaemus montrouzieri*, afin de lutter contre la cochenille, vecteur de la maladie de l'enroulement. La diversité variétale est historique et naturelle. À la syrah, au grenache et au chenin, sont rapidement venus s'ajouter le cinsault, le pinotage, le tinta barroca, le semillon, puis, plus récemment la counoise, ou encore l'assyrtiko, entre autres. D'autres variétés suivront à n'en pas douter. Les vignerons travaillent main dans la main avec les pépiniéristes consciencieux pour préserver un matériel végétal sain et la diversité végétale.

Au Swartland, on respecte et on expérimente, sans rien exclure, pour continuer à regarder vers le futur, avec ambition, malgré les menaces. Les vignerons n'ont pas peur de récolter tôt pour des vins plus justes. Le chai n'est pas en reste, avec des vins peu boisés et infusés, qui restent étonnamment frais, malgré le contexte climatique.

Le Swartland est une leçon collective, un bel exemple à suivre. Une région qui démontre que la filière viticole peut relever le défi climatique, mais que cela ne sera possible qu'à travers une démarche commune.

5
Au chai

Introduction

Le raisin a été récolté, il va arriver au cuvier pour être vinifié, avant de rejoindre le chai d'élevage. Si le soleil ne brille plus aussi fort à ce stade et que la matière première n'est plus métamorphosable, le chai et le cuvier peuvent, à leur tour, se mettre au service du défi climatique.

Pendant la vinification, différentes techniques peuvent, notamment, permettre de préserver ou même d'accroître l'acidité, de réduire l'alcool potentiel, ou encore d'atténuer l'impact de la fumée sur l'aromatique du futur vin – certaines régions viticoles étant de plus en plus en proie à de gigantesques incendies. Il est aussi possible de capter et de transformer le dioxyde de carbone produit lors de la fermentation. C'est ce que nous évoquerons dans la première section de ce chapitre.

Nous aborderons également le sujet des microorganismes et plus particulièrement des souches de levures, tant dans une optique de limitation des risques en milieu fermentaire que de préservation d'un équilibre organoleptique.

Ce chapitre traitera, pour finir, du problème de gestion des ressources (eau et énergie) et des déchets dans le cuvier et le chai.

La vinification

S'il est impossible de radicalement transformer la matière première une fois celle-ci vendangée, quelques gestes peuvent favoriser la préservation de la fraîcheur et de l'élégance ou éviter d'alourdir, dans un contexte où le chaleureux et le capiteux sont parfois facilités par un ciel généreux. En parallèle, le chai peut aussi se mettre au service de la réduction du bilan carbone du vin.

Réduire l'alcool

Nous l'avons déjà évoqué à plusieurs reprises, un des nouveaux défis pour de nombreuses régions viticoles, face à l'accélération des stades phénologiques et la précocité ou la vitesse de la maturation technologique des raisins, est de gérer les densités en sucre à la vendange. En d'autres termes, le potentiel alcoolique des vins augmente, du fait, entre autres, de la montée des températures.

Si certaines techniques viticoles, déjà évoquées, peuvent s'inscrire dans une stratégie de maîtrise de ces potentiels alcooliques qui montent, le chai peut à son tour apporter sa contribution. Il y a ici différentes approches possibles. L'assemblage, tout d'abord, déjà pratiqué naturellement dans la plupart des domaines, qui risque de faire de plus en plus souvent la part belle à des lots issus de vignobles ou de sites plus frais, ou de vignes ou cépages à maturation plus lente et produisant moins de sucre.

Il est aussi possible d'arrêter la fermentation, notamment en baissant les températures (pour diminuer l'activité des levures), en utilisant des techniques de filtration fine (qui éliminent les levures) ou encore en ajoutant du dioxyde de soufre (SO_2) pour tuer les levures – ou une combinaison des trois. L'arrêt de fermentation est utilisé par exemple pour la production de nombreux riesling allemands, qui se distinguent par leur niveau d'alcool particulièrement bas. La limite de cette approche est en revanche assez évidente : il reste des sucres non fermentés dans le vin final qui n'est donc pas sec. Avec la montée des densités en sucre dans les raisins, cette technique risque même d'enfanter des vins de plus en plus doux pour un même niveau d'alcool final sur l'étiquette.

Il est aussi possible de sélectionner des souches de levure qui ont besoin de plus de sucre pour un même niveau d'alcool final (voir section sur les microorganismes) et produisent donc moins d'alcool. Au-delà du débat philosophique sur l'utilisation de levures cultivées en laboratoire versus des levures indigènes, force est de constater que certaines de ces souches ont été isolées et propagées en laboratoire, avec des résultats probants et des niveaux de réduction de l'alcool final significatifs.

La technologie ou mettre un peu d'eau dans son vin ?

Une autre approche, interdite dans de nombreux pays, notamment en Europe, consiste à rajouter une petite proportion d'eau dans le moût, ce qui fait naturellement baisser les potentiels alcooliques par dilution du sucre. Une technique autorisée notamment en Australie, afin de réduire les risques d'arrêt de fermentations ou de fin de fermentations difficiles. Jusqu'en 2017, la réglementation autorisait jusqu'à 7 % d'eau ajoutée en volume. Depuis 2017, la proportion autorisée n'est plus fixe. Le vigneron a le droit d'ajouter de l'eau jusqu'à atteindre un niveau de densité en sucre du moût (13,5° Baumé soit 249,7 grammes/litre de sucre).

La Californie autorise aussi l'ajout d'eau pour la même raison, à savoir faciliter les fermentations alcooliques. Ridge Vineyards a par exemple, lorsque c'était le cas, assumé l'ajout d'eau, sur certaines de ses cuvées de zinfandel, pour les raisons œnologiques précitées, et même affiché la liste des ingrédients utilisés (l'eau notamment) sur la contre-étiquette des vins concernés. Cette approche a une principale limite : le sucre est dilué mais l'acidité aussi. Ce qui veut dire que l'acidité baisse et cela peut inciter ensuite le vinificateur à ré-acidifier son moût. Un ajustement qui peut donc en appeler un autre.

La désalcoolisation au sens littéral du terme implique quant à elle des technologies beaucoup plus lourdes. On peut citer en particulier :

– Le procédé membranaire d'osmose inverse, qui repose sur une nanofiltration permettant d'extraire un perméat composé notamment d'alcool et d'eau, puis de séparer l'alcool grâce à un contacteur membranaire avant de réinjecter le perméat désalcoolisé dans le vin.

- Les colonnes à cônes rotatifs (ou *Spinning Cones Columns*) qui reposent sur le principe d'évaporation sous vide sous l'action centrifuge de cônes. Une petite fraction du vin est traitée. Le premier passage de cette fraction sur colonne permet de séparer les composants aromatiques volatiles. Le deuxième passage permet de désalcooliser le vin désaromatisé. On réintroduit ensuite les composants aromatiques avant de réassembler l'extrait désalcoolisé au reste du vin.
- La distillation sous vide ou à basse température, procédé qui repose quant à lui sur le principe d'évaporation sous vide dans des colonnes de distillation à garnissage. La mise sous vide permet d'abaisser le point d'ébullition des composants volatils (alcools et arômes). Une fois ces composants extraits, un condenseur permet de les refroidir sous forme liquide. Un second passage permet de retirer tout ou partie de l'alcool, avant réassemblage avec le reste du vin.

Pour illustrer le succès de ces techniques, la société Conetech, pionnière dans l'utilisation des *spinning cones* et spécialisée dans l'ajustement des niveaux d'alcool, traitait déjà, à elle seule, près de 190 millions de litres de vin en 2012, principalement dans une optique de désalcoolisation !

Ces techniques de désalcoolisation nécessitent l'utilisation de technologies onéreuses, même si les procédés peuvent être externalisés en faisant appel à un prestataire, comme Conetech.

Au-delà de tout critère économique ou de l'efficacité de ces techniques, on peut légitimement se poser des questions sur la pertinence de la législation dans certaines zones viticoles. Ces techniques de désalcoolisation, impliquant ces technologies lourdes et des machines, consommatrices en énergie, nous éloignent bien de l'image agricole et bucolique associée au vin dans l'esprit de beaucoup et peuvent légitimement sembler peu environnementales. Elles sont, quoi qu'il en soit, autorisées en Europe, pour des ajustements jusqu'à 2 % en alcool par volume. L'ajout d'eau est à l'inverse encore interdit dans de nombreux pays européens.

Préserver l'acidité

Un des autres grands enjeux, pour maintenir les équilibres organoleptiques, face à la montée des températures, est de préserver l'acidité dans le moût et bien sûr, plus tard, dans le vin une fois celui-ci embouteillé. L'acidité est fonction dans un premier temps du cépage, puis à l'instar du potentiel alcoolique, extrêmement dépendante du climat. Pendant la phase de maturation, les courbes sucre-acidité se croisent : la première monte tandis que la seconde baisse. Au-delà de l'équilibre organoleptique, le pH, indicateur qui permet de quantifier l'acidité active est un élément central dans la stabilité du vin. Plus le pH est haut, plus l'acidité active est basse. Avec le réchauffement climatique, les pH ont donc tendance à augmenter. Le pH a ensuite une influence majeure sur la stabilité microbienne des vins. Tenter d'éviter des pH qui montent trop est donc de première importance, pour préserver un équilibre naturel et éviter de multiples ajustements qui ne sont jamais à l'avantage du résultat final.

Il existe, au cuvier, différentes techniques qui peuvent permettre de conserver un certain niveau d'acidité et par voie de fait un pH plus bas. La première, tout comme pour la gestion des niveaux d'alcool, repose sur l'assemblage. Quelle que soit la chronologie choisie pour assembler, le vinificateur peut, en effet, favoriser les raisins ou lots issus de parcelles plus fraîches, au pH plus bas, ou des cépages qui retiennent plus d'acidité. Le producteur toscan, Paolo de Marchi, explique qu'il « constate aujourd'hui une redistribution des cartes quant aux parcelles cultivées au domaine Isole e Olena, et que certaines considérées comme moins qualitatives dans le passé, regagnent leurs lettres de noblesse aujourd'hui ». Certains cépages pourraient, de la même manière, regagner du terrain face au changement climatique (comme nous avons pu l'évoquer précédemment), lorsque la législation locale le permet et être plus représentés dans les assemblages. À Châteauneuf-du-Pape, avec treize cépages autorisés, les producteurs, prenant en compte le facteur acidité, pourraient en effet être de plus en plus tentés d'augmenter les proportions de certains d'entre eux, au détriment d'autres. La counoise est par exemple un cépage rouge de plus en plus cité, pour sa capacité à retenir plus d'acidité à la vendange que certains de ses compagnons d'assemblage. Le retour en grâce du graciano en Rioja pourrait aussi, au-delà des qualités aromatiques du cépage, s'expliquer pour partie par cette quête de fraîcheur organoleptique. Le cépage espagnol préserve en effet une belle acidité même lors de millésimes chauds. Il a été très longtemps considéré comme un cépage secondaire et simple partenaire d'assemblage. Différentes cuvées 100 % graciano ont pourtant vu le jour récemment.

L'assemblage de cépages rouges et de cépages blancs, pour la production de vins rouges – dans l'AOC Côtes-de-Provence où l'ugni blanc, le vermentino, la clairette et le semillon sont, par exemple, autorisés comme cépages secondaires –, pourrait aussi devenir de plus en plus courant.

Une autre technique consiste à bloquer la fermentation malolactique (FML). Ce phénomène désigne la dégradation de l'acide malique en acide lactique, sous l'action de bactéries lactiques (*Oenococcus oeni*). La FML est une désacidification biologique, puisque l'acide malique est un acide plus fort que l'acide lactique. L'impact sur l'acidité totale peut être important puisque 1 gramme/litre d'acide malique dégradé fait baisser l'acidité totale de 0,4 gramme, exprimé en acide sulfurique, et augmente le pH de 5 à 10 %. Bloquer la FML – en jouant sur différents paramètres tels que la température, le SO_2 total, ou la clarification – permet donc d'empêcher cette désacidification naturelle. Éviter la FML est assez courant sur certains vins blancs, notamment sur des cépages comme le riesling, le sauvignon ou le chenin, certains producteurs considérant que le caractère malique est bénéfique. Un choix qui pourrait toutefois s'étendre à d'autres cépages blancs, pour lesquels la FML est monnaie courante, tel le chardonnay. Quand il y a de moins en moins d'acide malique, ce qui avec le changement climatique risque d'être de plus en plus le cas, le vinificateur a tendance à vouloir le conserver.

Ce qui est aussi bien plus rare et plus récent, c'est de faire de même pour des vins rouges. L'acide malique a tendance à augmenter la perception tannique et donc à durcir les vins rouges. Pour autant, certains vignerons ont décidé, sur des millésimes récents et particulièrement chauds, de tester cette technique, considérant que c'était tout de même bénéfique pour l'équilibre final. C'est le cas, notamment à l'Azienda Agricola Pietracupa, en Campanie, pour la production de leur Taurasi, un vin rouge à base d'aglianico, qui a été produit sans FML en 2009 et 2011 notamment, deux millésimes particulièrement chauds.

La solution qui consiste à acidifier le vin, en ajoutant généralement de l'acide tartrique (aussi connue sous le terme « tartriquer »), reste également courante, même si elle est le sujet de nombreux débats, qu'ils soient liés à l'intégration de l'acidité « rajoutée », du respect des équilibres naturels du raisin ou encore de la multiplication des ajustements et des intrants. L'acidification est, d'ailleurs, encadrée dans de nombreuses régions viticoles, et n'est pas autorisée pour les vins certifiés Demeter ou Biodyvin (les deux labels pour les vins biodynamiques).

Il est aussi possible de sélectionner des souches de levures à pouvoir acidifiant (voir section sur les microorganismes). En réalité, il s'agit de souches de levure peu désacidifiantes. En effet, pendant la fermentation alcoolique, l'acidité totale du vin baisse et le pH augmente. Ces variations s'expliquent notamment par la formation de cristaux tartriques, la consommation d'acide malique par les levures et la production d'éthanol. En utilisant certaines souches, désignées comme souches de préservation d'acidité, qui consomment moins d'acide malique, mais qui produisent surtout d'autres acides organiques (lactique et succinique notamment), les variations de pH peuvent être significativement plus faibles.

Incendies et goût de fumé

L'une des conséquences les plus spectaculaires et dramatiques du réchauffement climatique est la multiplication des grands incendies en période estivale. De nombreuses régions viticoles ont été directement impactées récemment, en Californie et en Australie notamment. Au-delà des dégâts physiques pour les populations et dans les vignobles, l'exposition prolongée des raisins à la fumée générée par ces incendies peut avoir un impact majeur sur le profil aromatique et gustatif final des vins produits. Plusieurs molécules, telles que le gaïacol, 4-méthylgaïacol, et l'ortho-crésol, sont impliquées pour un phénomène désigné le plus souvent sous le terme générique de « goût de fumé ».

Lorsque les raisins ont été très exposés à la fumée, l'enjeu est de minimiser l'impact organoleptique potentiel sur le futur vin. L'Australian Wine Research Institute (AWRI, 2021) a mené de nombreuses expérimentations en ce sens. Les principaux conseils ou moyens de mitigation de l'impact qui ont été identifiés sont les suivants :

- Rincer les raisins afin d'enlever la poussière de cendre.
- Maintenir l'intégrité des baies à la vendange pour éviter que les jus soient en contact avec les peaux.
- Effectuer un tri sévère avec exclusion des raisins abîmés et également des feuilles qui peuvent contribuer à favoriser le goût de fumé, s'il y a contact avec les fruits et les jus.
- Refroidir la vendange et la maintenir à basse température avant fermentation, l'extraction des composants aromatiques liés au goût de fumé étant significativement plus forte à 25 °C qu'à 10 °C.
- Pressurage en vendange entière (avec grappes) notamment sur les blancs qui permet de moins extraire les composants aromatiques.
- Favoriser les premières presses et le jus de goutte.
- Sélectionner certaines souches de levures qui diminuent l'impact aromatique.
- Réduire la durée de contact avec les peaux avant et pendant la fermentation alcoolique.
- Rajouter des tanins ou utiliser des copeaux de bois.
- Utiliser l'osmose inverse pour réduire le goût de fumé, même si celui-ci a tendance à revenir ultérieurement.
- Commercialiser les vins de façon à ce qu'ils soient consommés rapidement, le goût de fumé pouvant se développer après que le vin est embouteillé.

Certaines de ces recommandations relèvent du bon sens, notamment effectuer un tri drastique, éviter avant et pendant la vinification les contacts prolongés entre les peaux (exposées à la fumée) et les jus, ou favoriser une presse délicate (notamment lorsqu'elle se fait en vendange entière) et le jus de goutte. Certaines autres options citées, telles que l'osmose inverse, l'utilisation de souches de levures spécifiques et cultivées, l'ajout de tanins ou de copeaux de bois, ne sont pas forcément adaptées à l'approche et la philosophie de certains producteurs.

L'AWRI travaille également en collaboration avec la Trobe University, Wine Australia, l'Australian Government Department of Agriculture and Water Resources, Wine Victoria et Agriculture Victoria, afin d'évaluer l'efficacité des options identifiées pour atténuer le problème, mais aussi afin de tester de nouvelles solutions. Des essais sur l'utilisation de charbon actif comme agent de collage ou de charbon actif combiné à des ajouts d'enzymes (glycosidases) ont été menés avec des résultats plus ou moins satisfaisants en fonction des dosages et un risque identifié de dépouiller le vin de ses autres arômes, lorsque les doses sont élevées. La technique de dilution du lot impacté (assemblé à d'autres lots non affectés) semble être une option efficace, même si l'efficacité est bien sûr fonction de l'intensité du goût de fumé et des proportions de vin dilué.

L'aspect informatif de la stratégie mise en place par l'AWRI n'est pas négligé. Depuis 2020, l'Institut diffuse des points d'informations précis aux domaines viticoles, pour une meilleure anticipation et afin de partager le savoir et les avancées. L'enjeu principal, une fois les raisins exposés à la fumée, est de déterminer ce qui peut être embouteillé en fonction des niveaux d'affection, le goût de fumé pouvant s'intensifier ultérieurement. Les analyses sensorielles sur des micro-ferments se multiplient, avec du personnel sélectionné et formé (d'autant que 20 % des dégustateurs ne perçoivent pas le goût de fumé).

Recyclage et utilisation du dioxyde de carbone

La fermentation alcoolique, si elle a pour vocation de transformer le sucre des raisins en alcool sous l'action des levures, produit aussi du dioxyde de carbone. Au-delà de toute considération philosophique sur l'intérêt de produire et de consommer du vin, nous sommes une nouvelle fois dans l'anthropique et en présence d'une activité humaine qui contribue à dérégler le mercure et plus globalement les modèles climatiques. S'il y a une facture pour la planète, s'efforcer d'effacer l'ardoise doit donc aussi être un leitmotiv. Pour cela, il y a un moyen très simple, du moins sur le principe : capter, recycler et transformer le dioxyde de carbone produit pendant la fermentation alcoolique plutôt que de le laisser s'échapper dans l'atmosphère.

C'est le constat fait par certains domaines viticoles. Le célèbre Château Smith Haut Lafitte, grand cru classé de Pessac-Léognan, a ainsi décidé, suite à son bilan carbone en 2009, d'extraire le dioxyde de carbone produit pendant les vinifications pour le transformer en bicarbonate de sodium. Le procédé consiste à installer un réseau de captation du CO_2 à la sortie des cuves, puis à le faire réagir, dans des colonnes de transformation, avec du carbonate de sodium ou de potassium pour produire le bicarbonate. Un produit multi-usages, utilisé ensuite, en l'occurrence, comme produit ménager, tant dans le cuvier que dans les restaurants du château. Le bicarbonate de sodium est, de plus, biodégradable, non toxique, à l'inverse de la plupart des détergents ménagers.

Même démarche au Château Montrose, grand cru classé de Saint-Estèphe, avec un premier essai sur quelques tonnes en 2018, puis 15 tonnes produites en 2019, et 40 tonnes en 2020 soit la totalité du CO_2 émis. Le Château Montrose serait même aujourd'hui le premier producteur mondial de bicarbonate de sodium issu des fermentations alcooliques.

La Bodegas espagnole Torres a été encore plus loin dans la démarche, dans le cadre de sa stratégie de réduction de son empreinte carbone (voir encadré). Miguel Torres a notamment mis en place un programme spécifique *Carbon Capture and Reuse* (CCR), en collaboration avec des universités et des entreprises de développement technologique. Huit technologies différentes ont été testées pour capter et réutiliser le dioxyde de carbone issu des fermentations. Le principe du programme est d'étudier différentes pistes de recyclage et d'utilisation mais aussi de développer les technologies nécessaires à l'implémentation de chacune de ces pistes, si elles donnent satisfaction. En parallèle de la production de bicarbonate, ces huit pistes comprennent notamment :

- la méthanisation, procédé qui permet de transformer les déchets organiques en biométhane ;
- l'utilisation de l'électrolyse à l'eau de mer pour capter le CO_2 sous forme de carbonate inorganique, pouvant ensuite être stocké sous forme de carbonate solide plutôt que de s'échapper dans l'atmosphère ;
- des micro-algues qui fixent le CO_2 et peuvent ensuite être utilisées comme biomasse ou bio fuels ;
- la fertilisation carbone ;
- la production de bio-solvants pour l'industrie des peintures.

Le programme CCR de la famille Torres a contribué à l'atteinte d'un objectif de réduction des émissions de CO_2 de la Bodegas, de 30 % en 2019, versus 2008.

Microorganismes

Comme nous avons pu l'évoquer dans la section précédente, avec les changements climatiques, les vins ont un pH et un taux d'alcool de plus en plus élevé. Non seulement cette tendance est un défi supplémentaire au niveau de la fermentation, mais elle a aussi des effets au niveau de la stabilité microbiologique.

Levures

Dans la fermentation alcoolique du vin, il y a deux grandes familles de levures impliquées : les non-*Saccharomyces cerevisiae* (*n-S cerevisiae*), et les *Saccharomyces cerevisiae* (*S. cerevisiae*). Les *n-S cerevisiae* sont celles que l'on retrouve en début de fermentation. Étant sensibles à l'alcool, elles meurent en général tôt. Les *S. cerevisiae* prennent ensuite le dessus, étant plus tolérantes à l'éthanol.

Certains vignerons privilégient les fermentations spontanées considérant que le spectre d'arômes apporté par les différentes souches de levures indigènes est primordial pour la complexité aromatique du vin, alors que d'autres producteurs préfèrent contrôler les fermentations en inoculant dès le départ une souche de levures de *S. cerevisiae* choisie en fonction de critères spécifiques.

Les fermentations spontanées peuvent engendrer des complications selon les populations levuriennes présentes. Ces problèmes peuvent inclure la production d'arômes non désirables, un début de fermentation plus lent, voire un arrêt de fermentation, provoquant ensuite des problèmes tels que l'oxydation prématurée, ou des attaques bactériennes. Lorsqu'une fermentation spontanée se passe sans problème, elle peut bien sûr, en revanche, donner naissance à de grands vins. Le choix d'inoculer ou d'utiliser des levures indigènes réside donc dans la philosophie du producteur et les deux méthodes peuvent produire de grands vins.

Quoi qu'il en soit, l'augmentation de la densité en sucre des moûts est venue compliquer l'équation. Les levures cultivées en laboratoire étant sélectionnées pour des critères spécifiques, le vinificateur peut choisir une ou plusieurs souches de levures adaptées à ces conditions de vinification qui évoluent.

Pour aller plus loin, la préservation de la fraîcheur, la maîtrise du niveau d'alcool ou de l'acidité sont aussi devenues des enjeux majeurs face à l'impact du changement climatique sur la maturation des raisins. De nombreux centres de recherche ou sociétés indépendantes ont travaillé activement sur le sujet. Tandis que de nombreuses expérimentations sont toujours en cours, certaines solutions récemment développées sont d'ores et déjà disponibles et peuvent présenter certains avantages, même dans une logique de réduction des intrants ou des ajustements. Voici quelques exemples.

- **Des levures inactivées**

Lallemand a développé une levure inactivée appelée LalVigne™ que l'on vaporise sur les feuilles de la vigne à certains moments spécifiques de sa croissance pour avancer la maturité phénolique du raisin. Cette technique donne la possibilité aux producteurs de récolter un raisin qui conserve un meilleur niveau d'acidité et de maîtriser la densité en sucre, ayant atteint la maturité phénologique plus tôt. LalVigne™ stimule les récepteurs des feuilles de la vigne et permet l'expression du gène UFGT qui est relié à la synthèse phénolique des composantes comme les anthocyanes. Ceci permet ainsi de mieux synchroniser la maturité phénologique et la maturité technologique. Lallemand affirme également que vaporiser ce type de levure inactivée contribue à épaissir la pellicule du raisin, pour des baies plus résistantes aux maladies cryptogamiques. Elle aurait aussi un effet positif sur la maturité des rafles et serait donc attrayante pour ceux qui souhaitent faire une vinification avec les rafles. LalVigne™ est autorisée par les certifications biologiques.

Cette levure inactivée permettrait d'avancer les vendanges de 10 à 14 jours. Sam Harrop MW, vinificateur néo-zélandais, a testé LalVigne™ et confirme que c'est un avantage certain dans ses vignobles de l'île de Waiheke, où les cyclones peuvent être un souci à l'automne. Il constate également une maturité du raisin plus homogène.

- **Une levure qui produit moins d'alcool**

La plupart des levures produisent sensiblement le même taux d'alcool pour une même densité en sucre. Cela est vrai, tant dans le contexte d'une fermentation spontanée que lorsqu'une ou plusieurs souches de levures sont inoculées.

Un projet de recherche entre l'INRA, SupAgro et Lallemand a donné naissance à IONYS™, une nouvelle souche de levure de *S. cerevisiae* qui produit moins d'alcool, plus de glycérol et plus d'acide succinique. Cette souche de levure a besoin de 17,3 grammes de sucre pour produire 1 % d'alcool par volume (contrairement à la norme qui est 16,83 grammes pour les vins blancs du moins). Autre avantage de cette souche, une production plus importante d'acide organique (jusqu'à 1 g de plus d'acide succinique par exemple). L'acidité totale du vin produit en utilisant IONYS™ est en moyenne de 0,4 à 1,4 g/L plus élevée (exprimée en acide tartrique). Le pH diminue quant à lui de 0,04 à 0,2 et l'alcool baisse de 0,4 % à 0,8 %. Plus de 30 domaines ont fait l'expérimentation avec IONYS™, incluant Sam Harrop MW. Les résultats sont pour lui concluants, avec une différence évidente sur la fraîcheur des vins rouges : « La perception de l'acidité est accrue, tandis qu'à l'inverse on perd la sensation de surmaturité ou les notes oxydatives qui peuvent apparaître tôt lorsqu'il y a beaucoup d'alcool et une acidité qui a baissé. »

• ***Lachancea thermotolerans*** **pour plus d'acidité**

Les recherches menées sur des souches de levures appartenant au groupe de *n-S. cerevisiae* sont aussi parfois très intéressantes. Si la plupart ne peuvent pas terminer la fermentation alcoolique, elles peuvent avoir des qualités importantes face au changement climatique lorsqu'elles sont utilisées en combinaison avec les *S. cerevisiae.* C'est le cas de l'espèce de levure *Lachancea thermotolerans* qui a été isolée dans un chai de la région de Rioja. Cette souche de levure a la capacité de produire de l'acide lactique à partir du sucre. Qui plus est, en transformant une partie des sucres en acide lactique, la production d'alcool est également un peu moindre. *Lachancea thermotolerans* est ajoutée au moût en début de fermentation et entre 24 heures et 72 heures plus tard, le vinificateur doit inoculer avec des souches de *S. cerevisiae* pour permettre à la fermentation de se terminer dans de bonnes conditions. Les bénéfices sont multiples : une acidité totale augmentée (jusqu'à un peu plus de 3 grammes exprimée en acide sulfurique) et une baisse de pH pouvant aller jusqu'à 0,3. La souche de levure peut être utilisée sur une partie du vin avant assemblage. Le coût est également beaucoup plus bas que celui de l'acide tartrique qui est souvent utilisé pour acidifier un vin. Enfin, au niveau gustatif, l'acide lactique s'intègre généralement plus facilement que l'acide tartrique, avec une sensation plus douce et moins agressive.

La montée des pH

Nous l'avons évoqué dans la section précédente, la montée des pH, que favorise le réchauffement climatique, augmente les risques au chai. Les sulfites, qu'ils soient naturellement produits pendant la fermentation alcoolique ou ajoutés, sont moins efficaces. Les propriétés antimicrobiennes et anti-oxydatives du dioxyde de soufre (SO_2) baissent. Plus le pH est bas, plus la proportion de SO_2 moléculaire dans le SO_2 est importante et c'est cette partie moléculaire qui a des vertus protectrices contre l'oxygène et les microorganismes indésirables. Le risque de contamination microbienne est donc plus important lorsque le pH est haut. Ces contaminations peuvent se faire notamment par le biais de bactéries acétiques responsables de la production de vinaigre. Elles peuvent aussi être la conséquence de la présence et de l'activité de levures *Brettanomyces bruxellensis*, pour des vins dits phénolés. Les *Brettanomyces* produisent, entre autres, du 4-éthylphénol, un phénol volatil qui entraîne des odeurs phénolées peu reluisantes, telles que la sueur ou l'écurie.

Un pH élevé, c'est aussi potentiellement une présence accrue d'amines biogènes tels que l'histamine, qui peuvent également affecter le profil organoleptique des vins et provoquer des allergies aux consommateurs. Les amines biogènes résultent de la décarboxylation de certains acides aminés par des bactéries lactiques indésirables. Un pH haut peut aussi favoriser la présence de ces bactéries.

Pour finir, un pH qui monte, c'est aussi potentiellement une production rapide d'acétaldéhyde, aldéhyde résultant de l'oxydation de l'alcool, et synonyme d'oxydation prématurée. En d'autres termes, le vin risque également une oxydation prématurée.

S'il est bien sûr possible comme nous avons pu le voir précédemment d'ajuster l'acidité, ou encore d'augmenter le dosage en SO_2, ce qui aura aussi un impact sur le profil organoleptique du vin, d'autres solutions ont vu le jour récemment.

Microflore positive

Une de ces solutions s'intitule la bioprotection ou l'ajout d'une microflore positive. Pour faire simple, la microflore fait compétition aux populations microbiennes indésirables en occupant plus d'espace. On inocule des levures peu fermenteuses qui occupent l'environnement et empêchent des souches indésirables de se développer, de manière naturelle. Ces souches étant peu fermenteuses, elles sont utilisées principalement en pré-fermentation. Les souches de levures *Metschinikowia fructicola* et *Metschnikowia pulcherrima* sont par exemple utilisées en bioprotection. *Metschnikowia pulcherrima* présente aussi l'avantage de se multiplier rapidement même dans un milieu où le pH est élevé et même lorsque la vendange est refroidie. Elle peut empêcher le développement d'une flore oxydative avant fermentation, pendant une macération à froid, et permet de diminuer le dosage en SO_2. Ce type de compétition positive est de plus en plus répandu dans des stratégies pour réduire l'ajout de SO_2 lors des macérations des vins rouges avant fermentation notamment. Pour les vins blancs, une autre souche de *Metschnikowia pulcherrima* se combine avec l'oxygène présent dans le moût et protège donc le vin de l'oxydation.

Lactobacillus plantarum

L'inoculation de la bactérie lactique *Lactobacillus plantarum* (LP) peut être une solution efficace pour les producteurs qui souhaitent obtenir une stabilité microbiologique rapidement après la fermentation alcoolique dans les vins à pH élevé. La bactérie permet d'achever la fermentation malolactique (MFL) très rapidement, typiquement en 3 à 7 jours, et transforme le glucose et le fructose en acide lactique et non en acide acétique. Utilisée généralement en co-inoculation avec *Oenococcus oeni*, une autre bactérie lactique, LP permet de mieux contrôler la croissance de la flore microbienne et, notamment, d'autres espèces de *Lactobacillus* ou de *Pediococcus* non désirables et susceptibles d'altérer la qualité du futur vin lorsque le pH du vin est supérieur à 3,5. La dégradation de l'acide malique et des sucres résiduels empêche également d'autres levures d'altération, notamment les *Brettanomyces*, de se nourrir et par conséquent de se multiplier. LP permet aussi potentiellement d'éviter la période de latence entre la fermentation alcoolique et la MLF, période plus propice au développement de population de *Brettanomyces*. Pour finir, contrairement à d'autres bactéries, LP est active à basse température, la MFL peut donc s'enclencher sans avoir à réchauffer le chai, un avantage pour l'environnement.

Chitosane

Le chitosane est un polymère naturel de la famille des polysaccharides et d'origine fongique (produit dérivé du champignon *Aspergillus niger*). Non toxique et biodégradable, le chitosane peut être utilisé pour éviter la contamination de microorganismes d'altération, notamment les *Brettanomyces*, ou afin de les éliminer. Agent de collage, il agit par interaction électrostatique, se lie aux *Brettamoyces* et provoque une déstructuration de la barrière membranaire de ceux-ci, conduisant à la mort des cellules. Il peut également permettre d'éliminer les *Brettanomyces* par sédimentation. Commercialement, le chitosane se vend, notamment, sous le nom de No Brett Inside™ ou KiOfine-B. Le chitosane étant d'origine naturelle, non toxique et biodégradable, il est également autorisé pour les producteurs de vins certifiés biologiques.

Chitine-glucane

Issu de la même famille naturelle de polymères que le chitosane, le chitine-glucane permet, entre autres, de retarder ou d'empêcher la FML dans les blancs ou de contrôler les contaminations bactériennes plus fréquentes à pH élevé. De plus, il aide à assurer la stabilité microbiologique après la FML. Un ajout de chitine-glucane réduit de manière drastique les populations bactériennes telles que les bactéries lactiques et les bactéries acétiques. C'est, à ce titre, une alternative intéressante à un dosage élevé de SO_2. Il se vend notamment, sous sa forme naturelle et non allergène, sous le nom de Bactiless™ et tout comme le chitosane, est autorisé par les organismes de certifications biologiques, pour les mêmes raisons.

Gestion de l'eau

Il faut beaucoup d'eau pour produire du vin. Pourtant, nous l'avons évoqué dans le chapitre précédent, l'eau est une ressource de plus en plus rare et même particulièrement onéreuse dans certaines régions. Une gestion plus responsable de celle-ci doit donc s'imposer aussi dans le chai. Si les besoins hydriques de la vigne sont une évidence, il faut avoir à l'esprit que le cuvier et le chai peuvent également peser lourd dans le bilan de consommation en eau des exploitations viticoles. D'après les données de l'Institut français de la vigne et du vin et les Chambres d'agriculture du Languedoc et de Bourgogne, recueillies sur une centaine de sites, la consommation en eau pour les activités vinicoles, hors embouteillage, serait en moyenne de 2 litres par litre de vin produit. Il faut ajouter à ce chiffre 0,6 à 0,7 litre/bouteille pour l'embouteillage. Nous ne parlons ici, qui plus est, que des besoins purement vinicoles ou liés aux actions d'embouteillage, auxquels peuvent s'ajouter l'eau nécessaire au réceptif des clients ou aux besoins domestiques du personnel.

Sur les deux litres (en moyenne) consommés pour les activités vinicoles hors embouteillage, la très grande majorité sert au nettoyage des bâtiments et des équipements – tant dans une logique d'hygiène que pour maintenir l'intégrité de certains d'entre eux – ou au refroidissement des installations et bâtiments. Le prélavage, le rinçage après utilisation de produits de nettoyage et le détartrage sont des postes particulièrement consommateurs en eau. De la même manière, les techniques de désinfection ou stérilisation à l'eau chaude ou à la vapeur peuvent peser lourd dans la balance. L'eau reste, quoi qu'il en soit, un élément indispensable pour éviter toute forme d'altération du futur vin, qu'elle soit d'origine microbienne ou chimique, et maintenir en bon état sanitaire les bâtiments et les équipements. Pour autant, le vinificateur peut jouer sur la nature de l'eau utilisée, les procédés d'utilisation et les quantités consommées et aussi pour certains postes, trouver des alternatives pour lesquelles elle n'est tout simplement pas impliquée.

Les enjeux en gestion de l'eau pour les activités vinicoles sont donc multiples. Il faut tout d'abord considérer la source et éviter au maximum d'utiliser de l'eau potable qui a d'autres vocations prioritaires. Il faut ensuite s'assurer, en considérant la nature et l'objectif de chaque poste, que la qualité de l'eau est adaptée. Il faut bien sûr, en parallèle, tendre à diminuer les volumes d'eau impliqués. Pour une meilleure utilisation de l'eau dans le chai, il s'agit donc de mettre en place, à l'instar de ce que nous avons pu voir pour le vignoble, une stratégie globale de gestion et de réduction. Pour ce faire, il faut d'abord considérer les techniques de récupération, de recyclage et de traitement des eaux de pluie. Il faut ensuite analyser les niveaux de consommation, les besoins réels pour chaque poste, les techniques et procédés de nettoyage, de rinçage, de détartrage ou de stérilisation et les possibles évolutions, mais aussi la nature des équipements et de leur nettoyabilité afin de déterminer le potentiel de réduction. La gestion des effluents (eaux usées) est aussi déterminante. Il s'agit ici de limiter la pollution organique et phytosanitaire de l'eau, une fois celle-ci utilisée. Pour finir, le personnel doit aussi être directement impliqué dans la stratégie d'optimisation et formé en conséquence. Les pays ou les régions dans lesquels l'eau manque et coûte parfois cher, sont naturellement sensibilisés de plus longue date au problème. Pour autant, avec la multiplication des étés chauds et secs et une baisse des réserves hydriques qui se généralise, les restrictions en volume d'eau autorisé pour toute activité liée aux productions agricoles ont tendance à se multiplier. Quel que soit le site concerné, le monde du viti-vinicole prend donc conscience, évolue, et tend à limiter ou à optimiser, même s'il reste bien sûr beaucoup de chemin à parcourir et que la marge de progression en gestion de l'eau reste énorme.

Des chais qui ont moins soif

Voici quelques exemples d'exploitations viticoles qui ont ouvert ou ouvrent la voie vers une gestion plus responsable de l'eau au chai ou d'initiatives vertueuses et inspirantes.

À l'instar de certains domaines viticoles qui ne sont pas reliés à une station d'épuration municipale, comme Castello Banfi en Toscane, il est, tout d'abord, possible de construire sa propre station pour le traitement et l'épuration des eaux usées, afin que celles-ci soient conformes à la réglementation et aux attentes qualitatives. Il convient ensuite d'analyser son efficacité et sa consommation énergétique. Pour ce faire, il faut notamment calculer la demande chimique en oxygène (DCO), qui représente la quantité d'oxygène utilisée pour dépolluer l'eau. Constatant une DCO élevée, Castello Banfi a décidé de moderniser sa station, en 2017, afin d'investir dans des technologies plus efficaces et moins gourmandes en énergies. Le domaine a investi dans une technologie développée par Xylem, société spécialiste des solutions en gestion de l'eau. Les effluents sont désormais traités grâce à des diffuseurs à disque à membrane plus efficaces, qui assurent un transfert d'oxygène optimal. Ce nouveau système a permis de réduire de 50 % la consommation en énergie. La qualité de l'eau traitée est telle que le domaine l'utilise ensuite pour l'irrigation de ses arbres fruitiers.

Le domaine canadien Tantalus a, quant à lui, été l'un des pionniers dans sa région viticole à utiliser un réacteur discontinu séquentiel pour le traitement des eaux usées issues de ses activités vinicoles. Grâce à cet équipement, le domaine peut opérer une épuration biologique de l'eau usée, avec un fonctionnement simple, qui repose sur l'aération, la décantation et l'évacuation de l'eau épurée pour réutilisation ultérieure. Le procédé permet notamment d'éliminer les substances organiques indésirables, d'épurer l'eau en azote et en phosphore, et de dégrader certains détergents.

L'eau traitée est ensuite réutilisée pour l'irrigation des vignobles, après élimination de tout caractère polluant. La technologie est aujourd'hui de plus en plus répandue, étant à la fois efficace et peu coûteuse, tant en investissement initial qu'en coûts d'exploitation.

La phyto épuration viticole est un autre moyen désormais utilisé par certains domaines viticoles. La cave coopérative de Buzet utilise, par exemple, ce procédé depuis 2017, reposant sur le pouvoir filtrant et d'épuration de certaines plantes, pour la gestion des effluents vinicoles. Intitulée « Jardin des filtres », la station de phyto épuration, réalisée par l'entreprise BlueSet pour la cave coopérative, est la plus grande d'Europe. Quelques 9 000 plantes, issues de 30 espèces locales différentes, sont impliquées dans le processus d'épuration, chacune ayant des caractéristiques épuratoires spécifiques. Un véritable écosystème et une station d'épuration zéro intrant, qui a une double vocation : sa fonction première mais aussi un rôle éducatif, puisque le site est ouvert au public avec tout un parcours pédagogique pour faire comprendre le procédé aux visiteurs.

Le chai californien de Silver Oak, dans la Alexander Valley, a été le premier dans sa région à installer et utiliser un bioréacteur membranaire à enzymes pour filtrer et traiter 100 % des eaux usées dans le chai et réduire significativement l'eau potable utilisée. La technologie repose sur le principe des boues activées. Des microorganismes dégradent la matière organique des effluents. La consommation fait augmenter la biomasse qui décante et est ensuite séparée par procédé de filtration membranaire (micro ou ultrafiltration). Haley Duncan, responsable développement durable au domaine, explique que « le choix de cet équipement, même s'il n'est pas des plus récents et est plutôt volumineux, a été motivé aussi par sa faible empreinte carbone. La vocation principale de ce bioréacteur membranaire réside dans la réduction des eaux potables utilisées pour des usages pour lesquels elle n'est pas nécessaire. Il y a donc à Silver Oak un système très précis de distinction des eaux utilisées pour chaque poste en fonction de leur qualité spécifique. Si l'eau recyclée et traitée grâce au bioréacteur est utilisée, par exemple, pour le nettoyage des sols ou des cuves, elle ne le sera pas pour le rinçage final des équipements, pour éviter tout risque de contamination microbienne. L'eau recyclée est, en revanche, également utilisée pour les colonnes de refroidissement du chai et pour certains usages domestiques. Haley Duncan insiste aussi sur « l'importance de l'implication du personnel, pour mieux comprendre, mieux utiliser et mieux expliquer, puisque l'eau recyclée conserve par exemple une couleur jaunâtre qui peut effrayer si les collaborateurs ne sont pas sensibilisés et formés pour informer les visiteurs ».

Le groupe américain Jackson Family Wines a, de son côté, mis en place une véritable stratégie transversale de gestion de l'eau dans ses domaines de la vigne à l'embouteillage. La démarche a débuté par un audit interne, avec calcul de l'eau utilisée et du coût de celle-ci, en incluant le poste énergie dépensée dans l'utilisation de l'eau (électricité lorsque l'eau est pompée, équipement pour chauffer l'eau lorsque nécessaire, etc.). Dans chacun des domaines du groupe, une équipe de préservation de l'eau a également été désignée, afin de créer une émulation collective et que chacun apporte sa pierre à l'édifice. Une sensibilisation interne et une analyse fine, qui sont nécessaires pour pouvoir avancer progressivement et méthodiquement, et identifier les postes d'amélioration prioritaires. Différentes expérimentations ont été menées, pour des actions tangibles et l'installation de nouveaux équipements. Voici un aperçu de ce qui a été testé ou mis en place :

- l'installation de réservoirs pour la récupération et le recyclage de l'eau de pluie et autres eaux de ruissellement ;
- le développement de la première unité de recyclage de l'eau utilisée pour le lavage des barriques, initiative qui a d'ailleurs gagné le prix *Environmental Product & Project* en 2015 ;
- le développement d'un système de réduction et de recyclage de l'eau utilisée pour le refroidissement du chai à barrique – identifié comme le premier poste de consommation d'eau chez Jackson Family Wines une fois les raisins récoltés – qui repose sur l'ajustement de la conductivité et de la concentration d'eau dans les colonnes de refroidissement ;
- des essais sur différentes technologies qui n'utilisent aucune eau pour la stérilisation ou la désinfection des cuves de fermentation, reposant sur l'utilisation de solvants antibactériens pour l'une d'entre elles ou encore sur le nettoyage par lumière infrarouge pour une autre.

Cette approche globale aurait permis, d'après Julien Gervreau, vice-président développement durable pour Jackson Family Wines, de réduire la consommation d'eau des domaines du groupe d'environ 60 % entre 2008 et 2019.

Tous ces exemples – et nous aurions pu en citer bien d'autres – confirment que les solutions en gestion de l'eau sont nombreuses et sont amenées à se multiplier, et surtout qu'il est possible de consommer moins et mieux l'eau consacrée aux activités viti-vinicoles.

Gestion des déchets

Une bonne gestion des déchets, c'est préserver des ressources naturelles, réduire la pollution et aussi potentiellement faire des économies. C'est aussi un vrai levier pour lutter contre le changement climatique, pour deux raisons : le traitement des déchets est un poste d'émission de GES important, tandis que le recyclage des déchets permet d'éviter les émissions de GES liés à la production ou au transport de certains équipements. La filière viticole a un avantage : une grande partie de ses déchets sont compostables ou transformables. Il est dans ce contexte plus aisé de réduire de manière significative les matières solides envoyées dans les décharges, voire même, de se fixer un objectif d'être zéro déchet, à long terme. Pour ce faire, il faut d'abord et avant tout faire un inventaire des déchets. Ensuite, il faut évaluer le protocole d'achat et diviser les déchets entre ce qui est réutilisable, recyclable et non recyclable ; et ce, afin de mettre en place une stratégie pour que collectivement, à travers des actions concrètes, les objectifs fixés soient atteints. La sensibilisation de l'ensemble des équipes est donc primordiale. Somme toute, les bénéfices environnementaux peuvent être importants, mais le bilan financier de l'entreprise peut aussi en bénéficier.

Faire l'inventaire et avoir une stratégie collective

Pour réduire les déchets, il faut d'abord les identifier à travers un inventaire détaillé. Certaines entreprises sont spécialisées dans la gestion des déchets des domaines viticoles et peuvent donc réaliser un audit. Il y a également des associations telles que California Sustainable Winegrowing Alliance qui proposent un guide disponible directement sur leur site internet pour cibler les sources de déchets. Dès lors, le travail d'audit peut aussi se faire à l'interne par une équipe désignée.

Une fois l'inventaire réalisé, il faut définir une stratégie. Il est important de catégoriser les déchets dans chaque département en identifiant ce qui est réutilisable, transformable, réparable, recyclable ainsi que ce qui est inévitablement voué à finir à la décharge. Le but est d'établir un plan de réacheminement pour avoir le moins de déchets non réutilisables ou recyclables possibles. Comme dans toute stratégie, il est primordial de hiérarchiser les objectifs et de déterminer les secteurs qui auront le plus d'impact positif sur l'environnement s'ils sont réacheminés.

Le développement d'un programme exhaustif de réacheminement peut se faire à l'interne, mais un partenariat avec une compagnie de recyclage peut aussi faciliter la tâche. Jackson Family Wines a par exemple décidé de mettre en place un partenariat avec une entreprise de recyclage local pour ses opérations d'embouteillage. Afin de réduire les déchets solides générés, l'entreprise réachemine et recycle 98 % des matériaux utilisés sur la ligne d'embouteillage : verre, emballages plastiques, film étirable, boîte de carton, capsule à vis et palettes.

Une fois la stratégie établie, il est souvent stratégique, en fonction de la taille du domaine, de désigner une ou plusieurs personnes responsables qui veillent au bon fonctionnement du système mis en place, pour un meilleur suivi des progrès et afin d'analyser les postes problématiques. Les avancées doivent être partagées avec l'ensemble des équipes d'autant que dans la gestion des déchets solides, les progrès sont souvent immédiats et tangibles, ce qui rend plus facile la participation et la motivation des collaborateurs.

Réduire les déchets à la source

Pour bien gérer ses déchets, la démarche démarre en se penchant sur le poste achat, du matériel vinicole notamment. En réduisant les acquisitions et leur fréquence, on réduit logiquement aussi les déchets. Il est donc important que la personne responsable des achats ait en main une liste de critères prioritaires.

Travailler avec des fournisseurs qui ont une démarche environnementale est un bon point de départ. Des sources d'informations externes peuvent aider à s'en assurer. Certains fournisseurs suivent, par exemple, les lignes directrices du Global Reporting Initiative et leur rapport sur le développement durable. Avant d'acheter tout équipement, il est possible de vérifier le rapport du fournisseur sur le site internet. Une autre source d'information précieuse est le *Carbon Disclosure Project* (CDP). Les entreprises peuvent détailler leurs actions pour réduire les émissions de GES.

Il est, quoi qu'il en soit, important de faire ses propres recherches afin de choisir des fournisseurs ayant une démarche écologique. Il est aussi possible d'initier des changements avec des fournisseurs en développant un programme écoresponsable collaboratif. Il est, par exemple, possible de développer un programme commun de réduction des déchets liés à l'emballage en s'entendant avec le fournisseur pour qu'il se charge du recyclage de celui-ci.

Plusieurs certifications attestent aussi des bonnes pratiques environnementales. Par exemple, FSC (*Forest Stewardship Council*) est un label environnemental, dont le but est d'assurer que la production de bois ou d'un produit à base de bois respecte les procédures garantissant la gestion durable des forêts. Un label qui peut concerner les fournisseurs de bouchons de liège, de barriques, ou encore de palettes en bois.

La qualité du matériel acheté, son espérance de vie, la possibilité de faire réparer en cas de souci de fonctionnement et la garantie qui vient avec l'achat sont des considérations tout aussi importantes que l'énergie utilisée pour sa construction. Lorsque c'est possible, acheter des matériaux ou équipements faits localement est souhaitable (voir encadré Ridge Vineyards). Les matériaux biodégradables, recyclés et/ou non toxiques doivent être également privilégiés. Un exemple simple : s'assurer que les cartons ou papiers utilisés ne contiennent pas de chlore, c'est éviter des polluants organiques persistants dans l'environnement, comme la dioxine.

Réutiliser

Les principales sources de déchets d'un domaine viticole, que ce soit le marc, les rafles ou les déchets végétaux associés à la taille de la vigne, sont compostables ou transformables.

Les options pour réutiliser ces déchets sont donc nombreuses. D'abord, la chaudière à biomasse peut transformer la matière organique en source d'énergie (voir encadré sur Familia Torres). Le marc et les lies fines peuvent également être utilisés pour la production de spiritueux. De nombreux exemples, de Felton Road en Nouvelle-Zélande au domaine de la Romanée Conti en Bourgogne, utilisent le marc ou les lies fines pour produire des brandys. Ceux qui ne souhaitent pas produire eux-mêmes leur spiritueux peuvent vendre le marc et les lies fines à des distilleries.

La ligne de cosmétique et produits de soin Caudalie, entreprise fondée par Mathilde Thomas-Cathiard et son mari Bertrand Thomas du Château Smith Haut Lafitte, témoigne également des possibilités de transformations de la pellicule du raisin, des pépins et des rafles à des fins thérapeutiques. Plusieurs produits pharmaceutiques sont également créés grâce aux propriétés anti-oxydantes, anti-carcinogènes, anti-inflammatoires et antibactériennes des dérivés de raisin. De plus, différents produits alimentaires tels que l'huile de pépin de raisin et la farine de pépin peuvent aussi en être issus.

Les déchets solides issus de la vinification peuvent également servir à nourrir certains animaux. De plus, il est possible de vendre le marc et les rafles à des entreprises qui produisent de l'engrais, et c'est bien sûr une ressource précieuse pour préparer ses propres apports organiques. Dans la Yarra Valley, le producteur De Bartoli produit 2 000 tonnes de compost chaque année dont 80 % proviennent du marc, de la peau, de la rafle et des pépins de leurs raisins.

La revente d'équipement est une autre solution durable. Par exemple, chez Villa Maria, on revend les poteaux de clôture aux agriculteurs de la région. Les fûts de chêne utilisés peuvent être aussi revendus aux tonneliers ou à des producteurs souhaitant faire du vin avec de plus vieux fûts. Finalement, des solutions créatives peuvent donner une deuxième vie à certains matériaux. Par exemple, les tonneaux en bois peuvent facilement se transformer en pots de fleurs ou en mini-table extérieure ou encore en grand crachoir pour la salle de dégustation.

Recycler

Il faut aussi recycler tout ce qui est recyclable. Cela peut être évident pour certains équipements et moins pour d'autres. Faire appel à des entreprises extérieures spécialisées peut, en ce sens, permettre de recycler des objets auxquels on n'avait pas pensé. Napa Recycling & Waste Services en Californie est un bon exemple. À travers leur programme *Zero Waste Winery*, ils proposent un guide très complet des options en matière de recyclage.

L'organisation est une des clés pour bien et mieux recycler. Cela implique notamment d'installer des contenants de recyclage placés dans tout l'ensemble du chai ou des espaces dédiés au réceptif. Le recours à certaines technologies pour améliorer l'efficacité du système de recyclage telles que la presse à balle de carton ou un écraseur de canettes d'aluminium peut aussi s'avérer utile. Une bonne organisation implique aussi de bien connaître les règles locales en matière de recyclage (matériaux, autorisations) ou encore de collecte. Il est important de noter que dans plusieurs régions, il y a un coût associé à la collecte du recyclage.

Quoi qu'il en soit, une bonne gestion des déchets solides est primordiale pour préserver l'environnement, éviter d'accroître la pollution et réduire ainsi son empreinte carbone. L'objectif zéro déchet est atteignable dans la filière viti-vinicole. Tout réside dans l'organisation, l'information, l'implication collective et bien sûr la volonté.

Gestion de l'énergie

Si nous prenons encore plus de hauteur, l'enjeu au chai, dans une logique de mitigation à long terme du changement climatique, est aussi et surtout de réduire toute forme de consommation énergivore. C'est vrai, qu'elle soit liée aux activités vinicoles directement, ou comme nous avons pu le voir précédemment, à la gestion de l'eau ou des déchets, ou encore qu'elle soit d'ordre domestique (personnel, réceptif). Une nouvelle fois, un bilan et une analyse fine de la consommation et des principaux postes impliqués sont la première étape pour évoluer dans le bon sens. Si une multitude de détails peuvent aider à réduire l'addition énergie, la source de l'énergie et la nature des bâtiments et des équipements restent les deux paramètres essentiels dans une logique d'optimisation. Une stratégie de réduction peut se matérialiser, tout d'abord, une fois le bilan établi, par la production et l'utilisation d'énergies renouvelables (impliquant des ressources renouvelables) : hydraulique, éolienne, solaire photovoltaïque, géothermique, ou encore produite par biomasse. Si l'aspect investissement peut parfois faire peur, notamment aux petits exploitants, il convient ensuite d'avoir une vision à long terme, tant au niveau environnemental qu'économique, le retour sur investissement étant souvent sous-estimé.

La nature des bâtiments, la qualité de l'isolation, les systèmes de contrôle de température, les équipements et leur bilan énergétique et des alternatives moins consommatrices, comme les systèmes mécaniques plutôt qu'électriques lorsque c'est possible, sont aussi à privilégier.

Voici, une nouvelle fois, une série d'exemples qui illustrent le large éventail de possibilités et démontrent qu'il n'est pas toujours compliqué ou si onéreux d'évoluer et de réduire significativement sa consommation d'énergie.

La Bodegas Torres (voir encadré) mérite probablement d'être citée en premier, puisqu'elle coche beaucoup de cases énergies renouvelables et a, plus globalement, érigé la réduction de son empreinte carbone en priorité absolue. Depuis 2012, une chaudière à biomasse ayant la plus grande capacité jamais enregistrée pour une exploitation viticole est utilisée dans la cave de Pacs del Penedès, pour une réduction de plus de 10 % de l'énergie non renouvelable utilisée sur le site.

L'énergie solaire, particulièrement adaptée aux larges espaces en plein air et aux régions à l'ensoleillement généreux, fait, depuis le début du nouveau millénaire, de plus en plus d'émules en Californie. Des systèmes de location d'équipements, ou même d'installation gratuite avec frais d'entretien offerts et une simple cotisation pour l'énergie produite se sont multipliés récemment. Un accès à cette énergie renouvelable est facilité pour des domaines de toutes tailles et soutenu par les autorités qui aident financièrement les entreprises et par des réductions d'impôts. Les prix élevés de l'électricité en Californie couplés à un ensoleillement abondant ont ainsi poussé de plus en plus de domaines à passer le pas et à installer les panneaux solaires sur les toits des chais mais aussi parfois à côté des vignobles, comme c'est le cas à Frog's Leap Winery. Un important réseau de panneaux photovoltaïques a été installé dès 2004, en plein vignoble, sous l'impulsion du visionnaire John Williams, par la société Sunlight Electric. Le domaine payait à l'époque environ 50 000 $ d'électricité par an. Après réflexion, convaincu par l'intérêt environnemental, en premier lieu, mais aussi économique de l'investissement, John Williams décida alors de passer le pas et de faire les choses en grand. Un investissement qui allait être amorti en six ans, pour une production de 85 % de l'énergie consommée au domaine provenant du photovoltaïque. Une stratégie accompagnée aussi d'une multitude de petits gestes, comme le remplacement des éclairages par des modèles moins énergivores et une réflexion sur chaque poste de consommation et chaque équipement pour une amélioration constante.

Scheid Family Wines, domaine viticole de la région de Monterey en Californie, a, de son côté, décidé d'investir dans l'éolien, et fait également les choses en grand. L'immense éolienne installée dans le vignoble génère 100 % de l'énergie consommée au chai, y compris pour l'embouteillage. Une installation facilitée par le climat de la vallée de Salinas, une vallée particulièrement exposée aux vents.

Du côté de Jackson Family Wines, c'est, depuis 2015, la technologie Tesla qui est venue complémenter les équipements photovoltaïques, pour une gestion de l'énergie encore plus vertueuse et plus économique. Tesla a approché, à l'époque, le groupe viticole pour lui proposer d'installer des batteries dans le cadre d'un projet pilote. Après avoir reçu une réponse positive, un audit a été réalisé pour analyser les lieux et les possibilités d'installation ainsi que les pics de consommation d'électricité. Vingt et une méga-batteries Tesla ont ensuite été installées dans six domaines appartenant à la famille Jackson pour une capacité de stockage de 4,2 mégawatts d'énergie. Le groupe est devenu le premier dans le secteur viti-vinicole à utiliser la technologie Tesla, avec une des plus grandes installations jamais réalisées jusqu'alors par son partenaire. Ces installations fonctionnent en conjonction avec des panneaux photovoltaïques, d'une capacité de production de 7,1 mégawatts d'énergie, et permettent de mieux gérer les pics de consommation, et plus globalement de mitiger la consommation liée notamment aux opérations de refroidissement et de réfrigération, aux éclairages et aux traitements de l'eau. Les batteries Tesla auraient permis de réduire significativement la consommation d'électricité, pour une facture qui a également baissé de 2 millions de dollars, l'année qui a suivi leur installation.

Ces exemples démontrent que la consommation d'énergie peut encore être largement optimisée dans de nombreux domaines viticoles, que les énergies renouvelables sont de plus en plus accessibles, avec de nombreuses options, qui s'adaptent à des exploitations de toutes tailles.

Familia Torres

Miguel A. Torres est un pionnier dans la filière viticole en ce qui concerne la lutte contre les changements climatiques. Familia Torres alloue 11 % de ses profits annuels à des investissements voués à mitiger les changements climatiques. Depuis la mise en place d'un programme spécifique pour lutter contre les émissions de GES en 2008, Torres a investi 15795 00,00 € (2021) dans des solutions d'énergie renouvelable, de gestion de l'énergie, dans la reforestation, la recherche et dans de nombreuses autres solutions d'adaptation. Selon le dernier bilan carbone réalisé en 2019, le groupe a réduit ses émissions de GES de 30 % par bouteille. L'objectif affiché est d'avoir un bilan carbone négatif d'ici 2050.

La chaudière à biomasse fait partie des outils qu'utilise Torres pour diminuer l'empreinte carbone. Depuis l'installation du système en 2012, celle-ci a permis de réduire la consommation de gaz naturel de 95 % et la consommation d'électricité de 10 %, soit une réduction totale de 1 300 tonnes de CO_2 par année. Une moyenne de 2500 tonnes métriques de matière végétale composée entre autres de résidus de taille de vigne, de marc et de rafle est transformée chaque année. Ce qui permet ensuite de produire 2600 kW de chaleur et 2000 kW de refroidissement afin de chauffer ou refroidir l'eau utilisée dans le chai.

Lorsque l'on questionne Miguel A. Torres sur la rentabilité d'une telle installation ou sur ses investissements, il ramène rapidement la discussion sur la notion de nécessité : « La décision de mettre en place un programme de développement durable et transversal devrait d'abord et avant tout être basée sur la nécessité d'agir et de lutter contre la

•••

•••

crise climatique et non pas uniquement sur un critère de rentabilité. Parfois j'ai l'impression que l'on s'habitue aux nouvelles réalités imposées par les changements climatiques. On sait tous désormais que la planète se réchauffe et que l'homme est responsable de l'excès de la production des GES depuis l'arrivée des combustibles fossiles. Et même avec l'arrivée de l'énergie renouvelable, la consommation du pétrole ne descend pas. »

Sur le site internet de Familia Torres, on peut lire ceci : « Selon des études menées par plusieurs universités européennes et centres de recherches, la taille de la vigne à travers l'Europe produit au total 13 millions de tonnes de matière organique chaque hiver. Si l'on convertissait toute cette biomasse en énergie, elle serait égale à l'énergie de trois centrales nucléaires. » Chaque geste compte. La chaudière à biomasse est une installation parmi d'autres, puisque les domaines Torres possèdent un vaste réseau photovoltaïque, avec une augmentation régulière des capacités et que la très grande majorité des véhicules utilisés par les exploitations sont désormais des hybrides ou des modèles électriques. Le train qui permet la visite des vignobles, anciennement diesel, a été également remplacé par un modèle solaire électrique, tandis que des tracteurs électriques sont testés au vignoble depuis 2020. Tout cela sans parler du programme *Carbon Capture and Reuse* décrit par ailleurs.

C'est en prenant conscience des enjeux et en mettant en pratique que la filière viti-vinicole peut devenir un exemple. La famille Torres en est déjà un, en matière de vision et d'implication.

Château Pontet-Canet

Ce grand cru classé en 1855 de Pauillac fait logiquement figure de pionnier en matière de transition environnementale. À Pontet-Canet, tout est pensé pour respecter la plante, le vin mais aussi l'environnement et la planète, et apprendre à moins et mieux consommer. Une mue progressive et une vision d'avenir, initiées par Alfred Tesseron, le propriétaire et Jean-Michel Comme, régisseur du domaine depuis 1989. La première étape, le passage progressif en biodynamie, à partir de 2004, pour une certification Biodyvin en 2010, qui a fait du Château le premier grand cru classé bordelais à obtenir le label pour l'intégralité de la surface de son vignoble. Le domaine s'est aussi doté de sa propre tisanerie, pour préparer sur place les tisanes biodynamiques et autres traitements phytosanitaires à base de plantes cultivées exclusivement sur place.

En parallèle, après des mois de forage, le Château s'est doté de 67 puits de 100 mètres de profondeur, pour que la géothermie vienne alimenter les bâtiments agricoles, le chai, le cuvier, les bureaux, ou encore les écuries. Les 67 sondes sont connectées à un local technique unique qui permet d'alimenter le Château en fonction des besoins en chauffage ou en refroidissement.

Pour ce qui est du chai, pas de système de thermorégulation énergivore, celui-ci ayant été remplacé par un système simple et artisanal qui fonctionne pourtant très bien. Des groupes d'eau glacée fonctionnent en alternance en fonction des besoins, actionnés par des collaborateurs pour maintenir une température optimale. Un système manuel qui permet de réduire au maximum la consommation électrique. Ajouter à cela des éclairages LED 12 volts et quasiment pas de prises électriques.

Les matériaux utilisés pour l'agrandissement des bâtiments ont aussi été choisis avec attention. Ici pas d'architecte de renom, on respecte les matériaux locaux et on réfléchit avant tout à l'efficacité de l'isolation et à l'empreinte carbone finale. Le bois et la pierre de provenance

•••

• • •

locale sont donc privilégiés. L'isolation, au chanvre naturel pour les murs ou à la chaux pour les joints des sols, garantit une bonne inertie thermique, un meilleur stockage de la chaleur et fait encore baisser le bilan carbone. Une vision, un engagement, une démarche éthique, qui se déclinent à tous les étages et que la nouvelle génération incarnée par Justine Tesseron, fille d'Alfred et Mathieu Bessonnet qui a succédé à Jean-Michel Comme, entend bien défendre et porter encore plus haut.

Ridge Vineyards

Nous avons pu constater dans le chapitre précédent qu'à Ridge Vineyards, le respect de la plante et de l'écosystème est désormais au cœur des préoccupations. La logique est parfaitement respectée au chai. Les bâtiments historiques dans les montagnes de Santa Cruz font la part belle au bois recyclé, bénéficient d'un climat tempéré grâce à l'altitude et ne sont donc pas très consommateurs en énergie en comparaison avec la plupart des domaines de Californie. En revanche, le défi environnemental était particulièrement relevé pour ce qui est des bâtiments du second chai Lytton Springs, situés dans le comté de Sonoma, dans la vallée de Dry Creek, un site bien plus chaud, comme son nom peut le laisser entendre. Les installations ont pourtant été pensées et conçues, lors de la construction en 1999, pour utiliser exclusivement des matériaux et des techniques qui respectent les lieux et l'environnement. Paul Draper, maître de cave et président de Ridge Vineyards, à l'époque, a immédiatement été séduit par le petit bâtiment existant, construit principalement en ballots de paille. L'agrandissement nécessaire des infrastructures s'est donc fait en respectant le matériel initialement choisi. Une fois les travaux achevés, le chai est ainsi devenu le plus grand bâtiment utilisant la

• • •

•••

paille aux États-Unis, avec quelques 3 000 ballots au total. Un audit de la solidité des structures a été réalisé, au regard notamment de la très forte sismicité du secteur. La paille ne pouvait, dès lors, être l'élément structurel unique, mais resterait en revanche le principal isolant. Le choix de la paille de riz, venant de la vallée centrale en Californie, s'est imposé, du fait de ses vertus isolantes et de sa décomposition très lente. Les structures du bâtiment, composées de plâtre de terre cuite, d'argile local et de paille de riz finement hachée, permettent de respecter les normes de la région, tout en utilisant exclusivement des matériaux locaux. Le bois recyclé est venu compléter le tableau, composant notamment l'intégralité du sol, du bardage et l'habillage de la salle de dégustation.
Au-delà de l'utilisation de matériaux naturels et locaux et de la forte isolation thermique du bâtiment, la gestion de l'énergie a été intégralement repensée. De larges corniches ont été installées pour maximiser l'ombre en été et rafraîchir le chai, tandis que les plafonds, très hauts, permettent à l'air chaud de monter et de ne pas stagner dans les zones de vinification ou d'élevage. La conception du bâtiment intègre également un ingénieux système de gestion de l'air chaud et de l'air froid qui permet de se passer de tout contrôle de température classique et très consommateur en énergie : des persiennes installées à la base du bâtiment s'ouvrent la nuit pour laisser l'air frais pénétrer dans le chai, tandis que d'autres persiennes installées au sommet de la coupole du toit s'ouvrent pour laisser l'air chaud s'échapper. Ces persiennes sont contrôlées en permanence, par ordinateur, et sont actionnées en fonction de la température de l'air à l'intérieur et à l'extérieur.
Quelque 400 panneaux solaires ont aussi été installés sur le toit du bâtiment et produisent la majorité de l'énergie consommée à Lytton Springs. Pour finir, des batteries Tesla sont installées, tant à Lytton Springs qu'au chai historique dans les montagnes de Santa-Cruz, afin que les visiteurs et collaborateurs dotés de voitures électriques puissent recharger leurs véhicules.

6
Conditionnement et transport

L'élevage s'achève, le vin va être conditionné puis expédié. Le conditionnement et le transport sont deux étapes qui pèsent particulièrement lourd dans l'empreinte carbone de notre raisin fermenté. Un constat qui a un mérite, identifier deux postes prioritaires qui offrent de nombreuses possibilités de réduction du bilan carbone de la filière viti-vinicole.

Dans ce chapitre, nous analyserons tout d'abord l'empreinte carbone du vin afin de confirmer, chiffres à la clé, l'importance du conditionnement et du transport. Nous évoquerons différentes options permettant aux exploitations viti-vinicoles d'alléger l'impact de ces deux postes dans leur bilan carbone. Nous rentrerons ensuite dans le détail en considérant les principales options en matière de conditionnement, qu'elles soient traditionnelles ou plus récentes, les différents modes de transport et l'embouteillage à destination.

Empreinte carbone, l'importance du conditionnement et du transport

Nous l'avons déjà évoqué précédemment, afin de réduire ses émissions de GES, la première étape est de déterminer les postes les plus impactants et ensuite d'identifier les progrès possibles en considérant la perspective environnementale en premier lieu, mais aussi la réalité économique. Plusieurs organismes génériques interprofessionnels régionaux ont ainsi décidé de faire calculer l'empreinte carbone de leur filière viti-vinicole. Les conclusions sont souvent très proches, même si les chiffres sont différents, chaque région ayant ses spécificités, ses enjeux et des pratiques viti-vinicoles qui en découlent. Il peut aussi y avoir des différences méthodologiques dans les bilans carbone réalisés.

La Champagne a été la première région à ouvrir le bal en 2003, avec des conclusions assez parlantes, notamment en ce qui concerne le conditionnement, qui représentait un tiers des émissions de GES de la filière viti-vinicole champenoise. Un chiffre particulièrement élevé, comparé aux autres bilans carbone que nous évoquerons par la suite, ce qui s'explique notamment par la nature de la bouteille champenoise, significativement plus lourde que celle utilisée pour des vins tranquilles, pour pouvoir résister à la pression du CO_2. Nous verrons par la suite que ce bilan a permis d'ouvrir la voie à de nombreuses améliorations.

D'autres régions ont suivi, à l'instar de la Californie ou de Bordeaux. Nous pouvons constater, dans les figures 6.1 et 6.2, qui concernent donc respectivement la filière viti-vinicole californienne et bordelaise, que les conclusions des bilans carbone font ressortir les mêmes postes (avec le même ordre d'importance), comme étant les plus générateurs d'émissions de GES. Pour ce qui est de la Californie, le California Wine Institute avait missionné PE International en 2011 afin de calculer l'empreinte carbone de sa filière viti-vinicole (figure 6.1).

De la même manière, le Conseil interprofessionnel du vin de Bordeaux a réalisé le premier Bilan Carbone® de la filière viti-vinicole bordelaise en 2008 (données 2007), puis à nouveau cinq ans plus tard en 2013 (données 2012) à périmètre identique et avec la même méthodologie (figure 6.2), afin d'avoir une photographie d'ensemble mais aussi d'analyser les progrès réalisés ou à l'inverse les postes de plus en plus problématiques (détails des postes en tableau 6.1).

Figure 6.1 Bilan carbone de la filière viti-vinicole californienne en 2011 en pourcentages d'émissions de GES par caisse de 9 litres de vin
(Cette illustration est disponible en couleurs dans le premier cahier couleur)

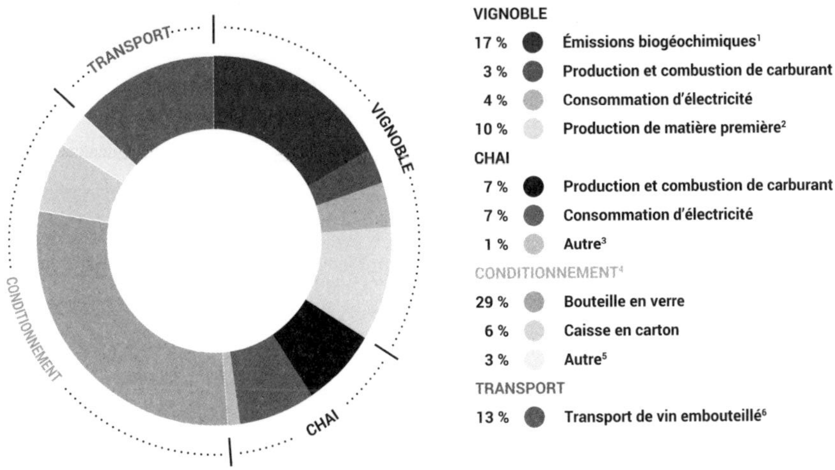

[1] Empreinte carbone associée aux émissions de GES résultant de procédés biogéochimiques naturels, impactés par le climat local, les conditions géologiques et les pratiques de gestion des sols telles que l'application de fertilisants à base d'azote.
[2] Empreinte carbone associée à la fabrication et le transport des matériaux utilisés au vignoble tels que les fertilisants et les pesticides.
[3] Empreinte carbone associée au transport du raisin du vignoble au chai, à la production de la matière première, aux procédés de réfrigération, et au traitement des déchets de fabrication.
[4] Empreinte carbone associée à la fabrication et au transport des matériaux utilisés pour le conditionnement du vin.
[5] Empreinte carbone associée au bouchon de liège naturel et papier naturel et au traitement des déchets utilisés pour la fabrication du conditionnement.
[6] Empreinte carbone associée à la production et combustion de carburants des camions ou des trains, basée sur des distances typiques pour le transport vers les lieux de vente aux États-Unis.

Source : d'après Wine Institute and the California Sustainable Winegrowing Alliance, 2014 (https://www.sustainablewinegrowing.org/docs/California_Wine_Executive_Summary.pdf)

Figure 6.2 Bilan Carbone® de la filière viti-vinicole bordelaise en 2012 par poste émetteur en tonnes équivalent CO_2 (Teq CO_2)

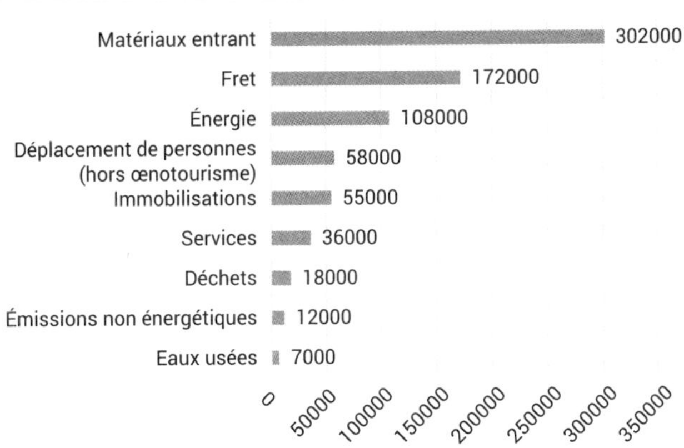

Source : d'après CIVB

Tableau 6.1 Détail des postes considérés pour calcul de l'empreinte carbone de la filière viti-vinicole bordelaise

Énergie
- exploitants
- caves coopératives
- négoce
- distilleries

Viticulture, vinification, distillation

Hors énergie
- N_2O (engrais)
- fluides frigo, etc.

Fret
- depuis fournisseurs
- interne
- vers clients

Routier, aérien & maritime

Déplacements
- domicile-travail
- professionnels

Voiture, train, avion

Matériaux entrants
- verre, métaux, plastiques
- carton, papier
- produits phytosanitaires
- engrais
- bois (caisses, barriques, bouchons)
- produits œnologiques, etc.

Services

Prestations diverses

Déchets
- déchets directs
- fin de vie du conditionnement

Eaux usées

Immobilisations
- Bâtiments, cuverie
- Engins, machines
- informatique

Source : d'après CIVB

Si les méthodologies et les résultats diffèrent sensiblement, nous pouvons, quoi qu'il en soit, observer que les trois postes qui ressortent en premier lieu sont dans les deux cas, dans l'ordre, le conditionnement, le vignoble – notamment l'énergie consommée et l'émission de protoxyde d'azote associées directement ou indirectement aux passages des tracteurs mais aussi aux amendements en azote – et le transport.

Pour revenir sur la figure 6.1, le California Wine Institute a, fort de ce bilan carbone, identifié les principales pistes d'amélioration pour sa chaîne de production et sa chaîne logistique. Outre les progrès possibles au vignoble ou dans le chai, les deux principaux postes qui ont été identifiés sont donc le conditionnement et la gestion de la distribution, notamment du transport. Dans le détail, pour le premier point, les deux pistes principales sont l'utilisation de bouteilles moins lourdes ou le remplacement de la bouteille en verre par d'autres modes de conditionnement, à l'empreinte carbone réduite. Quant à la distribution et à la chaîne logistique, les opportunités résident dans l'optimisation du réseau de distribution, l'augmentation du transport ferroviaire ou l'utilisation d'une flotte de véhicules à plus faibles émissions de GES pour le routier, et des discussions avec le(s) partenaire(s) distribution s'il y a lieu pour favoriser des solutions plus environnementales. Ce type d'analyse permet ensuite de mettre en avant les bonnes pratiques, tant au niveau collectif qu'individuel. Le California Wine Institute travaille en ce sens, main dans la main avec la California Winegrowing Sustainable Alliance, afin de fournir des guides de bonnes pratiques, et des outils de mesure de progrès. Ces outils consistent notamment en un calculateur des mesures de performance, qui reprend le principe méthodologique utilisé pour le bilan carbone de la filière californienne et permet à chaque producteur de calculer le sien puis de se fixer des objectifs et de mesurer les progrès. Le constat de la California Winegrowing Sustainable Alliance est simple et se résume à cette phrase que l'on peut lire sur son site internet et les différents documents diffusés sur le sujet "*You can't manage what you don't measure*".

Pour ce qui est de la filière bordelaise, le CIVB a, de la même manière, effectué un bilan carbone et identifié les composantes de la chaîne de production et de la chaîne logistique causant le plus d'émissions de GES. Un second Bilan Carbone, réalisé en 2013 sur des données 2012, cinq ans après le premier (voir figure 6.2 et tableau 6.1), a démontré que la filière avait réussi à réduire de 9 % ses émissions de GES. Le principal poste d'amélioration est celui intitulé « Matériaux entrants ». Une diminution qui s'explique exclusivement par la baisse de l'impact de la bouteille en verre : réduction du poids des bouteilles, du facteur d'émission du verre et du nombre de bouteilles. Le seul poste en augmentation est le fret, ce qui s'explique par la croissance de l'export, notamment vers des pays lointains. Ces bilans confirment qu'une stratégie de réduction de l'impact du conditionnement et du transport s'impose si la filière viticole veut être plus environnementale. Fort de ces deux bilans carbone, le CIVB a mis sur pied un Plan Climat 2020 qui avait pour objectif de réduire les émissions de GES de 20 % à l'horizon 2020. Un nouveau bilan carbone est en cours de réalisation pour déterminer si ces objectifs ont été atteints.

Choix du conditionnement

Une fois les postes de réduction prioritaires des émissions de GES identifiés, il convient d'analyser pour chaque exploitation les différentes options possibles, leur impact environnemental. En matière de conditionnement, nous avons pu voir que le verre est le principal poste sur lequel il est possible de jouer pour réduire les émissions de GES. Dès lors, deux options principales sont envisageables, réduire le poids de la bouteille en verre ou changer de conditionnement. Si la première option est, sur le papier du moins, relativement simple à mettre en place quelle que soit l'exploitation ou le type de vin concerné, s'orienter vers un conditionnement radicalement différent ne peut naturellement pas convenir à toutes les exploitations viticoles. Quoi qu'il en soit, nous analyserons aussi, d'un point de vue environnemental, les bénéfices de ce type de choix. Nous discuterons ensuite, même si l'enjeu en matière d'allègement de l'empreinte carbone est moindre, des différentes solutions de bouchage ou encore des différentes possibilités d'emballage des bouteilles de vin (caisses bois ou cartons). Enfin, nous analyserons les systèmes de recyclage et la durée de vin des matériaux ou encore leur capacité à se dégrader dans la nature.

Une bouteille plus légère, un petit geste qui peut peser lourd

Quelle que soit la méthodologie choisie ou la région concernée, les bilans carbone s'accordent tous sur un point, la bouteille en verre a une empreinte carbone très élevée et contribue donc grandement aux émissions de GES de la filière viti-vinicole et par conséquent aux phénomènes de changement climatique. C'est vrai à plusieurs titres : les émissions de GES liées à la chaîne de production du verre, l'impact poids du verre sur le transport des bouteilles vers les exploitations viticoles, puis du vin une fois celui-ci embouteillé, sans parler bien sûr de l'aspect taux de récupération ou de recyclage des bouteilles. Le geste le plus simple à considérer, pour alléger significativement son bilan carbone, consiste donc à réduire le poids de sa bouteille en verre. Il est d'ailleurs étonnant de constater que beaucoup de vignerons, qui revendiquent, certainement à juste titre, leur conscience environnementale, n'ont pas encore franchi le pas et présentent encore certaines de leurs cuvées dans des bouteilles lourdes, comme si le poids était un marqueur de qualité. Le poids ne change pourtant pas le contenu. Les dégustateurs du monde entier, qu'ils soient néophytes ou éclairés, ont également de plus en plus à l'esprit les enjeux environnementaux et accepteraient aisément, avec un peu de pédagogie, un allégement du contenant.

Sur la figure 6.3, nous pouvons, en effet, constater les bénéfices notables de la réduction du poids d'une bouteille en verre en matière d'émissions de GES.

Figure 6.3 Empreinte carbone relative d'une bouteille de 434 grammes versus une bouteille de 543 grammes

Source : d'après le Rapport du Center for Sustainable Systems, University of Michigan, Martin Heller 2017

Ce constat fut également effectué par le Comité interprofessionnel du vin de Champagne et plus globalement la filière viti-vinicole champenoise dès 2010. Les différentes parties prenantes, avec l'aide de partenaires verriers, ont, en effet, acté le lancement officiel d'une bouteille de champagne plus légère, en mars 2010. Une nouvelle bouteille pesant 65 grammes de moins que la précédente, soit 835 grammes versus 900 grammes – la bouteille champenoise doit pouvoir résister à la pression du CO_2 et est donc de ce fait significativement plus lourde qu'une bouteille de vin tranquille. Soixante-cinq grammes sur 900 grammes, peut, à première vue, ressembler à un tout petit geste. Pour autant, cette décision a permis de réduire les émissions de GES de la filière viti-vinicole champenoise de 8 000 tonnes équivalent CO_2, soit l'équivalent d'un parc automobile de 4 000 véhicules (CIVC, 2010). Une action parmi de nombreuses autres, dans le cadre du plan climat de la filière champenoise lancé en 2003, qui a d'ores et déjà permis une réduction de 20 % des émissions de GES.

La réduction du poids de la bouteille de vin passe bien sûr, aussi, par des réponses adaptées de l'industrie du verre. La maison Gabriel Meffre basée en Rhône méridional a ainsi travaillé avec son partenaire verrier, afin de conditionner ses vins dans une bouteille pesant 410 grammes versus 520 grammes, pour un total de 1 950 tonnes de verre économisées entre 2009 et 2014, soit une réduction de 1 390 tonnes équivalent GES CO_2.

Dans certains marchés, où l'alcool est vendu au détail par des monopoles d'État, le poids allégé des bouteilles est d'ailleurs devenu un des critères de choix de vins qui seront importés et commercialisés. C'est le cas notamment en Ontario, au Québec ou dans certains pays scandinaves.

Les réponses apportées par l'industrie du verre et les exemples individuels ou collectifs que nous venons de citer – il y en a bien d'autres – devraient, nous l'espérons du moins, inciter de plus en plus d'exploitations à adopter des bouteilles moins lourdes.

Délaisser le verre ?

L'autre option consiste à opter pour d'autres types de conditionnement à l'impact environnemental plus réduit. Il y a ici plusieurs considérations, l'aspect environnemental, l'aspect qualitatif du conditionnement retenu (solidité, imperméabilité, durée de vie, etc.) et la perception du consommateur.

D'un point de vue purement environnemental, comme nous pouvons le constater sur la figure 6.4 et le tableau 6.2, les solutions alternatives à la bouteille en verre, le Bag-in-Box, la bouteille en polyéthylène téréphtalate (PET) et la canette en aluminium, notamment, permettent de réduire significativement l'empreinte carbone liée au poste conditionnement. Dans la figure 6.4, issue du bilan carbone réalisé par la filière viti-vinicole californienne, nous pouvons constater que le conditionnement en Bag-in-Box permet de réduire de 40 % l'empreinte carbone liée au conditionnement du vin comparée à une bouteille de verre classique.

Figure 6.4 Empreinte carbone relative de conditionnements alternatifs à la bouteille en verre

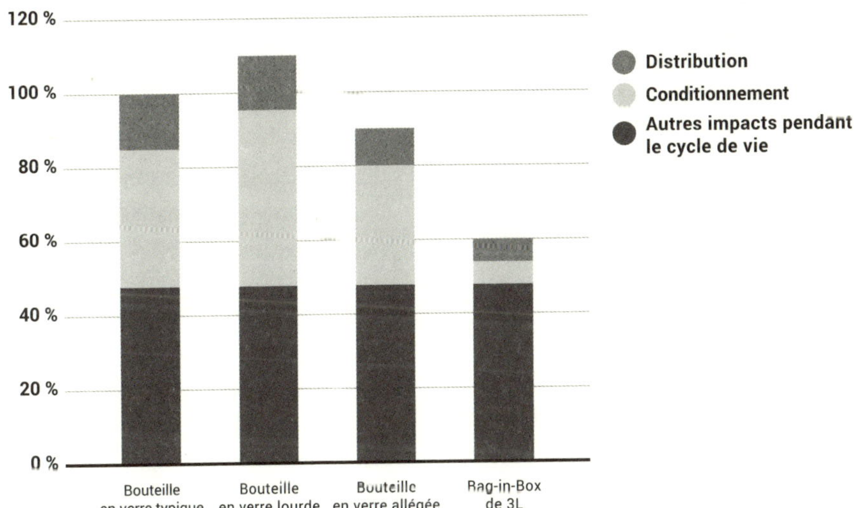

Source : d'après Wine Institute and the California Sustainable Winegrowing Alliance, 2014 (https://www.sustainablewinegrowing.org/docs/California_Wine_Executive_Summary.pdf)

Nous pouvons également observer que c'est le poste production du conditionnement, qui permet, en premier lieu, une telle baisse.

L'entreprise publique finlandaise Alko, monopole d'État en charge de la vente au détail des boissons alcoolisées en Finlande, a réalisé une étude similaire en 2018 et 2019, en l'étendant à d'autres types de conditionnement. Nous pouvons constater sur le tableau 6.2 que tous les conditionnements alternatifs à la bouteille en verre considérés par cette étude permettent de réduire significativement les émissions de GES.

Tableau 6.2 Comparaison des émissions de GES en grammes équivalent de CO_2 par litre entre différents types de conditionnements

Bouteille traditionnelle en verre	Bouteille en verre allégée	Bouteille en PET	Canette en aluminium	Poche à vin	Brique en carton
0,75 L / 540 g	0,75 L / 420 g	0,75 L	0,33 L	1,5 L	1 L
675 g CO_2e/L	525 g CO_2e/L	245 g CO_2e/L	190 g CO_2e/L	96 g CO_2e/L	85 g CO_2e/L

Source : d'après www.alko.fi

Les résultats de l'étude démontrent que la bouteille en PET de 75 cl représenterait une réduction de l'empreinte carbone conditionnement de 63,7 % versus une bouteille en verre traditionnelle pesant 540 grammes. Les chiffres sont encore plus élevés pour la canette en aluminium de 33 cl (– 71,9 %), les poches à vin d'un litre et demi (– 85,8 %) ou le conditionnement en brique en carton d'un litre (– 87,4 %).

Pour aller plus loin, Alko, Systembolaget et Vinmonopolet – les trois monopoles d'État en charge de la commercialisation au détail des boissons alcoolisées respectivement en Finlande, Suède et Norvège – ont commissionné Gaia Consulting afin de conduire en 2018 une étude d'évaluation du cycle de vie des différents types de conditionnements. Cette étude confirme que c'est le poste production du conditionnement qui a l'impact environnemental le plus important. Elle confirme également que le conditionnement en bouteille de verre aurait l'empreinte carbone la plus élevée, même si le paramètre recyclage et gestion des déchets modifie sensiblement la photographie, avec des résultats nettement moins flatteurs pour les bouteilles en PET voire même en bioplastiques (Gaia Consulting, 2018).

Les recommandations en matière d'amélioration sont claires : opter pour des conditionnements plus légers, quel que soit le type de conditionnement retenu, et favoriser des matériaux recyclables.

L'étude analyse aussi les avantages de nouveaux types de conditionnement, utilisant des matériaux tels que les bioplastiques, le carton recyclé, la fibre de lin, le polyéthylène-furanoate (PEF), ou l'acide polylactique (PLA).

Il convient quoi qu'il en soit de rappeler une nouvelle fois, au-delà de l'impact environnemental, que tous les producteurs ne sont pas prêts à conditionner leur vin dans des Bag-in-Box, des canettes en aluminium, voire de nouveaux types de conditionnement, aussi environnementaux soient-ils. Les caractéristiques techniques de ces types de conditionnement, la durée de vie du vin ainsi conditionné et la perception qualitative des consommateurs sont naturellement aussi à prendre en compte.

De nouveaux types de conditionnements

Voici quelques exemples de solutions de conditionnement plus récentes, qui offrent certains avantages écologiques, même si certaines limites sont aussi à garder à l'esprit. Reste également, bien sûr, à déterminer si elles pourront répondre aussi aux attentes techniques de la filière ou convaincre les consommateurs.

Des alternatives biologiques au PET

Plusieurs bouteilles en bioplastiques sont aujourd'hui développées. L'avantage environnemental principal de ces nouveaux conditionnements réside avant tout dans les matériaux utilisés pour leur production. L'acide polylactique (PLA) est, par exemple, une résine plastique d'origine végétale, basée sur l'amidon du maïs, qui peut être utilisée pour la production de bouteilles de vin. Le premier prototype a vu le jour en 2016, à la Bodega Mattaromera qui avait missionné la société Aimplas pour produire ce nouveau type de conditionnement.

Le polyéthylène furanoate (PEF), en cours de production et de test, est un autre exemple de plastique biosourcé, issu des sucres contenus dans certaines productions agricoles, comme certaines céréales ou encore la betterave.

Le projet européen PHBottle a lui aussi donné naissance à une piste intéressante : des bouteilles en polyhydroxybutyrate (PHB), produites à partir d'un polymère obtenu par fermentation de la matière organique issue des eaux usées de l'industrie des jus de fruit. Double avantage ici, puisqu'on utilise les effluents d'une autre industrie.

Ces alternatives au verre, et surtout au PET, présentent donc, au-delà des aspects techniques et des améliorations annoncées en matière d'imperméabilité, des avantages environnementaux. Elles sont basées sur des matières d'origine végétale ou des effluents et non sur des matériaux d'origine fossile, ce qui signifie une réduction importante des émissions de GES pour leur production. Cependant, elles présentent aussi, pour l'instant du moins, certaines limites, la principale étant que les systèmes de recyclage de ces matériaux ne sont pas encore opérationnels, à ce stade. Les producteurs ou utilisateurs de ces plastiques biologiques annoncent également qu'ils sont biodégradables. Une promesse à prendre toutefois avec des pincettes, puisque cela n'est vrai, par exemple, pour les bouteilles en PLA et PEF, que dans le contexte d'un compostage industriel. Elles ne sont également pas dégradables dans l'eau et contribuent donc à l'instar des autres plastiques existants à la pollution des océans.

Une bouteille en fibre de lin et résine d'arbre

Un autre projet intéressant est celui porté par la start-up toulousaine Green Gen Technologies, intitulé Green Gen Bottle®. Cette bouteille est produite à partir de fibres de lin imprégnées d'une résine thermoplastique principalement issue de résine de pin. Outre l'avantage environnemental lié aux matériaux utilisés pour sa production, et au fait que cette bouteille est biodégradable à 91 %, elle ne pèse que 190 grammes, pour un bilan carbone du transport qui diminue aussi significativement. Les 9 % non biodégradables et non biosourcés constituent un film alimentaire plastique intérieur afin de mieux protéger le contenu. Green Gen Technologies travaille pour remplacer ce film par du PLA.

La bouteille en carton recyclé

Le premier concept de bouteille en carton recyclé a été lancé en 2012 par la société britannique Greenbottle, en collaboration avec le producteur de vin californien Truett-Hurst pour sa gamme de vin Paperboy. Une bouteille composée de carton recyclé à 80 %, d'encre biodégradable, et d'un film plastique alimentaire intérieur, qui serait en moyenne 85 % plus légère que son équivalente en verre et permettrait de réduire de 67 % l'empreinte carbone conditionnement. Cependant, quelque trois ans plus tard, la société Truett-Hurst annonçait suspendre la production des bouteilles Paperboy, constatant que de très gros stocks s'étaient oxydés prématurément chez leurs distributeurs.

La société Frugalpac a, quant à elle, lancé en 2020 une bouteille de vin intitulée Frugal et composée cette fois à 94 % de carton recyclé et d'un film alimentaire. Cette bouteille pèse seulement 83 grammes. Une analyse extérieure, réalisée par Intertek, aurait calculé que Frugal permettrait de réduire l'empreinte carbone de chaque bouteille de 84 %. Un concept décrit avec modestie, comme « la plus grande innovation pour l'industrie des vins et spiritueux depuis le lancement de la bouteille en verre » par son géniteur. Une fois la bouteille utilisée, le consommateur n'aurait plus qu'à séparer le film alimentaire de la bouteille en carton et à utiliser ensuite les réseaux de recyclage respectifs. Si, sur le papier, les avantages environnementaux semblent évidents, il est encore trop tôt pour analyser les caractéristiques techniques de ce nouveau conditionnement, les taux de recyclage et surtout l'acceptation de celui-ci par les producteurs et les consommateurs.

La question du bouchage

Nous avons pu constater en figure 6.1, pour la filière viti-vinicole californienne, que si la bouteille en verre pèse lourd dans l'empreinte carbone du vin, le bouchage a un impact nettement moindre. Quoi qu'il en soit, dans une démarche de réduction des émissions de GES, tous les paramètres doivent être analysés et tous les postes d'amélioration possibles doivent être considérés.

Nomacorc, producteur de bouchons synthétiques pour le vin, a été le premier à conduire et diffuser en 2008 une étude de l'empreinte carbone des différentes solutions de bouchage du vin (figure 6.5). Les calculs comprennent les émissions de GES liées à la fabrication de la matière première, son conditionnement, puis la production de la solution de bouchage à proprement parler, et sa distribution incluant notamment le poste transport. Si les résultats démontrent que les solutions de bouchage Nomacorc sont parmi les plus environnementales, le bouchon en liège naturel ressort comme l'option la plus vertueuse, avec deux fois moins d'émissions de GES que les bouchons Nomacorc de l'époque. La comparaison avec les capsules à vis et dans une moindre mesure les bouchons en liège aggloméré, est encore plus nettement à l'avantage du bouchon en liège.

Figure 6.5 Empreinte carbone des différents types de bouchage

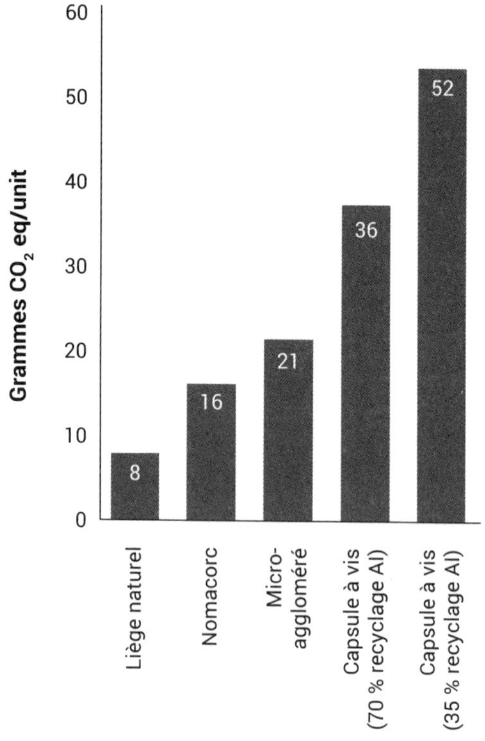

Source : d'après Nomacorc

Des gobelets sur échalas en forme de pont au domaine Trapet en Bourgogne. Une pratique d'origine rhodanienne qui fait des émules, pour avoir à la fois une bonne surface foliaire, une canopée aérée et un meilleur effet d'ombre pendant les vagues de chaleur.

Les vignobles de Frog's Leap Winery, cultivés sans irrigation au cœur de la Napa Valley Une démarche responsable dans une région où l'irrigation est monnaie courante, pour un domaine qui produit des vins de grande élégance, avec des niveaux d'alcool maîtrisés.

Biomasse et panneaux photovoltaïques pour s'appuyer sur des énergies renouvelables et diminuer les émissions de gaz à effet de serre des Bodegas de la Familia Torres. L'objectif annoncé du groupe Torres : avoir un bilan carbone négatif d'ici 2050.

Le jardin des filtres, station de phyto-épuration de la cave coopérative de Buzet. 9 000 plantes issues de 30 espèces locales, impliquées dans le procédé d'épuration zéro intrant des effluents viticoles.

Le train qui permet la visite des vignobles de la Bodegas Torres à Pacs del Penedès, anciennement à moteur diesel, a été remplacé par un modèle solaire électrique, pour une réduction de 50 % des émissions de CO_2.

Avec le changement climatique, les incendies se multiplient dans certaines régions (ici, à Santa Rosa en Californie, le 20 août 2020). Au-delà des dégâts physiques, il faut tenter de minimiser l'impact du goût de fumée pour les raisins exposés.

Au Château Pontet Canet, tout est pensé pour avoir une gestion responsable de l'énergie. La géothermie alimente les bâtiments. Les constructions sont faites de matériaux locaux. Il n'y a aucun système de thermorégulation énergivore et on utilise le chanvre naturel ou à chaux pour une meilleure isolation.

Les forêts de chêne liège, exploitées et entretenues ici par l'entreprise Amorim, ont une grande capacité de séquestration du carbone. Le choix du bouchon liège, c'est favoriser la reforestation et réduire considérablement l'empreinte carbone de chaque bouteille de vin.

La LEED Platinum Teaching and Research Winery, à l'université de Davis en Californie. Un centre d'étude et de recherche en œnologie, conctruit avec des matériaux recyclés, conçu dans une optique de durabilité et totalement autosuffisant en eau et en énergie.

La première unité de recyclage de l'eau utilisée pour le lavage des barriques, développée dans les domaines Jackson Family Wines.

Amorim, entreprise leader dans la production de bouchon en liège, a diffusé quelques mois plus tard une analyse environnementale encore plus complète, avec sept facteurs considérés (tableau 6.3). Les résultats en matière d'émissions de GES sont très proches de ceux diffusés par Nomacorc.

Tableau 6.3 Performance environnementale par type de solution de bouchage

	Type de bouchage		
Indicateur environnemental	**Bouchage liège**	**Bouchage aluminium**	**Bouchage plastique**
Consommation d'énergie non renouvelable	1,00	4,33	4,87
Consommation d'eau	1,90	1,00	3,06
Émission de gaz à effet de serre	1,00	24,24	9,67
Contribution à l'acidification atmosphérique	1,00	6,15	1,54
Contribution à la formation d'oxydants photochimiques	1,00	4,04	1,48
Contribution à l'eutrophisation des eaux de surface	1,00	1,10	1,52
Production de déchets solides	1,00	1,99	1,57

Clés :

Meilleure performance

< 20 % plus bas que la meilleure performance

Au moins 20 % plus bas que la meilleure performance

Source : d'après Amorim

Le bouchon en liège ressort également comme étant le plus environnemental sur cinq des six autres critères considérés : consommation d'énergie non renouvelable, contribution à l'acidification atmosphérique, production de déchets solides, contribution à la production d'oxydants photochimiques (phénomènes conduisant à la production d'ozone), contribution à l'eutrophisation des eaux de surface (pollution des écosystèmes aquatiques). Les capsules à vis ne sont les plus vertueuses que sur le critère consommation d'eau.

Pour aller plus loin, Amorim (voir encadré) a commissionné le consultant indépendant Ernst & Young, afin de conduire une étude du cycle de vie du bouchage en liège qui a été publiée en 2020. Cette étude, qui prend notamment en compte la capacité de séquestration carbone des forêts de chênes liégeux, démontre qu'un bouchon en liège pour un vin tranquille réduirait de 309 grammes équivalent CO_2 l'empreinte carbone d'une bouteille de vin. Pour un vin effervescent, le bouchon comprenant deux disques de liège naturel, la réduction s'élèverait à 562 grammes.

La capacité de séquestration carbone des forêts de chêne-liège signifie également que toute entreprise de reforestation peut contribuer à rendre la filière viti-vinicole plus environnementale en réduisant ses émissions de GES. Au-delà de toute considération comparative entre le type de bouchage et les actions des différents acteurs impliqués, nous pouvons donc aussi saluer les initiatives qui vont dans ce sens. L'entreprise française Diam, qui produit et commercialise des bouchons en liège technologique depuis 2005, travaille, par exemple, main dans la main avec la région Provence-Alpes Côtes d'Azur et l'Association syndicale libre de gestion forestière de la suberaie varoise, pour soutenir le plus grand plan de reforestation de chênes-lièges dans le Var. Quelques 3 252 arbres auraient d'ores et déjà été plantés dans la région varoise. Diam est d'ailleurs devenu le premier acheteur des suberaies françaises du Var et du Roussillon, permettant à celles-ci d'être entretenues et de mener à bien ces politiques de reforestation. D'autres projets sont à l'étude dans d'autres régions.

Chaque producteur choisit aussi sa solution de bouchage en fonction de critères techniques (niveau de perméabilité, homogénéité, durée de vie, risques au niveau sensoriel) et parfois commerciaux (acceptation des clients). Pour autant, chaque geste compte et le critère environnemental devient aussi central. Nul doute que les initiatives vertueuses vont continuer à se multiplier dans la filière bouchage et que d'autres solutions à l'empreinte carbone encore réduite devraient voir le jour.

Corticeira Amorim

Fondée en 1870, la société Amorim est le plus gros producteur de bouchons de liège au monde. Elle produit 5,4 milliards de bouchons par année avec des clients dans plus d'une centaine de pays. Amorim est également une société particulièrement proactive dans sa démarche d'adaptation et de mitigation des changements climatiques. Le Président António Rios de Amorim s'est engagé personnellement sur ce sujet. Fort de nombreuses études, il communique beaucoup, à juste titre, sur les nombreux avantages environnementaux du liège. Le premier et le plus évident réside dans la capacité des forêts de chênes-lièges à séquestrer du CO_2. Rien que dans le Bassin méditerranéen, les forêts de chênes-lièges occupent plus de 2,2 millions d'hectares et au total. Un chêne-liège peut vivre jusqu'à 200 ans et la première récolte de liège se fait lorsque l'arbre a 25 ans. Chaque fois que le liège est récolté, l'arbre doit régénérer celui-ci, ce qui accroît considérablement la capacité de stockage de CO_2. D'après les chiffres de la société, les forêts de chênes-lièges captureraient plus de 14 millions de tonnes de CO_2. En plus d'améliorer la qualité de l'air, ces forêts jouent également un rôle très important contre la désertification puisque les arbres améliorent la structure des sols et facilitent l'infiltration de la pluie.

Les démarches initiées par Amorim démontrent aussi les bienfaits de l'économie circulaire. Seulement 30 % du liège produit possède les qualités requises pour la production des bouchons. Pour autant tout le reste de la production est utilisé, soit pour donner naissance à des produits dérivés, soit pour produire de l'énergie renouvelable par biomasse ; 60 % de l'énergie consommée dans les usines Amorim est ainsi produite par transformation de la biomasse. Par ailleurs, des programmes de recyclages initialement développés au Portugal, puis adoptés par de nombreux pays, permettent de récupérer le liège et les bouchons pour les transformer. Un site internet est d'ailleurs dédié à ces produits dérivés et démontre que l'on peut être

•••

•••

particulièrement créatif en matière de recyclage. On peut y découvrir des articles d'habillement ou encore des produits pour l'aviation et le sport, entre autres.
À l'heure où nous écrivons ces lignes, Amorim recycle 550 millions de bouchons pour 5,4 milliards fabriqués chaque année. António Rios de Amorim est déterminé à faire augmenter ce chiffre au plus vite. Il travaille aussi à de nouveaux projets pour contribuer à la décarbonisation de la planète, même si la compagnie enregistre d'ores et déjà une empreinte carbone négative.

La caisse bois ou le carton

Dernier élément du poste conditionnement, l'emballage de la ou des bouteilles. Il y a ici plusieurs considérations : le choix du ou des matériaux utilisés, leur origine géographique et leur capacité de recyclage. Pour ce qui est de l'origine géographique afin de minimiser l'impact transport vers le producteur, il faut naturellement favoriser, si c'est possible, des fournisseurs locaux ou proches géographiquement. Pour ce qui du choix du ou des matériaux, les deux principales alternatives sont le bois et le carton. Si le premier est plus solide et parfois considéré comme plus prestigieux, l'impact poids sur le poste transport et la difficulté de recyclage en font un matériau nettement moins environnemental. À l'inverse, si le carton est retenu, il faut aussi, comme nous l'avons évoqué dans le chapitre précédent, s'assurer auprès du fournisseur que celui-ci ne contient pas de chlore, afin d'éviter des polluants organiques persistants dans l'environnement, comme la dioxine.

Pour revenir à la caisse bois, la première réflexion à mener est sûrement la suivante : est-ce que le client a vraiment besoin ou envie de recevoir son vin conditionné en caisse bois ? Qu'un client qui achète une caisse complète et envisage de conserver son vin pendant des années en cave, soit potentiellement satisfait qu'il soit conditionné en caisse d'origine est une chose, mais les vins ne sont pas toujours stockés au final en caisse complète, tant s'en faut. C'est encore plus vrai pour les vins onéreux, exception faite peut-être des vins de Bordeaux (et encore), compte tenu de la commercialisation en caisse des ventes en primeurs. Il y a parfois l'habitude de la caisse bois qui s'est installée, mais il serait sûrement intéressant pour les producteurs de questionner leurs clients, et ce, d'autant plus que conditionner en caisse bois leur coûte sensiblement plus cher. Il s'agit une nouvelle fois de décider de passer le pas et d'avoir une politique de conditionnement des bouteilles plus environnemental et aussi d'accompagner toute décision d'une pédagogie afin que le consommateur final comprenne et accepte.

Nous pouvons ici citer l'exemple du CIVB et de son diagnostic emballage. En juillet 2019, le CIVB a décidé, en collaboration avec Adelphe, d'organiser un diagnostic des emballages sur trois entreprises représentatives des différentes typologies de structures de la filière viti-vinicole bordelaise : le Château Brown, producteur indépendant, le négociant Bouey et la coopérative vinicole de Puisseguin Lussac Saint-Émilion. Ce diagnostic consistait notamment en une visite d'un expert pour un audit détaillé de l'ensemble de la chaîne d'emballage des entreprises et la remise d'un rapport où sont détaillées les améliorations potentielles en matière d'écoconception. La restitution a, notamment, sans trop de surprise, mis en avant les avantages de la caisse carton versus son équivalent en bois. En mai 2020, le Château Brown a donc annoncé le lancement de sa caisse carton, conçue d'après les recommandations du diagnostic, cassant ainsi les codes et habitudes de nombreux châteaux bordelais. D'après le calcul effectué par le logiciel d'Adelphe, cette caisse carton permettrait une réduction de 40 % de consommation d'énergie. La différence de poids entre ce carton pouvant contenir 6 bouteilles et la caisse bois de même capacité, est de plus de 1 kg. Château Brown a également choisi une caisse conçue à 75 % en carton recyclé, fabriquée en Nouvelle-Aquitaine et parfaitement recyclable ensuite. Pour finir, le château a écarté les huiles minérales pour les encres d'impression. Au-delà de ce choix personnel, l'aspect exemple pour la filière est probablement le plus important, sans parler des retombées presse et marketing très importantes pour le château.

Recyclage et durée de vie

Nous avons déjà discuté de l'importance du recyclage dans le chapitre précédent et la section consacrée à la gestion des déchets. Les choix en matière de conditionnement n'échappent pas à la règle. Les bioplastiques, utilisés pour la production de certaines bouteilles, n'ont par exemple pas forcément une chaîne de recyclage opérationnelle, à ce jour. Pour les bouteilles en PET, si le plastique peut être recyclé, il a tendance à perdre en qualité et est donc souvent uniquement recyclé pour d'autres produits ou usages. Rappelons quelques chiffres assez alarmants datant de 2018 qui ne plaident pas la cause du plastique : seulement 14 % des matériaux plastiques sont recyclés, dont 2 % en circuit fermé et 32 % finissent en déchets dans l'écosystème (Greenpeace, 2019).

Pour les Bag-in-Box et autres systèmes de poche à vin, la séparation entre les multiples couches de plastiques et la couche d'aluminium est compliquée et il n'y a pas de système de recyclage spécifique. À l'inverse, pour les canettes en aluminium ou la bouteille en verre, le système de recyclage est opérationnel, le taux de recyclage est plutôt haut (à l'échelle mondiale, même s'il existe des différences notables entre certains marchés) et il n'y a pas de dégradation du matériel pendant le processus de recyclage.

Pour le bouchage, même constat, les solutions plastiques, si elles peuvent être recyclées, le sont très peu en réalité et ne sont pas biodégradables. Même les bioplastiques ne sont dégradables que dans le cadre de compostage industriel et contribuent le plus souvent à la pollution de nos campagnes ou de nos océans. La capsule à vis en aluminium est quant à elle recyclable, à l'instar des canettes. Malheureusement, peu de gens ont ce réflexe, probablement parce que le travail d'éducation n'a pas encore été assez efficace.

Pour le bouchon en liège, la réponse est moins évidente. Sur le papier, le bouchon en liège est recyclable, tant pour partie en circuit fermé que pour d'autres utilisations (production de chaussures ou de sacs par exemple). Dans les faits, il n'y a que très rarement, à l'inverse du verre ou du papier, des réservoirs pour déposer vos bouchons utilisés. Il faut donc, le plus souvent, contacter directement une entreprise de recyclage spécialisée, ce qui ne favorise pas un taux de recyclage élevé. Quoi qu'il en soit, certains programmes spécifiques de recyclage, particulièrement intéressants, ont vu le jour récemment. C'est le cas notamment de Recorked UK, le leader du recyclage des bouchons en liège naturel au Royaume-Uni, qui propose de reverser un pourcentage de son profit à des entreprises caritatives ou des associations pour la protection de l'environnement pour chaque bouchon collecté. Recorded UK fournit aussi gratuitement des bouchons à des associations caritatives ou des écoles pour des projets artistiques ou artisanaux. Pour finir sur le bouchon en liège, il est aussi important de rappeler que si celui-ci est jeté dans la nature, à l'inverse des autres solutions de bouchage, il finira par se dégrader.

Pour ce qui est de l'emballage, les caisses cartons sont naturellement plus faciles à recycler que les caisses bois. Quoi qu'il en soit, si vous avez opté pour la caisse bois, pour tout ou partie de votre gamme, rien n'empêche d'être inventif et de prolonger la durée de vie de cette dernière, comme le font les Châteaux Rauzan-Ségla et Château Canon, qui ont installé des caisses bois de six bouteilles sur les porte-bagages des vélos utilisés dans les deux exploitations. Les caisses bois peuvent aussi servir pour créer des meubles, ou bien sûr comme solution de stockage, pas uniquement en cave mais aussi dans les points de vente.

Le transport

La répartition de l'empreinte carbone dans le transport

Nous avons pu constater dans les figures 6.1 et 6.2 l'importance du transport dans l'empreinte carbone d'une bouteille de vin. Ce chiffre varie naturellement selon le point de départ et la destination de chaque bouteille. Le Department for Environment, Food & Rural Affairs du Royaume-Uni a développé un indice pour aider les entreprises à mesurer les émissions de GES associés à chaque mode de transport. Si le choix du mode de transport a une influence majeure, comme nous pouvons le constater dans le tableau 6.4, qui utilise cet indice pour comparer les différents modes de transport, les facteurs distance parcourue, poids de la cargaison et type de carburant utilisé, pèsent aussi considérablement dans la balance. Nous pouvons aussi constater sans surprise que l'avion est le mode de transport qui a le pire bilan carbone. Fort heureusement, c'est très rarement l'option retenue par la filière viti-vinicole.

Tableau 6.4 Moyen de transport et émissions de CO_2

	Indice
Transport maritime, haute mer, conteneur classique	100
Transport maritime, haute mer, conteneur réfrigéré	130
Transport ferroviaire multimodal	485
Transport maritime côtier, conteneur classique	531
Transport maritime en navire roulier	746
Transport routier en camion avec remorque	1 127
Transport aérien, longs courriers (plus de 3 700 km)	17 920
Transport aérien, vols courts (de 785 à 3 700 km)	28 320

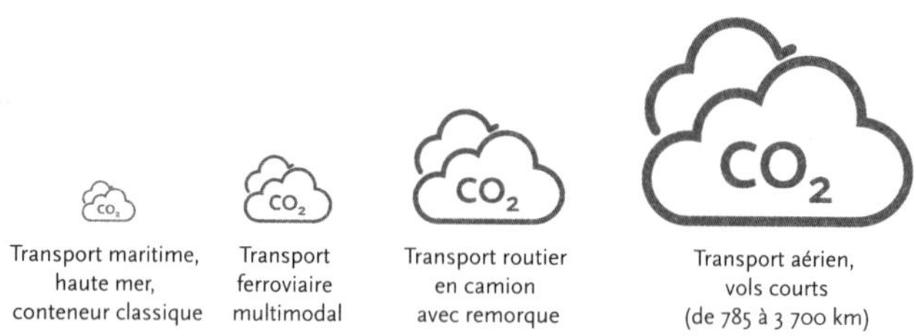

Source : d'après Hillebrand / DEFRA

Transport maritime

Mis à part les transports routiers et ferroviaires électriques, qui par définition ne fonctionnent que pour certains trajets, le transport par bateau reste le choix à privilégier pour minimiser son empreinte carbone. Lorsque l'on expédie son vin par voie maritime, il y a plusieurs options, chacune ayant une empreinte carbone différente (tableau 6.5). La plus environnementale consiste à transporter son vin en flexitank, une poche en plastique flexible installée dans un conteneur de 20 pieds, qui peut contenir jusqu'à 24 000 litres. Viennent ensuite les conteneurs-citernes ISO, caissons métalliques de 26 000 litres. Pour autant, ces deux solutions ne concernent que des vins transportés en vrac et embouteillés à destination, solution qui ne convient pas à tous les types de vin et toutes les exploitations viticoles. Le sujet du transport de vin en vrac et de l'embouteillage à destination sera développé plus loin dans ce chapitre.

Tableau 6.5 Comparaison en émissions de CO_2 de différents modes de transports maritimes pour un trajet porte à porte de la Barossa Valley à Montréal

	Kg de CO_2e	**Kg de CO_2e par litre**
Conteneur classique 20 pieds (9 900 litres de vin)	4 585	0,46
Conteneur isolé 20 pieds (9 900 litres de vin)	4 585	0,46
Conteneur réfrigéré 20 pieds (7 500 litres de vin)	5 960	0,79
Flexitank (24 000 litres de vin en vrac)	6 870 incluant le transport	0,28
ISO tank (26 000 litres de vin en vrac)	7 710 incluant le transport à vide et chargé	0,30

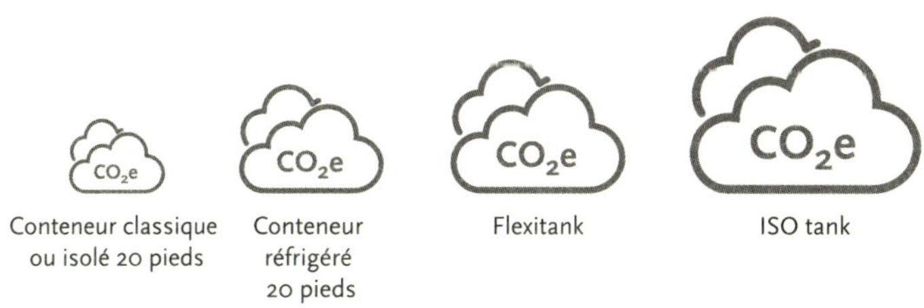

Source : d'après myHillebrand / survey with Clean Cargo carrier members, 2019

Pour ce qui est du transport du vin déjà embouteillé au départ, le volume contenu à espace équivalent baisse sensiblement tandis que le poids augmente. Dès lors l'empreinte carbone du transport est nettement plus élevée. Choisir un contenant non réfrigéré est aussi, assez logiquement, plus environnemental. Pour autant, les risques liés aux fluctuations de température, aux contaminations ou aux infiltrations augmentent. Retenir cette solution peut donc avoir un impact sur l'intégrité du vin transporté, en particulier sur de longs trajets. Si cette option est retenue, il est primordial de s'assurer que le conteneur est installé dans une zone du bateau où la température est moins fluctuante. Nous pouvons constater (tableau 6.6) que l'empreinte carbone est équivalente entre un conteneur classique et un conteneur équipé d'une bâche isolante en aluminium. Cette dernière option offre donc potentiellement un bon compromis, plus environnemental, puisque l'amplitude thermique est nettement plus faible, tandis que les risques de contamination ou d'infiltration diminuent.

Tableau 6.6 Comparaison entre différents équipements pour le transport de vin en bouteille par voie maritime pour un trajet d'Oakland (Californie) à Southampton (Angleterre)

	Kg de CO_2e
Conteneur classique 20 pieds (9 900 litres de vin)	1 930
Conteneur isolé 20 pieds (9 900 litres de vin)	1 930
Conteneur réfrigéré 20 pieds (7 500 litres de vin)	2 510

Source : d'après Hillebrand

IMO 2020

Selon le protocole de Kyoto, il y a six principaux GES : CO_2, hexafluorure de soufre (SF_6), méthane (CH_4), perfluorocarbures (PFCs), protoxyde d'azote (N_2O) et hydrofluorocarbures. Le transport génère plus particulièrement des émissions de CO_2, de SF_6 et de N_2O. Pour ce qui est du transport maritime, celui-ci est aussi responsable d'autres émissions atmosphériques particulièrement problématiques pour l'environnement et les phénomènes de changement climatique : les émissions d'oxyde de soufre (SOx). Les oxydes de soufre sont, entre autres, à l'origine de pluies acides, qui nuisent aux récoltes, aux forêts et aux espèces aquatiques, en plus de contribuer à l'acidification des océans. Les émissions de SOx peuvent donc directement ou indirectement influencer, accélérer ou accentuer les dérèglements climatiques.

De ce fait, depuis le 1er janvier 2020, l'Organisation maritime internationale (OMI), l'institution spécialisée des Nations unies chargée d'assurer la sécurité et la sûreté des transports maritimes et de prévenir la pollution des mers par les navires, a musclé les règles concernant les émissions SOx à travers une nouvelle réglementation intitulée IMO 2020. Les limites autorisées désormais en matière d'émissions de SOx depuis IMO 2020 sont nettement plus faibles : le carburant utilisé par les transports maritimes du monde entier doit contenir un maximum de 0,50 % m/m (masse par masse) de SOx, versus 3,50 % m/m auparavant. Même si le chemin est encore long, c'est un pas important pour la transition environnementale du transport maritime.

Transport routier et ferroviaire

Grâce à l'électrification des modes de transport routier, la filière viti-vinicole a aussi accès, aujourd'hui, à des solutions plus environnementales, dès lors que cette option est retenue. Néanmoins, au-delà du critère émissions de GES, les distances maximales qu'un véhicule peut parcourir avant d'avoir besoin de recharge et le coût de la flotte peuvent encore constituer des freins pour passer à l'électrique.

La Société des alcools du Québec (SAQ), monopole d'État en charge de la commercialisation au détail des boissons alcoolisées au Québec, a pourtant décidé de passer le pas en utilisant le Lion Truck, un camion électrique qui peut parcourir jusqu'à 400 km sans être rechargé. Une distance suffisante pour 45 % des déplacements de la SAQ. Le monopole a donc décidé d'acheter huit camions en 2019, malgré un coût unitaire de 300 000 $, beaucoup plus élevé que celui d'un camion diesel. Pour autant, la société d'État considère que les avantages environnementaux doivent prévaloir sur le critère économique et l'investissement initial.

Pour ce qui est des domaines viticoles, que ce soit pour leurs employés ou pour leurs clients, installer des bornes électriques pour recharger les véhicules ouvre aussi la porte à ces modes de transport individuels qui cherchent à être plus environnementaux. Il y a même, désormais, des sites internet qui indiquent l'adresse des producteurs qui offrent ce service pour aider les visiteurs à prévoir leur itinéraire de déplacement en conséquence.

Quant au transport ferroviaire, nous avons pu constater que celui-ci a une empreinte carbone nettement moindre comparée aux transports routiers non électrifiés (tableau 6.4). Le train reste donc une des solutions à favoriser pour des producteurs particulièrement soucieux de réduire leur empreinte carbone, tant pour le transport du vin que pour celui de certains équipements utilisés par les domaines viticoles.

Le futur, un vin transporté en voilier ?

Le 6 août 2017, la goélette *Avontuur* partait de La Rochelle avec comme destination le port de Montréal. En collaboration avec l'entreprise de négoce canadienne Portfranc, le Comité interprofessionnel du vin de Champagne (CIVC) testait alors, pour la première fois, une ligne commerciale transatlantique sans aucune consommation de pétrole. Pour les transports sur terre, Portfranc et le CIVC ont également favorisé des véhicules électriques et le ferroviaire. Les bouteilles importées (11 palettes de champagne en tout) ont ensuite été labellisées « importées à la voile » et l'entreprise canadienne a revendiqué un transport à l'empreinte carbone « quasi nulle ». Portfranc a aussi annoncé vouloir réitérer l'expérience sur des volumes plus importants. Ce test grandeur nature a également été suivi de près par des architectes navals, avec des projets de construction de cargo-voiliers qui pourraient transporter des centaines de conteneurs. Quand on sait que la Champagne exporte 43 % de sa production et que le fret représente 10 % de l'empreinte carbone totale de la filière champenoise, cette première expérience réussie est une porte ouverte vers un transport maritime bien plus propre. Espérons en effet qu'une telle pratique inspire des architectes et beaucoup d'autres régions et importateurs, et qu'elle devienne bientôt la norme.

D'ici là, il est primordial que les acteurs de la filière prennent conscience de l'enjeu du transport en matière d'émissions de gaz à effet de serre et puissent être aiguillés afin de faire des choix éclairés. Pour ce faire, des commissionnaires de transport peuvent les aider à retenir les meilleures options (voir encadré sur Hillebrand). À l'instar du poids de la bouteille, adapter ses choix pour acheminer ses vins vers ses clients, en retenant, en premier lieu, des options à l'empreinte carbone réduite, doit devenir une priorité.

Vins conditionnés à destination

De grands volumes de vin sont expédiés en vrac, en conteneurs-citernes ISO ou en flexi-sacs, appelés communément flexitanks, puis conditionnés à destination. Selon l'Organisation internationale de la vigne et du vin (OIV), ces volumes représentaient 34 % des volumes de vin exportés en 2019, pour 8 % en valeur (OIV, 2019). Au-delà de toute considération financière ou qualitative, il convient de rappeler que c'est la solution en matière de transport qui permet de réduire le plus l'empreinte carbone d'une bouteille de vin (tableau 3). D'un point de vue technique, cette solution permet aussi de réduire l'amplitude thermique que subira le vin pendant le transport, compte tenu du volume que représente un conteneur – un volume plus important, c'est la garantie d'une meilleure inertie thermique. Pour des vins qui ne seront pas conditionnés en bouteille en verre, cette solution permet d'allonger leur durée de vie, puisque le conditionnement se fera dans le pays ou la région de commercialisation.

Le principal défi aujourd'hui réside dans le fait que les vins expédiés en vrac sont généralement des vins de qualité discutable, produits en grand volume, et n'ont donc pas une image attrayante pour les producteurs ou les consommateurs. Les chaînes de détaillants et les distributeurs sont des acheteurs importants de vins en vrac et labellisent le plus souvent ces vins sous le nom de leur propre marque, pour les commercialiser à prix attractif. Dès lors, même si la qualité des flexitanks s'est nettement améliorée ainsi que toutes les opérations de contrôle avant, pendant et après le trajet pour s'assurer de l'intégrité du vin transporté, il y a encore une très grande réticence chez de nombreux acteurs de la filière.

Le transport en vrac, une solution d'avenir ?

Certains chiffres laissent pourtant penser que le futur pourrait être prometteur pour le transport de vins en vrac, sur certains marchés du moins. La popularité et la vaste sélection des BIB dans les pays scandinaves, venant souvent de pays lointains et conditionnés en Europe, sont un bon exemple. En Suède, les BIB représentent 51 % des ventes de vin au détail en volume et il n'y a pas que des vins bas de gamme, loin s'en faut. On peut retrouver des cuvées de producteurs réputés tels que les domaines viticoles italiens Barone Ricasoli ou encore Allegrini. Marilisa Allegrini, présidente du groupe Allegrini, explique aussi que le succès de certains vins de la gamme, vendus en BIB sur ces marchés, a renforcé l'image du domaine et incité les consommateurs à acheter d'autres cuvées, plus onéreuses, conditionnées en bouteille. Les monopoles d'État scandinaves favorisent d'ailleurs, à qualité équivalente, les démarches environnementales en matière de transport et de conditionnement dans leurs appels d'offre.

Certaines initiatives pourraient aussi contribuer à démontrer que les vins expédiés en vrac ne sont pas uniquement des vins bon marché de qualité discutable et que cette solution peut convenir à des vignerons exigeants et réputés. Lanchester Wines, marchand de vin et importateur au Royaume-Uni, a par exemple décidé de créer une gamme boutique-vrac (boutique bulk). Cette boutique a pour vocation de proposer de la flexibilité en termes de conditionnement et d'étiquetage, pour une approche plus environnementale de ces deux postes, tout en mettant en avant des vins produits en volumes limités avec de vraies ambitions qualitatives.

Que de fortes réticences subsistent n'est pas étonnant. Transporter son vin en vrac peut donner légitimement l'impression de perdre le contrôle. La bouteille peut rassurer, le vin étant déjà dans le contenant dans lequel il sera consommé et le producteur peut superviser le poste embouteillage. Pourtant, que ce soit en matière de contrôle qualité ou de maintien de l'intégrité du vin, sur des trajets longs du moins, le transport de vin en vrac présente de nombreux avantages.

Le monde du vin est fait de rites et de traditions. Peut-être revient-il à notre génération de sensibiliser les suivantes, et aux acteurs de la filière conscients des enjeux de faire progressivement évoluer les perceptions et de bousculer des habitudes établies. Pour ce faire, il suffirait de quelques exemples marquants, de vignerons prestigieux qui acceptent de passer le pas, démontrant ainsi que l'enjeu environnemental doit primer. Si le vin parle toujours le même langage à destination, alors peut-être que l'image de cette solution évoluera. Après tout, les grands vins du passé étaient eux aussi en grande majorité transportés en vrac et certains ont quand même marqué le dégustateur final, loin de leur terroir d'origine. S'il était bien plus difficile à l'époque de se prémunir des contaminations microbiennes ou de phénomènes d'oxydation prématurée pendant le transport, nous avons aujourd'hui bien plus de moyens techniques à disposition.

Hillebrand

Hillebrand, société fondée en 1844 à Mainz, en Allemagne, est un commissionnaire de transport. L'entreprise travaille avec un vaste réseau de partenaires quel que soit le moyen de transport retenu. Hillebrand, en tant que commissionnaire, s'occupe donc de la gestion du transport, mais l'entreprise n'est pas propriétaire de la flotte de véhicules ou des bateaux.

Au-delà de sa mission première, Hillebrand a engagé de nombreuses actions pour réduire l'empreinte carbone du poste transport, tant à l'interne que pour ses clients. L'objectif annoncé : avoir réduit de 45 % les émissions de GES de chaque conteneur d'ici 2025 versus 2008, puis de 76 % d'ici 2050. Pour ce faire, Hillebrand a mis en place un certain nombre de pratiques moins polluantes dans toute la chaîne de gestion du transport et favorise les fournisseurs qui partagent cette même vision. L'entreprise diffuse aussi des données détaillées liées au

•••

•••

transport et à son empreinte carbone à ses clients et s'efforce de les guider vers les choix les plus écoresponsables.

Cette démarche passe tout d'abord par de lourds investissements en recherche et développement pour mieux mesurer l'impact environnemental de chaque option.

Hillebrand s'efforce de prioriser les transporteurs et les solutions d'acheminement ayant les meilleures performances. Pour ce faire, l'entreprise se base sur la fiche d'évaluation de Clean Cargo, une méthodologie complète, devenue un standard mondial, pour calculer les émissions de CO_2 de chaque transporteur. Tous les clients, membres de Clean Cargo, reçoivent chaque année des rapports, avec des fiches de calcul détaillées, qui permettent de comparer, de prendre conscience et de mieux choisir. En parallèle, lorsque le transport se fait sur de plus courtes distances, l'entreprise minimise les trajets par voie routière et favorise le transport ferroviaire ou maritime.

Avant toute expédition, Hillebrand fournit également des données qui permettent de déterminer le meilleur trajet à emprunter pour réduire l'empreinte carbone de la marchandise expédiée, en considérant aussi les impératifs de délai et la réalité économique de chaque client.

En complément du rapport annuel Clean Cargo, Hillebrand produit, après chaque expédition, un compte rendu détaillé qui recense :

- les modes de transport par étapes ;
- les GES émis pendant le trajet ;
- la quantité d'autres polluants d'atmosphère produite (oxyde de soufre, oxyde de nitrogène, PM10, etc.).

Pour finir, à l'aide de l'application myHillebrand, chaque client peut suivre en temps réel l'emplacement de son chargement et les émissions de GES associées à chaque étape du trajet. Une prise de conscience progressive qui passe par l'information et permet de faire réfléchir.

Hillebrand fait aussi évoluer ses pratiques internes, tout en soutenant ou initiant de nombreux projets pour promouvoir l'économie circulaire. Pour ce qui est des progrès internes, Hillebrand travaille

•••

•••

activement avec ses partenaires pour maximiser le recyclage et le réemploi des matériaux utilisés pour ses conteneurs. Le processus de fabrication des flexitanks est constamment réévalué pour augmenter le taux d'utilisation de matériaux recyclés. Un système de traçabilité est également mis en place pour faciliter la récupération des matériaux et le recyclage des flexitanks lorsqu'ils arrivent à destination. À l'heure actuelle, 95 % des flexitanks arrivant au Royaume-Uni et en Australie sont d'ores et déjà mécaniquement recyclés et réutilisés.

Hillebrand est également membre de nombreuses associations qui favorisent les démarches plus environnementales et participe à plusieurs forums et initiatives vertueuses.

En premier lieu, l'Arctic Shipping Corporate Pledge initié par l'OGN Ocean Conservancy, engagement volontaire visant à éviter de passer par l'Arctique pour protéger les glaciers et éviter d'accélérer les phénomènes de fonte. Hillebrand est membre actif et a décidé de ne plus collaborer avec les transporteurs qui empruntent cette voie maritime. L'entreprise a aussi signé le pacte *United Global Compact*, une initiative mondiale de développement durable lancée en 2000 par les Nations unies, qui propose un cadre d'engagement volontaire pour respecter, entre autres, des normes environnementales plus strictes. Hillebrand fait également partie de la fondation Porto Protocol, une institution à but non lucratif fondée par Taylor's Fladgate Port qui comprend une centaine de membres de la filière viticole, et s'est fixée comme mission de lutter contre le changement climatique et ses conséquences.

Au-delà de cette liste impressionnante et non exhaustive d'initiatives et d'engagements pour réduire l'impact environnemental des activités transports, Hillebrand s'efforce aussi de faire évoluer les modes de pensée tant à l'interne qu'à l'externe. Une simple visite sur le site internet de l'entreprise suffit pour comprendre que mieux respecter la planète est devenu un véritable fer de lance pour celle-ci.

Même si la route est encore longue pour que l'empreinte carbone du poste transport soit la plus basse possible, l'engagement affiché d'Hillebrand est de première importance, l'entreprise étant

•••

•••

un des leaders mondiaux de l'organisation logistique du transport maritime dans le monde. Le transport maritime représente aujourd'hui 3 % des émissions de GES à l'échelle mondiale. L'Organisation maritime internationale, se basant sur les prévisions d'évolution démographique, anticipe une potentielle hausse impressionnante de ce chiffre, qui pourrait atteindre 17 % à horizon 2050, si on ne fait pas évoluer les modèles. Alors, avant d'expédier vos vins, écoutez Hillebrand et informez-vous !

7
Commerce, consommation, communication et éducation

Introduction

Lutter contre les changements climatiques dans la filière viti-vinicole, c'est aussi faire évoluer les discours, commercialiser et consommer le vin différemment. Il faut sensibiliser les distributeurs, les consommateurs, mais aussi les futurs professionnels de la filière aux enjeux climatiques et environnementaux, leur donner des outils pour renforcer leur capacité d'adaptation et les rendre plus responsables. Le vin doit devenir un vecteur d'implication, donner la possibilité aux étudiants, aux professionnels et aux consommateurs d'être acteurs de la transition environnementale. Dans ce dernier chapitre, nous discuterons des leviers en matière de commercialisation, de consommation, de communication et d'éducation, pour que la filière viti-vinicole devienne plus responsable.

Cavistes, marchands de vins, monopoles d'État, importateurs ou vente en ligne

Les cavistes, les supermarchés, les monopoles d'État responsables de la vente de vin au détail dans certains pays et les importateurs ont un rôle majeur à jouer dans la mise en avant de vins écoresponsables. Cette mission débute naturellement en privilégiant les vins de producteurs engagés qui s'efforcent de minimiser l'impact environnemental de leur activité viti-vinicole. La communication auprès des consommateurs est ensuite une des clés pour le succès de ces vins sur les marchés. Les statistiques rapportées par Wine Intelligence (voir encadré) confirment, en effet, que ceux qui sont directement en contact avec les consommateurs détiennent une partie des clés pour que le monde du vin s'adapte plus vite aux enjeux climatiques. Afin que cette communication soit efficace, la formation et l'éducation des employés sont de première importance. Il y a ensuite de nombreux moyens pour que les distributeurs éclairent les acheteurs et les incitent à mieux choisir. Cela peut passer notamment par des espaces dédiés aux vins écoresponsables et clairement identifiés dans les points de vente, ou encore par l'utilisation de symboles et de messages simples et faciles à comprendre pour que les consommateurs aient de véritables points de repère (voir également l'encadré Wine Intelligence). Les dégustations sur place, idéalement en présence des producteurs, permettent également de sensibiliser les gens aux pratiques respectueuses et durables. Enfin, les distributeurs peuvent mettre en avant les valeurs écoresponsables de leur société, sur leur site internet, et les critères environnementaux pour les vins disponibles à l'achat, en ligne.

Depuis quelques années, nous pouvons observer un virage vert chez certains cavistes, dans les monopoles d'État et même dans certains supermarchés. Pour les monopoles d'État scandinaves, les démarches écoresponsables, du vignoble au conditionnement, sont devenues de véritables critères de choix et de notation dans les appels d'offres, comme nous l'avons évoqué dans le chapitre précédent.

Quant aux cavistes ou marchands de vin, certains ont aussi décidé d'adapter leur mode de commercialisation et le service client en conséquence. C'est le cas de Borough Wines à Londres, qui donne la possibilité à ses clients de retourner leurs bouteilles vides et de les remplir à nouveau avec du vin importé et conservé en keg – grand contenant, généralement en inox, pour le transport ou la conservation du vin. Une même bouteille peut ainsi être réutilisée jusqu'à 30 fois. Qui plus est, le client récupère 50 pence chaque fois qu'une bouteille est retournée. D'autres comme Oleg Dmitriev, marchand de vin, co-fondateur d'Independent Wine à Londres, ont fait évoluer drastiquement leur politique d'achat dans une démarche de réduction de l'empreinte carbone. Depuis 2020, le critère transport est devenu central et l'entreprise privilégie les vins qui ont fait le trajet le plus court vers le point de vente.

Nous pouvons citer également réZin, importateur réputé au Québec, qui a été l'un des premiers sur ce marché à privilégier les producteurs engagés dans sa sélection. Aujourd'hui, l'entreprise va encore plus loin, notamment en matière d'éducation et de sensibilisation, avec « C'est dans le Sac » : un vin biologique proposé en *wine pouch* (pochette à vin composée de couches d'aluminium et de polyéthylène). L'objectif de réZin ? Rappeler aux sommeliers, à la presse, mais aussi aux consommateurs, l'importance du conditionnement pour ce qui est de l'empreinte carbone et l'existence d'alternatives intéressantes, notamment pour un vin de consommation rapide. Sur chaque *pouch*, on retrouve des symboles clairs qui expliquent les avantages écologiques d'un tel conditionnement. Le fait qu'il s'agisse d'un vin biologique, est, de plus, un critère essentiel d'acceptation de ce nouveau conditionnement pour la SAQ (monopole d'État en charge de la commercialisation au détail des boissons alcoolisées).

Le monde du vin est complexe, souvent intimidant, et même le consommateur qui souhaite être plus responsable peut être un peu perdu et ne pas savoir par où commencer. Alice Rule, propriétaire du petit domaine viticole néo-zélandais 3sixty2 a eu la brillante idée de mettre l'option *carbon click* sur son site internet. Chaque fois qu'un client achète une bouteille, il peut compenser son empreinte carbone en faisant un don. La vigneronne est ravie de constater que presque tous ses clients le font.

C'est une conjonction d'initiatives, comme celles que nous venons de citer, qui va permettre aux distributeurs de la filière viti-vinicole de contribuer activement à la lutte contre les défis climatiques.

Restaurants et sommeliers

Les restaurateurs et les sommeliers ont, à l'instar des cavistes et autres distributeurs de vin, une mission importante, tant en termes de sélection de vin que de communication ensuite auprès des clients. Il y a ici plusieurs dimensions, celle de la philosophie et du choix, puis celle de l'échange avec la clientèle et du faire-savoir.

La première option, et la plus évidente, pour apporter sa pierre à l'édifice dans cette lutte contre les défis climatiques, consiste à définir sa carte des vins en essayant d'avoir l'approche la plus environnementale possible. Le sommelier ou le restaurateur peuvent ici considérer l'empreinte carbone des vins sélectionnés et plus globalement de leur carte de vin, mais aussi la démarche des vignerons au vignoble et au chai. Pour ce qui est de la réduction de l'empreinte carbone de la sélection de vins d'un restaurant, il y a des moyens assez évidents : privilégier les vins produits localement ou à proximité et éviter les vins conditionnés dans des bouteilles lourdes, voire considérer d'autres modes de conditionnement. Pour ce qui est de la sélection locale, cela n'est naturellement pas possible partout, la condition préalable étant d'avoir un établissement situé dans une région ou un pays viticole. Quoi qu'il en soit, la notion de distance peut être considérée quelle que soit la localisation de l'établissement. Des restaurants tels que *Tap & Barrel* ou encore *Forage* (voir encadré), à Vancouver, ont ainsi décidé de sélectionner exclusivement des vins de la province. Des concepts de carte de vin « zéro kilomètre », à l'image des menus zéro kilomètre, qui deviennent de plus en plus fréquents. Si le vin est aussi un moyen de voyager et que l'on peut comprendre qu'un sommelier ou un restaurateur veuille partager ses coups de cœur avec sa clientèle et raconter l'histoire d'autres vignobles, avoir une réflexion afin de limiter le nombre de vins qui nécessitent un long transport, peut déjà être un geste important. Si ce geste devient un réflexe, la demande évoluera en conséquence et l'empreinte carbone liée au transport diminuera sensiblement.

Les sommeliers et les restaurateurs ont aussi un rôle majeur, en tant que prescripteurs ou ambassadeurs. Ils définissent la carte des vins et peuvent, dès lors, donner la part belle à des domaines viticoles engagés qui s'efforcent d'être écoresponsables dans leur approche de la viticulture, de la vinification ou du conditionnement. Des sommelières célèbres, comme Pascaline Lepeltier au restaurant *Racines* à New York ou encore Véronique Rivest dans son bar à vin *Soif* au Québec, ont érigé comme critère de sélection ces démarches viti-vinicoles plus responsables. C'est aussi le cas du très célèbre restaurant gastronomique danois *Noma*.

Il y a bien sûr le critère de choix et la philosophie du restaurant et du sommelier, mais, tout aussi important, la capacité ensuite à savoir faire passer le message. Il y a ici plusieurs canaux de communication, la carte, sur laquelle il est possible de faire passer des messages, le site internet du restaurant, les médias sociaux, puis l'échange avec le client. Le restaurateur et le sommelier peuvent ainsi sensibiliser et transmettre. En expliquant le pourquoi d'une démarche et d'une sélection ou en affichant les critères de choix sur les supports que la clientèle peut consulter, on invite déjà celle-ci à se poser des questions. Le client devient aussi acteur, puisqu'il peut ensuite choisir en priorité des établissements qui ont une philosophie et une carte de vin plus écoresponsables. Pour finir, à l'instar des domaines viticoles, les restaurants peuvent également être particulièrement volontaristes dans la gestion des déchets, ou dans le recyclage des matériaux utilisés, notamment des bouteilles de verre et autres conditionnements.

Être éco-responsable, un gage d'attractivité ?

Nous avons déjà évoqué les approches en matière de viticulture et de vinification et les certifications. Si bien sûr tout ne doit pas se résumer à l'obtention d'une certification et que bien d'autres critères pèsent dans la balance empreinte carbone, comme nous avons pu le constater, toute approche qui tend à être plus respectueuse de l'environnement contribue directement ou indirectement à relever les défis climatiques.

Forage – Déguster local

Situé au cœur de la ville de Vancouver en Colombie-Britannique au Canada, *Forage*, restaurant du prestigieux hôtel *Listel*, prépare des plats uniquement à partir d'ingrédients locaux. À l'ouverture de ses portes en 2012, le sommelier Peter Sullivan avait également décidé de ne servir que des vins provenant de Californie, de l'État de Washington, de l'Oregon et de Colombie-Britannique. Un an après l'ouverture, le sommelier décidait d'aller encore plus loin et, à l'instar des plats servis, de recentrer sa carte des vins, en ne sélectionnant que des producteurs de Colombie-Britannique. Une transition rapide, en symbiose avec la philosophie du restaurant. Les clients ont, ensuite, très vite adopté cette philosophie. Aujourd'hui, tant la clientèle locale que les touristes se rendent même à *Forage*, pour découvrir des plats issus de produits de terroirs environnants ainsi que les vignerons de la province. La carte des vins est constituée d'environ 150 étiquettes issues principalement de petits domaines. Sur la douzaine de vins servis au verre, la moitié sont conditionnés en keg, ce qui permet également de minimiser l'empreinte carbone de la sélection.

Margot Barolo, directrice générale de *Forage*, explique que l'acceptation des clients est passée avant tout par les employés. Ces derniers sont sensibilisés à l'importance d'une telle démarche et convaincus de la grande qualité des vins locaux. La passion qui en découle est ensuite transmise aux clients. Les employés du restaurant vont visiter les producteurs, ce qui est évidemment facilité par la proximité de ceux-ci. Les vignerons viennent également régulièrement à *Forage* pour former les équipes, donner des détails sur les nouveaux millésimes et animer des dîners pour les clients.

Forage est aujourd'hui devenu un rendez-vous pour les amateurs de vin de la province.

Le restaurant fait partie de l'hôtel *Listel* qui, depuis 2005, s'est également engagé à réduire son empreinte carbone. *Listel* a, notamment, été le premier hôtel de la ville à installer des panneaux photovoltaïques sur le toit et il est aujourd'hui zéro déchet (hôtel et restaurant).

Au-delà de toute philosophie ou volonté d'implication, il y a aussi une réalité de marché : la demande pour les domaines et les vins plus éco-responsables, qui contribuent directement ou indirectement à lutter contre le changement climatique ou à mitiger ses effets, est de plus en plus importante. Les chiffres sont assez clairs tant sur la consommation que sur le prix que les consommateurs sont prêts à payer.

En 2019, l'Agence Bio a demandé à l'institut de sondage OpinionWay de réaliser une étude sur les vins biologiques, portant notamment sur la perception des consommateurs français et sur l'influence que peut avoir la certification sur les comportements des acheteurs. Les résultats sont sans appel : 56 % des Français ont une opinion positive des vins biologiques et, pour 41 % d'entre eux, le fait qu'un vin soit certifié biologique constitue un critère d'achat à part entière.

Au niveau mondial, l'évolution de la demande est tout aussi évidente. En 2019, Millésime Bio a commissionné le groupe IWSR pour qu'il étudie l'évolution de la consommation des vins certifiés biologiques à l'échelle globale. Alors que les vins biologiques ne représentaient que 1,5 % des vins consommés dans le monde en 2013, le chiffre est monté à 2,6 % en 2018, avec une projection à 3,5 % en 2023. Si ces chiffres sont encore relativement bas, la tendance est, en revanche, très claire.

Le marché est aussi potentiellement stimulé par certains ambassadeurs ou prescripteurs. Nous avons déjà abordé le rôle des sommeliers. Les guides et critiques de vin peuvent aussi avoir une grande influence, en commentant ou en attribuant des notes aux domaines et aux vins qu'ils produisent. Une étude réalisée par Magali Delmas et Olivier Gergaud, économistes respectivement à UCLA et Kedge Business School, et publiée en 2021 dans *Ecological Economics*, démontre que les vins biologiques et biodynamiques sont sensiblement mieux notés en France que les vins produits sans certification. L'analyse porte sur 128 182 notes attribuées à des vins dégustés à l'aveugle ou en semi-aveugle (en semi-aveugle, seuls les millésimes et les cépages étaient connus des dégustateurs) de 2008 à 2015, par les guides Bettane + Desseauve, Gault & Millau et Gilbert & Gaillard. Les vins certifiés biologiques et biodynamiques ont obtenu respectivement, en moyenne, des notes 6,2 % et 5,6 % au-dessus des vins issus d'une viticulture conventionnelle. Cette étude faisait suite à une première version, réalisée et publiée également par Magali Delmas et Olivier Gergaud en 2016, qui portait sur trois supports américains, *Wine Spectator*, *Wine Enthusiast* et *Wine Advocate*, et sur un total de 74 000 notes. Les vins certifiés biologiques et biodynamiques récoltaient déjà, à l'époque, des notes en moyenne 4,1 % supérieures à celles attribuées à des vins produits en viticulture conventionnelle.

Pour finir, les études récentes semblent également démontrer qu'une proportion non négligeable de consommateurs est prête à payer plus pour consommer plus responsable. En 2018, Dr Liz Thach, MW et Dr Angelo Camillo, de l'université de Sonoma, ont interrogé un échantillon de 1 191 consommateurs de vin américains, de 50 États différents, sur leurs préférences, leurs habitudes de consommation et leurs comportements. Quinze pour cent des répondants ont déclaré être prêts à payer 1 $ de plus pour des vins certifiés biodynamiques, 14 % pour des vins produits à partir de raisins issus de la viticulture biologique. Douze pour cent étaient même prêts à payer 3 $ de plus pour des vins certifiés biodynamiques, et 13 % pour des vins produits à partir de raisins issus de la viticulture biologique. Les chiffres plus récents, sur le marché français, sont encore plus parlants. Selon le baromètre SoWine/Dynata 2021, réalisé auprès d'un échantillon représentatif de la population française de 1 005 personnes, âgées de 18 à 65 ans, 57 % des Français seraient prêts à payer plus pour un vin certifié biologique.

Si, une nouvelle fois, il ne s'agit pas d'être manichéen et d'opposer les vins biologiques ou biodynamiques aux vins produits en viticulture conventionnelle et qu'établir une relation directe entre une certification et la lutte contre le changement climatique serait un raccourci, nous pouvons constater à travers ces chiffres que les enjeux environnementaux sensibilisent de plus en plus les prescripteurs et les consommateurs et influent sur les habitudes et les comportements de consommation.

Wine Intelligence (WI)

Avoir une bonne stratégie marketing passe d'abord et avant tout par la connaissance et la compréhension du marché et des comportements consommateurs. Wine Intelligence, un des leaders mondiaux en matière d'études comportementales des consommateurs de vin, a fait de nombreuses recherches, afin d'analyser l'intérêt de ceux-ci pour les vins écoresponsables.

Les résultats sont très parlants et relativement proches quel que soit le marché étudié. L'écoresponsabilité et la notion de durabilité deviennent de véritables critères d'achat de vin, en particulier pour la génération Z et les milléniaux.

En 2019, lors du premier US Sustainable Winegrowing Summit qui eut lieu en Californie, Lulie Halstead, PDG de WI, a, en effet, partagé des statistiques liées aux critères d'achat de vin sur différents marchés et différentes catégories de consommateurs.

74 % des consommateurs américains interrogés confirmaient que la notion de développement durable était devenue pour eux un critère d'achat tandis que 70 % annonçaient favoriser les vins bios. Ils étaient sur ces deux mêmes questions 70 et 57 % au Canada, ou encore 60 et 68 % en Suède. De nouveaux terrains d'études réalisés en 2020 par WI avec les mêmes questions, corroboraient ces résultats et confirmaient cette tendance avec une relative stabilité dans les chiffres.

Les milléniaux ont également affirmé être prêts à payer jusqu'à 5 $ US de plus par bouteille pour un vin produit dans une démarche de développement durable. En général, dans toutes les catégories d'âge interrogées, les répondants ont dit être prêts à payer jusqu'à 3 $ US de plus.

Le résultat des études faites par WI sur le marché français en février et juillet 2020 confirme, sur ce marché, la volonté des consommateurs de faire des choix de plus en plus écoresponsables lors de l'achat de vin. Des résultats qui démontrent également que la compréhension des logos, labels et signes est primordiale, pour que les choses bougent. Le logo AB (certifié agriculture biologique) est ressorti comme le plus

•••

•••

connu et est celui qui incite le plus à l'achat : 83 % des répondants ont dit connaître le label AB et 52 % affirment que sa présence sur une étiquette les incite à acheter le vin concerné. De plus, 54 % des répondants ont affirmé que pour eux, la présence du logo offrait une garantie que ce vin était produit dans le respect de l'environnement. Les résultats des études réalisées, quel que soit le marché, ont également démontré que les groupes d'âge les plus jeunes, notamment les consommateurs ayant de 18 à 34 ans, étaient bien plus sensibles aux labels écoresponsables.

Le logo Vignerons engagés, anciennement connu sous le label « Vignerons en développement durable », semble aussi recueillir l'adhésion des consommateurs. Même si seulement 15 % des répondants disent connaître ce logo, 27 % d'entre eux pensent que la présence de celui-ci constituerait pour eux une incitation à l'achat. Depuis que le nom de l'association a changé, on observe d'ailleurs des chiffres largement à la hausse (27 % *vs* 15 %). Des statistiques qui font réfléchir sur l'importance de la sémantique et du message qu'un label fait passer.

Lulie Halstead utilise notamment les recherches de Daniel Kahneman, Prix Nobel d'économie et auteur du livre *Système 1/Système 2 : les deux vitesses de la pensée*, pour expliquer les biais cognitifs qui influencent les comportements des consommateurs de vin. Ces recherches mettent en avant deux types de modes de pensée et des biais cognitifs qui en découlent. Le système 1, rapide, instinctif et émotionnel (souvent désigné comme heuristique en marketing), prévaudrait lors de choix tels que l'achat d'une bouteille de vin ; c'est-à-dire que le cerveau préserverait son énergie pour des décisions plus importantes.

Dès lors, la théorie de Lulie Halstead est qu'il est primordial d'aider les consommateurs pour leur permettre d'éviter de faire des choix aléatoires. En matière de lutte contre le changement climatique, cela passe par des messages clairs, identifiables et compréhensibles. De là l'importance de communiquer efficacement et simplement aux consommateurs.

•••

• • •

Voici également quelques conseils de Lulie Haltstead pour maximiser l'efficacité des moyens de communication auprès des consommateurs de vin.

1. Aujourd'hui, et non demain

Le consommateur doit avoir le sentiment d'agir à la fois concrètement et immédiatement lors de l'achat. Lulie Halstead utilise l'exemple des tasses à café réutilisables – un geste simple et tangible. Quelles initiatives votre entreprise peut-elle prendre pour inciter l'acheteur à faire un achat écoresponsable et qu'il soit convaincu que son geste est immédiatement concret ?

2. Positif

Le message partagé doit être positif. Il doit démontrer les avantages à faire des choix écoresponsables.

3. Des gens comme toi

Les êtres humains aiment faire partie d'un mouvement collectif qui mène vers des changements positifs. Lulie Halstead donne l'exemple des hôtels qui incitent les gens à réutiliser les serviettes de bain pour minimiser l'impact sur l'environnement. La question est donc que pouvons-nous faire ensemble, pour contribuer au développement durable et comment l'exprimer simplement auprès des consommateurs ?

4. Des émotions plutôt que des faits

Dans votre communication, rappelez-vous que les gens répondent plus fortement aux messages qui provoquent une émotion qu'à ceux qui s'appuient sur des faits. C'est certainement encore plus vrai pour le vin.

5. Oublier le « blablabla »

Le message doit être court, concis et facile à comprendre. Les symboles, les enseignes et les images retiennent plus l'attention que des longs textes ou des descriptions.

Finalement, WI confirme que, même si les dégustations et le site internet demeurent plus efficaces lorsqu'il s'agit de communiquer sur

• • •

•••

les démarches écoresponsables auprès des consommateurs, les logos et les recommandations d'un pair sont néanmoins les sources d'information le plus souvent utilisées. De l'importance, une nouvelle fois, d'être clair et de faire passer un message lisible, à travers un logo ou un simple commentaire.

Les études et les chiffres démontrent donc que les consommateurs sont au rendez-vous des défis climatiques et sont prêts à devenir acteurs, à travers leurs choix. Dès lors, la filière viti-vinicole a une responsabilité. Elle doit s'efforcer de comprendre les biais cognitifs qui régissent les comportements des consommateurs, et adapter sa communication en conséquence, pour faciliter les achats qui correspondent aux valeurs écoresponsables des amateurs de vin, quel que soit leur niveau de connaissance.

Le vin comme vecteur d'implication

Le vin, comme tout produit de consommation, issu de l'agriculture, donne finalement un véritable rôle au consommateur. Il peut devenir acteur de cette transition environnementale, nécessaire pour mieux s'adapter à une réalité climatique qui change et contribuer ainsi à freiner les changements à venir. Le dégustateur, quel que soit son niveau de connaissance, a, en effet, un pouvoir : celui de privilégier les démarches plus respectueuses de l'environnement, les vins produits moins loin, les bouteilles moins lourdes, les domaines qui produisent plus proprement ou consomment moins d'énergies et surtout moins d'énergie d'origine fossile. Se pose ici la question de l'information et de l'éducation. Pour privilégier, ou être prêt à payer plus, encore faut-il être informé, être capable de comprendre et de comparer. Il y a les labels, mais cela n'est qu'une partie de la photographie, en particulier quand il s'agit des démarches d'adaptation ou de mitigation de l'impact du changement climatique. À ce titre, les acteurs de la filière viti-vinicole, qu'ils soient fournisseurs, producteurs, transporteurs, sommeliers, distributeurs, auteurs, journalistes et bien sûr éducateurs, ont une mission: donner des clés, valoriser les initiatives vertueuses et guider vers le plus environnemental. Si la vocation première du vin est de procurer un plaisir gustatif et même idéalement une émotion, choisir peut se faire à la fois en fonction de critères qualitatifs, émotionnels, mais aussi en considérant le changement climatique et ses enjeux.

Communication, le rôle de la presse

Nous avons évoqué l'importance de l'information, de la communication et de l'éducation. À ce titre, la presse professionnelle a certainement un devoir d'exemple. Les éditeurs et les journalistes doivent prendre conscience de l'urgence et réserver aux défis climatiques une place de choix dans leurs écrits. Il y a ici plusieurs enjeux: sensibiliser, valoriser les initiatives, informer et partager le savoir. Les changements climatiques causés par l'activité anthropique étant relativement récents, le savoir se construit, ou plutôt se reconstruit actuellement. Il est donc primordial que la presse partage, assume un rôle de plateforme d'information, afin que les acteurs de la filière soient informés des options et des avancées, et puissent s'imprégner ou s'inspirer. Le vin reste une des filières les plus fragmentées. C'est à la fois un avantage et un inconvénient. L'aspect positif: il y a de nombreux acteurs pour autant d'expérimentations ou d'exemples potentiels et de sources d'inspiration. A contrario, la fragmentation fait que la transmission du savoir est plus compliquée, à l'échelle internationale du moins.

Dès lors, nous pouvons saluer les journalistes et les éditeurs de la presse professionnelle qui ont plus particulièrement décidé de mettre le sujet au cœur de leurs publications. Nous pouvons ici citer le *New York Times* et son spécialiste vin, Eric Asimov, qui a décidé de faire du défi climatique pour la filière viti-vinicole, un véritable rendez-vous éditorial. Nous pouvons aussi saluer le *Wine & Spirits Magazine* et son éditeur Joshua Greene, pour qui la sensibilisation des consommateurs est de première importance. *Wine Business Monthly* consacre aussi une part importante de ses articles aux enjeux climatiques, avec, contrairement à ce que le titre du magazine peut laisser supposer, une approche plus technique, tant au niveau viticulture que vinification, mettant en avant de nouvelles techniques et de nouveaux outils ou relayant les réflexions des producteurs et des équipementiers, entre autres. Une liste non exhaustive, qui devrait, nous l'espérons du moins, s'allonger rapidement.

La presse scientifique est bien sûr tout aussi importante pour partager les avancées en matière de recherche dans la communauté des chercheurs, des œnologues et bien sûr auprès des vignerons. Des revues scientifiques de références telles qu'*OENO One*, l'*Australian Journal of Grape and Wine Research*, le *Journal of Wine Research*, *VITIS Journal of Grapevine Research*, l'*American Journal of Enology and Viticulture*, le *Journal of Wine Economics*, ou encore le *South African Journal of Enology and Viticulture*, consacrent aussi de nombreux articles aux enjeux liés aux changements climatiques.

Les journalistes peuvent aussi avoir un rôle d'exemple en matière de comportement et notamment de transport. Les éditeurs peuvent, lorsque c'est possible, privilégier par exemple les déplacements courts, avec un réseau de correspondants choisis en conséquence. Moins se déplacer ou à défaut grouper ses déplacements, c'est aussi contribuer à faire diminuer l'empreinte carbone de la filière.

Éducation, dans les écoles

Pour que les futurs professionnels du secteur soient préparés, soient plus adaptables, soient capables de trouver de nouvelles solutions face aux changements climatiques, les écoles qui dispensent des formations sur le vin doivent aussi faire évoluer les contenus pédagogiques et les messages en conséquence. Les problématiques liées aux évolutions climatiques devraient aujourd'hui faire partie intégrante des programmes. C'est d'ailleurs possible quelle que soit la matière enseignée ou la thématique abordée. Nous avons pu le constater à travers cet ouvrage, l'ensemble de la chaîne de production, de la chaîne logistique et de la chaîne distribution est impacté par les défis climatiques actuels et futurs. Dès lors, le sujet peut se décliner, être traité sous plusieurs angles, quelle que soit la nature de l'école ou du programme suivi. Les programmes spécialisés doivent être à même de faire évoluer les états d'esprit, de préparer aux réalités et aux priorités, de donner des clés pour mieux répondre ensuite, sur le terrain, aux problématiques.

De nombreuses écoles, telles que HEC, l'université de Cambridge ou de Southampton, et bien d'autres, ont développé des programmes généralistes sur le changement climatique et le développement durable. L'université suédoise de Lund a même créé un Centre spécifiquement dédié aux problématiques de développement durable, qui englobe des programmes, des études d'impact et de la recherche appliquée à la thématique. La communauté scientifique, comme nous avons pu le voir dans le chapitre 2, entre autres, s'est aussi fortement mobilisée. De ce fait, les écoles d'enseignement technique, qui enseignent sur la viticulture et l'œnologie, sont particulièrement sensibilisées.

Pour autant, paradoxalement, alors qu'il s'agit d'un produit issu d'une activité agricole, dans les écoles ou départements d'écoles dédiés au vin, les programmes qui traitent exclusivement de l'enjeu climatique ou les équipements adaptés en conséquence sont encore relativement rares. Certaines institutions sont, fort heureusement, plus volontaristes que d'autres et montrent l'exemple, ayant fait du sujet une de leurs priorités pédagogiques. Nous pouvons citer ici en premier lieu l'université de Davis en Californie, avec sa Major in Sustainability, mais aussi et surtout son chai éco-responsable parmi les plus sophistiqués du monde, dédiée à l'enseignement (voir encadré LEED Platinum Teaching and Research Winery). Toujours en Californie, l'université de Sonoma a développé un Sustainable Wine Center, qui dispense, entre autres, deux Wine MBAs, qui traitent notamment des problématiques climatiques et de développement durable dans la filière. Le Wine Campus de Neudstadt propose quant à lui un Bachelor et un MBA en *Wine Sustainability and Sales*. La Kedge Wine School, département vin de Kedge Business School, propose également une spécialisation de Bachelor en *Wine & Sustainability*, sur son campus de Bordeaux, avec des modules dédiés aux changements climatiques, aux enjeux et aux perspectives. L'Institut des Sciences de la Vigne et du Vin propose quant à lui des formations en Environnement, dans lesquelles les évolutions climatiques sont bien sûr largement abordées. Nous pouvons également citer la formation Changement climatique et viticulture, mise en place dans le cadre du programme AVVENIR (INRAe/CIVB), réservée aux formateurs des lycées viticoles ou aux autres organismes professionnels.

Une liste, une nouvelle fois, non exhaustive. Espérons que ces programmes dédiés au vin, qui mettent l'accent sur les problématiques climatiques se multiplieront dans un futur proche. C'est de première importance. Chaque formation qui traite de près ou de loin de la filière viti-vinicole devrait inclure dans son curriculum, des cours obligatoires sur les défis climatiques. La graine du changement doit être plantée le plus tôt possible, pour que le vin de demain soit au moins aussi grand que celui d'aujourd'hui et surtout qu'il soit bien plus responsable.

LEED Platinum Teaching and Research Winery

C'est à l'université de Davis en Californie (UC Davis) sur le campus du Robert Mondavi Institute for Wine and Food Science que se trouve le LEED Platinum Teaching and Research Winery, un centre d'étude et de recherche en œnologie. LEED est l'acronyme pour *Leadership in Energy and Environmental Design* et « Platinum » est la certification la plus élevée donnée par le US Green Building Council. Lors de son ouverture en 2011, le bâtiment a été le premier chai dans le monde à obtenir une telle certification. Selon Roger Boulton, professeur en génie chimique et technologie à UC Davis et un des instigateurs du projet, le bâtiment était bien au-dessus des exigences demandées pour atteindre ce niveau « Platinum ».

•••

•••

Le LEED Platinum Teaching and Research Winery ressemble à première vue à un bâtiment futuriste. Pourtant, il n'en est rien, il a été construit principalement avec des matériaux recyclés et conçu en utilisant des technologies existantes et dans une optique de durabilité. L'objectif premier était de créer un bâtiment autosuffisant en eau et en énergie. Le lieu se devait également d'avoir une empreinte carbone zéro. Un lieu pour l'enseignement, idéal pour éveiller les consciences et mettre en avant, *in situ*, certaines solutions.

Si l'ingéniosité qui se cache derrière le LEED Platinum Teaching and Research Winery résulte de nombreux critères qui vont bien au-delà de ceux qui seront mentionnés dans cet encadré, nous allons nous efforcer de résumer les principaux aspects et avantages environnementaux liés à sa conception et son fonctionnement.

Le centre d'éducation et de recherche consiste en deux bâtiments : le bâtiment de 3 159 m^2 certifié LEED Platinum (le chai), et le bâtiment adjacent, le Jess Jackson, de 743 m^2. Dans le Jess Jackson se trouvent les systèmes permettant au chai d'être autosuffisant. On y trouve notamment les systèmes de filtration d'eau de pluie, ou encore les équipements pour transformer le dioxyde de carbone produit lors des fermentations.

La gestion de l'eau

L'ingéniosité du LEED Platinum Teaching and Research Winery démontre que même dans une zone de Californie particulièrement sèche, qui enregistre une moyenne de 400 mm de précipitations par an, il est possible de créer un bâtiment autosuffisant en eau, et même d'aller plus loin, puisque les infrastructures génèrent chaque année un surplus hydrique.

L'eau des précipitations, qui interviennent principalement pendant l'hiver, est collectée et entreposée dans quatre larges cuves de 40 000 gallons (151 416 litres). L'eau ainsi collectée est filtrée et utilisée ensuite principalement pour l'irrigation et les sanitaires du bâtiment. L'absence de silice dans ces eaux de pluie évite que les membranes de filtration s'obstruent, ce qui contribue directement à la pérennité

•••

•••

de ces équipements. L'eau est également traitée par osmose inverse avant d'être utilisée, afin d'exclure tout micro-organisme indésirable, entre autres, et ne nécessite, dès lors, aucun produit chimique ou traitement à l'ozone. Le système de filtration est alimenté par énergie solaire. Il permet non seulement de collecter l'eau, mais aussi d'avoir un système de filtration qui permet de la réutiliser de nombreuses fois. La conception du bâtiment permet également de capter et de filtrer l'eau utilisée lors du lavage des cuves. 90 % de cette eau est réutilisée, et ce jusqu'à 10 fois. Les solutions nettoyantes sont également récupérées pour être filtrées et ensuite réutilisées.

Énergie solaire

Des panneaux photovoltaïques produisent toute l'énergie nécessaire pour le fonctionnement du chai, même dans les périodes de demandes énergétiques les plus fortes. Un peu plus de 100 batteries de lithium recyclées sont utilisées pour le stockage de cette énergie. Ce stockage permet notamment au chai d'être totalement opérationnel la nuit en absence de soleil, ce qui s'avère très utile lorsque les vendanges sont nocturnes, du fait de grosses chaleurs. Depuis sa conception, le chai a une moyenne positive pour sa consommation énergétique.

Isolation

Ce bilan énergétique positif passe aussi par une excellente isolation thermique. Le bâtiment n'a pas besoin d'être réchauffé l'hiver ou refroidi l'été. En été, l'air frais de la nuit est utilisé pour remplacer la chaleur accumulée en journée. L'hiver, on fait l'inverse. Le bâtiment fonctionne donc sans système de chauffage ou d'air conditionné.

Capter le dioxyde de carbone

Actuellement, dans les systèmes de calcul de l'empreinte carbone d'un domaine viticole du Scope 1 (calcul du CO_2 provenant directement du domaine et non d'une source extérieure), l'émission de dioxyde de carbone lors de la fermentation n'est pas prise en compte. C'est pourtant une des sources les plus importantes d'émission de GES

•••

• • •

des exploitations viticoles. Pendant la fermentation alcoolique, un domaine produit approximativement un huitième de tonne de dioxyde de carbone pour chaque tonne de raisin. Ces émissions correspondent à 80 à 90 g de CO_2 par bouteille de 750 ml. Pr Roger Boulton insiste sur l'importance du captage de ce CO_2 et sa réutilisation ultérieure. À la LEED Platinium Teaching and Research Winery, l'intégralité du CO_2 issu des fermentations est captée et est ensuite transformée en carbonate de calcium.

La liste continue

La liste des équipements qui permettent au chai d'être un modèle d'écoresponsabilité est bien plus longue. Nous pouvons citer notamment les sols faits de verre recyclé, l'utilisation, bien sûr, en priorité de la lumière naturelle, ou encore les lambris intérieurs composés de bois recyclés issus d'un aqueduc datant de 1928.

Ce chai exemplaire a été financé entre autres, par de généreux donateurs privés, pour un total de 20 millions de $ US, à commencer par Robert Mondavi, Ronald et Diane Miller, et la famille Jackson (Jackson Family Wines), convaincus de l'importance d'un tel outil pour l'éducation des futurs professionnels.

Éducation, les conférences

Ces dernières années, plusieurs conférences dédiées aux enjeux climatiques dans la filière viti-vinicole ont été organisées. Les multiples conséquences du changement climatique, évoquées dans les derniers chapitres, ont convaincu un certain nombre d'acteurs de l'urgence et de la nécessité de partager les avancées et de discuter des solutions durables. Ci-après une liste non exhaustive de conférences qui ont pour vocation de sensibiliser, de mettre le savoir en commun, de se projeter, et bien sûr d'élargir le champ de connaissance de l'audience, en réunissant des experts.

Sustainable Wine

Basée à Londres, cette société fondée par Tobias Webb et Agatha Pereira a pour mission de rendre les solutions durables plus accessibles. Des conférences présentielles et virtuelles sont régulièrement organisées afin de favoriser les discussions autour des enjeux sur le développement durable dans la filière viticole. De nombreux articles et des extraits de conférences peuvent également être consultés ou visionnés sur le site internet.

https://sustainablewine.co.uk

Tasting Climate Change

Fondée par Michelle Bouffard, co-auteure de ce livre, *Tasting Climate Change* a vu le jour en 2017. Cette conférence a été pensée pour interpeller tous les acteurs de la filière, de la vigne au verre. Elle réunit les plus grands experts internationaux afin de partager les connaissances liées aux enjeux climatiques dans le monde viti-vinicole, et d'identifier des pistes de solutions. Les deux premiers symposiums ont eu lieu à Montréal. Les prochaines échéances consisteront en une combinaison de conférences virtuelles et présentielles à Montréal et ailleurs dans le monde. Les conférences peuvent être visionnées sur le site. Ce dernier contient aussi de nombreux articles et des vidéos qui traitent des défis climatiques.

www.tastingclimatechange.com

Climate Change Leadership

Une autre série de conférences, qui a fait grand bruit et dont le premier opus a vu le jour en 2018 à Porto. Des conférences réunissant également de nombreux experts internationaux, pour discuter des défis climatiques et des solutions possibles pour la filière. De ces conférences est né le Porto Protocol, une fondation internationale avec une charte invitant les entreprises à signer un engagement à agir concrètement pour réduire leur impact environnemental.

https://www.portoprotocol.com/

CLIMWINE Sustainable grape and wine production in the context of climate change

Ce symposium international organisé par l'INRAE, à Bordeaux, sur le site de Bordeaux Sciences Agro, en 2016, avait réuni plus de 150 scientifiques et professionnels venant de plus de 150 pays, spécialistes des questions viti-vinicoles et climatiques. Un symposium qui avait pour vocation de renforcer le dialogue scientifique et de partager les résultats des projets de recherche internationaux sur les stratégies d'adaptation aux changements climatiques et, notamment, les résultats du projet LACCAVE. La seconde édition du symposium CLIMWINE aura lieu à Bordeaux en juillet 2022.

Plusieurs autres organisations ont décidé de faire du changement climatique le sujet principal de leurs conférences. Par exemple, les changements climatiques ont été au cœur des débats, pour la semaine de célébration du 20e anniversaire de Great Wine Capitals Network en 2018, à Bordeaux. Le directeur général de l'OIV, Pau Roca, a d'ailleurs inauguré l'une des conférences avec une présentation sur les enjeux environnementaux mondiaux. Le World Congress of Vine and Wine, organisé par l'OIV, qui a lieu tous les ans, traite aussi du sujet à chaque nouvel opus. L'Institut des Masters of Wine a également dédié de nombreuses interventions et tables rondes, lors de son symposium en 2018 à Logrono, aux défis climatiques, sujet qui sera à nouveau largement traité dans les prochaines sessions. Les salons Vinexpo et Prowein organisent aussi des masterclass et débats consacrés aux évolutions climatiques, aux enjeux et aux perspectives.

La chaire UNESCO « Culture et Traditions du Vin » de l'Université de Bourgogne a toujours soutenu les projets de recherche traitant la question des impacts du changement climatique sur la vigne et le vin. Une des premières manifestations scientifiques internationales sur le sujet a été organisée par la Chaire en 2007. La thématique du changement climatique est régulièrement abordée lors des Rencontres annuelles du Clos-Vougeot, par exemple les Rencontres 2019 intitulées « Fluctuations climatiques et vignobles. Du Néolithique à l'actuel : impacts, résilience et perspectives » (Pérard et Wolikow, 2020).

chaireunesco-vinetculture.u-bourgogne.fr

Pour finir, les instituts ou organes de recherches référents de la filière, tels que l'Austrian Wine Research Institute, l'Institut des Sciences la Vigne et du Vin, Geisenheim University, ou encore UC Davies, participent aussi régulièrement à ces présentations et tables rondes et sont également à l'origine de séries de conférences, qui traitent des changements climatiques. Terroir Congress et Congrès GIESCO, deux manifestations scientifiques référentes, ont, dans cette veine, plusieurs sessions consacrées à la vigne, au vin et au changement climatique.

Ces conférences ou sessions d'information, quels que soient leur format, les instigateurs ou les intervenants, sont autant de plate-formes de partage et permettent la transmission d'un savoir qui se constitue progressivement, face à cette réalité climatique qui change. Elles participent activement à ce nécessaire élan collectif, à cette collaboration, indispensable pour construire un avenir durable pour le monde du vin.

Conclusion

Face à l'urgence, à la nécessité du changement, la rédaction de cet ouvrage s'est imposée comme une évidence. Paradoxalement, en rédigeant ces pages, sur un sujet grave et préoccupant, les sentiments qui ont vite prévalu ont été l'enthousiasme et l'espoir. Nous sommes admiratifs face aux innombrables initiatives répertoriées, aux idées, aux perspectives et aux réflexions qui viennent nourrir cette démarche d'adaptation et de mitigation au changement climatique. Cette multitude d'entreprises vertueuses alimentent l'espoir d'un futur durable. Toutes les composantes de la filière ont déjà apporté des éléments de réponse. Ce livre, qui est loin d'être exhaustif, nous a permis de répertorier et de discuter de multiples pistes et solutions potentielles, constatées ou à venir, pour construire un monde viti-vinicole plus pérenne, qui a pris la mesure des défis climatiques.

Chaque vignoble, chaque chai, chaque marché a sa réalité. Les réponses ne sont pas les mêmes partout. C'est certainement à travers une conjonction de solutions que chacun trouvera sa voie vers la durabilité. Pour autant, nous sommes convaincus, quel que soit le lieu, que cela passera par une mobilisation collective. Celle-ci doit, en premier lieu, se matérialiser par le partage du savoir. Il faut notamment s'inspirer des initiatives prises dans toutes les régions viticoles de la planète, en particulier celles où les impacts du changement climatique sont déjà très importants. Pour transmettre ce savoir, il faut avoir observé, appris, apporté des réponses et constaté leur efficacité. Cette démarche d'apprentissage et de construction du savoir est en cours et doit être perpétuellement enrichie, en mettant en commun les connaissances et les avancées.

Le changement climatique, au-delà de son impact, peut aussi avoir un formidable mérite : pousser le monde, et à fortiori le monde viti-vinicole, puisqu'il est directement relié à la terre et au ciel, à être plus intelligent, plus responsable et plus respectueux. Toute la filière peut et doit apprendre à travailler encore plus intelligemment, à réfléchir encore plus aux conséquences.

Il y aura, nous en sommes convaincus, un vin demain et même de nombreux vins. Ces vins peuvent être grands. Ils seront sûrement différents. Les vins que nous dégustons aujourd'hui diffèrent déjà sensiblement de ceux que nous dégustions il y a seulement quelques décennies et le changement climatique est une des explications. Pour autant, les grands terroirs peuvent être préservés, si nous travaillons activement, ensemble, à des stratégies d'adaptation. Le climat est une des données les plus importantes de l'équation. Il contribue à définir la notion de terroir. Mais il y a d'autres données dans l'équation : le matériel variétal, la géologie bien sûr, mais aussi la main de l'homme, qui vient nous rappeler, aujourd'hui encore plus qu'hier, toute son importance face au défi du ciel.

S'adapter et mieux répondre, c'est aussi réfléchir à nos modes de consommation, en particulier lorsqu'il s'agit du vin. Aller vers la responsabilité et la durabilité, c'est aussi donner les moyens à celui qui travaille la terre, de vivre dignement, tout d'abord, puis d'avoir cette approche responsable. Une approche qui a aussi un coût. L'avenir du vin ne passe pas par le productivisme à outrance, par un produit qui naît parfois, dans le vignoble et dans le chai, au détriment des équilibres économiques ou environnementaux. Il faut accepter aussi de produire puis de consommer moins, mais mieux. Les vignerons ont un métier passionnant, mais souvent compliqué, soumis aux aléas de la nature et bien sûr du ciel. Dès lors, les consommateurs doivent aussi accepter de payer un peu plus, pour que le vin soit plus grand et plus propre.

Le vin est un produit agricole, véhicule d'une histoire, d'une culture, d'une patience renouvelée, un témoin du temps et un témoignage du lieu. Ces valeurs fortes donnent encore plus de signification à la direction. Nous pouvons, ensemble, créer un avenir pérenne pour la filière. En prenant le parti d'être durable, le vin peut ainsi être un formidable exemple et une source d'inspiration.

Bibliographie

Chapitre 1 : Le changement climatique

Boé, J. (2007). Changement global et cycle hydrologique : Une étude de régionalisation sur la France. Thèse de doctorat, Université Paul Sabatier-Toulouse III.

Braconnot P., Boucher O. et Salas y Mélia D. (2019). Changement climatique : les résultats des nouvelles simulations françaises. Conférence de presse, Paris le 17/09/2019.

Daniels, A.E., Morrison, J.F., Joyce, L.A., Crookston, N.L., Chen, S.C., and McNully, S.G. (2012). *Climate projections FAQ.* General Technical Report. Fort Collins, CO, US Department of Agriculture, Forest Service, Rocky Mountain Research Station, 32 p.

GIEC, 2014. *Changements climatiques 2014 : Rapport de synthèse.* Contribution des Groupes de travail I, II et III au cinquième Rapport d'évaluation du Groupe d'experts intergouvernemental sur l'évolution du climat [Sous la direction de l'équipe de rédaction principale, R.K. Pachauri et L.A. Meyer]. GIEC, Genève, Suisse, 161 p.

Gleckler, P.J., Taylor, K.E., Doutriaux, C. (2008). Performance metrics for climate models. *Journal of Geophysical Research: Atmospheres*, 113(D6).

Kiehl, J.T., Trenberth, K.E. (1997). Earth's annual global mean energy budget. *Bulletin of the American Meteorological Society*, 78(2), 197-208.

Morice, C. P., Kennedy, J. J., Rayner, N. A., Winn, J. P., Hogan, E., Killick, R. E., *et al.* (2021). An updated assessment of near-surface temperature change from 1850: the HadCRUT5 data set. *Journal of Geophysical Research: Atmospheres*, 126, e2019JD032361. https://doi.org/10.1029/2019JD032361

O'Neill, B. C., Tebaldi, C., Vuuren, D. P. V., Eyring, V., Friedlingstein, P., Hurtt, G., *et al.* (2016). The scenario model intercomparison project (ScenarioMIP) for CMIP6. *Geoscientific Model Development*, 9(9), 3461-3482.

Ouzeau, G., Déqué, M., Jouini, M., Planton, S., Vautard, R. (2014). *Le climat de la France au XXIe siècle, Volume 4, Scénarios régionalisés* : édition 2014 pour la métropole et les régions d'outre-mer, Rapport, ministère de l'Écologie, du Développement durable et de l'Énergie, 62 p.

Riahi, K., Van Vuuren, D. P., Kriegler, E., Edmonds, J., O'neill, B. C., Fujimori, S., *et al.* (2017). The shared socioeconomic pathways and their energy, land use, and greenhouse gas emissions implications: an overview. *Global Environmental Change*, 42, 153-168.

Soubeyroux J. M., Bernus S., Corre L., Drouin A., Dubuisson B., Etchevers P., Gouget V., Josse P., Kerdoncuff M., Samacoits R. et Tocquer F. (2020). *Les nouvelles projections climatiques de référence DRIAS 2020 pour la métropole*, Météo-France, 97 p.

Tebaldi, C., Debeire, K., Eyring, V., Fischer, E., Fyfe, J., Friedlingstein, P., *et al.* (2020). Climate model projections from the Scenario Model Intercomparison Project (ScenarioMIP) of CMIP6. *Earth System Dynamics Discussions*, 1-50.

van Vuuren, D.P., Edmonds, J., Kainuma, M.L.T., Riahi, K., Thomson, A., Matsui, T., Hurtt, G., Lamarque, J-F., Meinshausen, M., Smith, S., Grainer, C., Rose, S., Hibbard, K.A., Nakicenovic, N., Krey, V. and Kram, T. (2011). Representative concentration pathways: An overview. *Climatic Change*, 109, 5-31.

World Meteorological Organization (2020). State of the Global Climate 2020 : provional report. World Meteorological Organization (WMO), 38 p.

Chapitre 2 : Les impacts du changement climatique sur la viticulture

Aigrain, P., Bois, B., Brugiere, F., Duchene, E., de Cortazar-Atauri, I. G., Gautier, J., ... & Touzard, J. M. (2019). L'utilisation par la viticulture française d'un exercice de prospective pour l'élaboration d'une stratégie d'adaptation au changement climatique. *In BIO Web of Conferences* (Vol. 12, p. 03020). EDP Sciences.

Amerine, M., Winkler, A. (1944). Composition and quality of musts and wines of California grapes. *Hilgardia*, 15(6), 493-675.

Beltrando, G., Briche, E. (2010). Changement climatique et viticulture en Champagne : du constat actuel aux prévisions du modèle ARPEGE-Climat sur l'évolution des températures pour le XXIe siècle. EchoGéo, (14).

Blanco-Ward, D., Queijeiro, J. G., Jones, G. V. (2007). *Spatial climate variability and viticulture in the Miño River Valley of Spain*. VITIS-GEILWEILERHOF, 46(2), 63.

Bock, A., Sparks, T., Estrella, N., Menzel, A. (2011). Changes in the phenology and composition of wine from Franconia, Germany. *Climate Research*, 50(1), 69-81.

Branas J. (1974). *Viticulture,* Déhan, Montpellier.

Cardell, M. F., Amengual, A., Romero, R. (2019). Future effects of climate change on the suitability of wine grape production across Europe. *Regional Environmental Change*, 19(8), 2299-2310.

Destrac Irvine, A., van Leeuwen, C. (2016). "The VitAdapt project: extensive phenotyping of a wide range of varieties in order to optimize the use of genetic diversity within the *Vitis vinifera* species as a tool for adaptation to a changing environment," in *Proceedings of the Sustainable Grape and Wine Production in the Context of Climate Change*, Bordeaux, 165 171.

Duchêne E., Schneider C. (2005). Grapevine and climatic changes: a glance at the situation in Alsace. *Agronomy for Sustainable Development*, 25, 93-99.

Fraga, H., Malheiro, A. C., Moutinho-Pereira, J., Jones, G. V., Alves, F., Pinto, J. G., Santos, J. A. (2014). Very high resolution bioclimatic zoning of Portuguese wine regions: present and future scenarios. *Regional Environmental Change*, 14(1), 295-306.

Hannah, L., Roehrdanz, P.R., Ikegami, M, Shepard, AV., Shaw, M.R. *et al.* (2013). Climate change, wine, and conservation. *Proc. Natl. Acad. Sci.*, 110, 6907-6912.

Harris, R. M. B., Remenyi, T. A., Hayman, P., Thomas, D., Risbey, J., Petrie, P., Thatcher, M., Bindoff N. L. (2019) *Australia's Wine Future: Adapting to short-term climate variability and long-term climate change*. Final report to Wine Australia, Antarctic Climate and Ecosystems Cooperative Research Centre, University of Tasmania, Hobart, Tasmania.

Huglin P. (1978). Nouveau mode d'évaluation des possibilités héliothermiques d'un milieu viticole, *Comptes rendus des séances de l'Académie d'agriculture de France*, 64, 1117-1126.

Jones G.V., Davis R.E. (2000). Climate Influences on Grapevine Phenology, Grape Composition, and Wine Production and Quality for Bordeaux, France, *Am. J. Vitic. Enol.*, 51, 249-261.

Jones, G.V. (2006). Climate and Terroir: Impacts of Climate Variability and Change on Win. in Fine Wine and Terroir - The Geoscience Perspective. Macqueen R.W., Meinert L.D., *Geoscience Canada Reprint Series*, Number 9, Geological Association of Canada, St. John's, Newfoundland.

Jones G.V., Moriondo M., Bois B., Hall A., Duff A. (2009). Analysis of the spatial climate structure in viticulture regions worldwide, *Le bulletin de l'OIV*, 82, 507-518.

Le Roux, R., Katurji, M., Zawar-Reza, P., Quénol, H., Sturman, A. (2018). Comparison of statistical and dynamical downscaling results from the WRF model. *Environmental modelling & software*, 100, 67-73.

Moriondo, M., Jones, G.V., Bois, B., Dibari, C., Ferrise, R., Trombi, G., Bindi, M. (2013). Projected shifts of wine regions in response to climate change. *Climatic Change*, 119 (3-4), 825-839.

Neethling, E. (2016). *Adaptation de la viticulture au changement climatique : vers des stratégies à haute résolution* (Doctoral dissertation, Université Rennes 2).

Neethling, E., Petitjean, T., Quénol, H., Barbeau, G. (2017). Assessing local climate vulnerability and winegrowers' adaptive processes in the context of climate change. *Mitig. Adapt. Strateg. Glob. Change*, 22(5), 777-803.

Neethling, E., Barbeau, G., Coulon-Leroy, C., Quénol, H. (2019). Spatial complexity and temporal dynamics in viticulture : A review of climate-driven scales. *Agricultural and Forest Meteorology*, 276, 107618.

Ollat, N., & Touzard, J. M. (2014). Long-term adaptation to climate change in viticulture and enology: the LACCAVE project. Spécial Laccave, *Journal International des Sciences de la Vigne et du Vin*, 2014, 1-7.

Parker, A. *et al.* (2013). Classification of varieties for their timing of flowering and veraison using a modelling approach: a case study for the grapevine species Vitis vinifera L, *Agricultural and Forest Meteorology*, 180, pp. 249-264. doi: 10.1016/j.agrformet.2013.06.005.

Parker, A. K. *et al.* (2011). General phenological model to characterise the timing of flowering and veraison of Vitis vinifera L. *Australian Journal of Grape and Wine Research*, (17), pp. 206-2016. doi: 10.1111/j.1755-0238.2011.00140.x.

Parker, A. K. *et al.* (2020). Temperature-based grapevine sugar ripeness modelling for a wide range of Vitis vinifera L. cultivars, *Agricultural and Forest Meteorology*, (107902), pp. 1-13.

Parker, A. K., García de Cortázar-Atauri, I., Trought, M. C., Destrac, A., Agnew, R., Sturman, A., van Leeuwen, C. (2020). Adaptation to climate change by determining grapevine cultivar differences using temperature-based phenology models: This article is published in cooperation with the XIIIth International Terroir Congress November 17-18 2020, Adelaide, Australia. Guest editors: Cassandra Collins and Roberta De Bei. *OENO One*, 54(4), 955-974.

Petitjean T., Irimia L., Patriche C., Tissot C. Le Roux R. et Quénol H. (2021). Le changement climatique à l'échelle des vignobles : résultats du site pilote de Cotnari. Leaflet de synthèse du projet LIFE-ADVICLIM, 4 p.

Pieri, P., Girard, A. (2017). Projet HeatBerry-Microclimat des baies de raisin et qualité. *Work in Progress.*

Quénol, H., de Cortazar Atauri, I. G., Bois, B., Sturman, A., Bonnardot, V., & Le Roux, R. (2017). Which climatic modeling to assess climate change impacts on vineyards?. *Oeno One*, 51(2), 91-97.

Quénol, H. (2017). Viticulture – experimentation or adaptation? In *Adapting to Climate Change.* S. Thiebault, B. Laville and A. Euzen, ediSens.

Quénol H. *et al.* (2020). LIFE-ADVICLIM project: Final report. 90 p.

Remenyi, T. A., Rollins, D. A., Love, P. T., Earl, N. O., Bindoff, N. L., & Harris, R. M. B. (2020). *Australia's Wine Future-A Climate Atlas.*

Riou C., Pieri P., Le Clech B. (1994). Consommation d'eau de la vigne en conditions hydriques non limitantes. Formulation simplifiée de la transpiration. *Vitis* 33, 109-115.

Santos, J. A., Fraga, H., Malheiro, A. C., Moutinho-Pereira, J., Dinis, L. T., Correia, C., ... & Schultz, H. R. (2020). A review of the potential climate change impacts and adaptation options for European viticulture. *Applied Sciences*, 10(9), 3092.

Spinoni, J., Vogt, J., Barbosa, P. (2015). European degree-day climatologies and trends for the period 1951-2011. *International Journal of Climatology* 35, 25-36.

Tonietto, J. (1999). *Les macroclimats viticoles mondiaux et l'influence du mésoclimat sur la typicité de la syrah et du muscat de Hambourg dans le Sud de la France : méthodologie de caractérisation*. Thèse doctorat, École nationale supérieure agronomique de Montpellier.

van Leeuwen, C., Destrac-Irvine, A., Dubernet, M., Duchêne, E., Gowdy, M., Marguerit, E., *et al.* (2019). An update on the impact of climate change in viticulture and potential adaptations. *Agronomy*, 9(9), 514.

Van Leeuwen, C., Darriet, P. (2016). The impact of climate change on viticulture and wine quality. *J. Wine Econ.*, 11, 150-167.

Van Leeuwen, C., Schultz, H., Garcia de Cortazar-Atauri, I., Duchêne, E., Ollat, N., Pieri, P., Bois, B., Goutouly, J.P., Quénol, H., Touzard, J.M., Malheiro, A.C., Bavaresco, L., Delrot S. (2013). Why climate change will not dramatically decrease viticultural suitability in main wine-producing areas by 2050. *Proceedings of the National Academy of Sciences (PNAS)*, letter, 110 (33) E3051-E3052.

Webb, L. B., Whetton, P. H., Barlow, E. W. R. (2011). Observed trends in winegrape maturity in Australia. *Global Change Biology*, 17(8), 2707-2719.

Wohlfahrt, Y., Smith, J. P., Tittmann, S., Honermeier, B., Stoll, M. (2018). Primary productivity and physiological responses of Vitis vinifera L. cvs. under Free Air Carbon dioxide Enrichment (FACE). *European Journal of Agronomy*, 101, 149-162.

Xu Y., Castel T., Richard Y., Cuccia C., Bois B. (2012) Burgundy regional climate change and its potential impact on grapevines. *Climate Dynamics*, 39, 7-8, 1 613-1 626.

Chapitre 3 : Avant la plantation

Association pour la reconnaissance des vins bretons (2020), https://vigneronsbretons.bzh.

Huglin P. (1978), Nouveau mode d'évaluation des possibilités héliothermiques d'un milieu viticole, *Comptes rendus des séances de l'Académie d'agriculture de France*, 64, 1 117-1 126.

Institut national de la recherche agronomique (2016), Nathalie Ollat, ingénieuse vigne de demain, https://www.inrae.fr/actualites/nathalie-ollat-ingenieuse-vigne-demain.

Institut national de la recherche agronomique (2020), Vigne : le biocontrôle est sur les rangs, https://www.inrae.fr/actualites/vigne-biocontrole-est-rangs.

Institut National de l'Origine et de la Qualité (2014), Séance du 11 Septembre 2014, p16 A.O.C. « Château-Grillet » - Demande de révision de l'aire parcellaire délimitée - Rapport fondateur de délimitation. Avis de la commission d'enquête. www.inao.gouv.fr/eng/content/download/253/1947/.../RD-CNAOV-11-09-2014.pdf

Marguerit E. (2010), Déterminisme génétique des réponses au déficit hydrique de la transpiration et de la croissance, induites par le porte-greffe, chez la vigne. Thèse de doctorat, Université de Bordeaux.

Organisation Internationale de la Vigne et du Vin (2017), Distribution variétale du vignoble dans le monde. 53p.

Parker, A. K. *et al.* (2011), General phenological model to characterise the timing of flowering and veraison of Vitis vinifera L., *Australian journal of Grape and Wine Research*, (17), pp. 206–2016. doi: 10.1111/j.1755-0238.2011.00140.x.

Selosse M.A. (2017), Jamais seul, Ces microbes qui construisent les plantes, les animaux et les civilisations. Actes Sud.

Tonietto J. (1999), Les macroclimats viticoles mondiaux et l'influence du mésoclimat sur la typicité de la Syrah et du Muscat de Hambourg dans le sud de la France : méthodologie de caractérisation. Thèse de doctorat. École Nationale Supérieure Agronomique, Montpellier, 233p.

Quénol H. et al. (2020), LIFE-ADVICLIM project: Final report. 90p.

Quénol H., Madelin M., Loussert P., Corgne S., Grassin M. (2015), Influence du climat local sur la viticulture dans la province de Mendoza (Argentine), XXVIIIe Colloque de l'Association Internationale de Climatologie, Liège.

Wine Explorers (2020), La Norvège, vignoble le plus septentrional, https://www.wine-explorers.net/fr/carnet-de-voyage/la-norvege-vignoble-le-plus-septentrional.

Chapitre 4 : Au vignoble

Bureau Interprofessionnel des Vins de Bourgognes. (2018), Les moyens de lutte contre le gel.

Food and Agriculture Organization of the United Nations. (2011), Water for Sustainable Food and Agriculture, A report produced for the G20 Presidency of Germany.

Johnson-Bell L., (2017). Viticulture's Global Water Footprint: An Unaffordable Luxury, Italy's Archivio Antropologico Mediterraneo, numéro de décembre 2017.

Larignon P. (2020), Institut Français de la Vigne et du Vin, Impact du changement climatique sur l'expression des symptômes de l'Esca / BDA dans le vignoble français.

Matsumura S. (1931), 6000 illustrated Insects of Japan-empire. Toko, Shoin, Tokyo, Japan.

Chapitre 5 : Au chai

The Australian Wine Research Institute (2021), Smoke Taint, www.awri.com.au/industry_support/winemaking_resources/smoke-taint.

Chapitre 6 : Conditionnement et transport

Comité interprofessionnel du vin de Champagne (2010), Une bouteille de Champagne plus légère pour alléger l'empreinte carbone de la filière, www.champagne.fr/assets/files/cop21/communique_bouteille_allegee.pdf.

Gaia Consulting Oy (2018), Update of wine packaging LCA – Final report.

Greenpeace (2019), In a best-case recycling scenario plastic packaging production and plastic leakage still double by 2050 ?

Organisation Internationale de la Vigne et du Vin (2019), Note de conjoncture du secteur vitivinicole mondial, https://www.oiv.int/public/medias/7302/fr-note-de-conjoncture-2019-du-secteur-vitivinicole-mondial.pdf.

Chapitre 7 : Commerce, consommation, communication et éducation

Pérard J. et Wolikow C. [dir.], « Fluctuations climatiques et vignobles. Du Néolithique à l'actuel : impacts, résilience et perspectives », Rencontres du Clos-Vougeot 2019, Ed. Chaire UNESCO, LIR3S, 2020.

Table des matières

Table des encarts

À propos des auteurs

Jérémy Cukierman est marchand de vin à Paris depuis plus de 15 ans. À travers cette activité, il travaille avec des producteurs de vin du monde entier et a développé une relation privilégiée avec de nombreux vignerons prestigieux.

Après avoir passé son WSET Diploma en 2012, Jérémy Cukierman devient Master of Wine en 2017 et lauréat 2017 du prix Madame Bollinger, qui récompense la meilleure performance en dégustation à l'examen de l'Institut des Masters of Wine.

Jérémy Cukierman entraîne, depuis, les sommeliers français candidats pour les concours de sommellerie internationaux. Il est également consultant et conseille, notamment, une compagnie aérienne japonaise dans sa sélection de vins. Il anime, en parallèle, des conférences sur les vignobles internationaux, mais aussi sur le changement climatique, sujet de son papier de recherche à l'examen du Master of Wine.

Depuis juillet 2018, Jérémy Cukierman est directeur de la Kedge Wine School, le département vin et spiritueux de la Kedge Business School, qui forme chaque année plus de 300 étudiants internationaux aux métiers du vin et réunit de nombreux chercheurs spécialistes de la filière viti-vinicole.

Jérémy Cukierman écrit également pour différentes publications françaises et internationales. Il est l'auteur du livre *Vignerons essentiels* (Éditions de la Martinière, 2019), ouvrage qui retrace l'histoire de 26 vignerons du monde entier ayant fait bouger les lignes, pour lequel il est lauréat du prix Livres en Vignes du Clos-Vougeot et du prix de l'OIV (Organisation internationale de la vigne et du vin).

Hervé Quénol est géographe-climatologue et directeur de recherche au CNRS. Après un doctorat en climatologie locale, il a été recruté en 2004 dans l'unité de recherche « Littoral Environnement Télédétection et Géomatique » (LETG) à l'Université de Rennes. Ses travaux se concentrent sur l'analyse et la modélisation du climat aux échelles fines dans le contexte du changement climatique. Il a mené ou participé à une quinzaine de projets scientifiques nationaux et internationaux dont la majeure partie avec des applications en viticulture. Il a notamment coordonné le projet européen LIFE-ADVICLIM (2014-2020), où l'objectif était d'étudier les impacts du changement climatique dans des régions viticoles européennes et de proposer des scénarios d'adaptation et d'atténuation à l'échelle de la parcelle viticole. Ses principaux programmes de recherches sont réalisés en Europe mais aussi en Amérique du Sud et en Nouvelle-Zélande.

Il est auteur et co-auteur de plus de 90 publications dans des revues scientifiques à comité de lecture. En 2014, il a coordonné l'ouvrage *Changement climatique et terroirs viticoles* (Lavoisier, 2014), qui a été primé à l'Organisation internationale de la vigne et du vin (OIV) en 2015. Il est aussi membre de la délégation française du groupe d'experts de l'OIV dans la commission ENVIRO « Développement durable et changement climatique ».

C'est lorsqu'elle complète son baccalauréat en trompette classique que **Michelle Bouffard** troque l'instrument pour la bouteille. Michelle Bouffard a quitté l'univers de la musique il y a plus de 20 ans pour embrasser le monde du vin où elle se démarque rapidement en recevant son diplôme de sommellerie avec les plus hautes distinctions à l'International Sommelier Guild et en obtenant par la suite son WSET Diploma. Elle est copropriétaire de House Wine, de 2003 à 2015, une compagnie réputée et basée à Vancouver, spécialiste dans la gestion de celliers et l'événementiel. À cette même époque, elle fonde et préside l'Association Canadienne des Sommeliers de la Colombie-Britannique.

Michelle enseigne le WSET à Montréal et donne de nombreuses formations pour les interprofessions et les professionnels, en plus de collaborer avec le réputé pépiniériste Lilian Bérillon à titre d'éducatrice et d'ambassadrice. 2017 est une année d'écriture alors qu'elle publie son premier livre *Dis-moi qui tu es, je te dirai quoi boire* aux Éditions Cardinal et collabore au livre de recettes *Le Secret des Vietnamiennes* de Kim Thùy (éditions Trécarré) ainsi qu'au livre de *Curieux Bégin* (Éditions Cardinal). À la télévision, Michelle est sommelière, pour une sixième saison, sur cette même émission populaire *Curieux Bégin*. On peut l'entendre régulièrement sur les ondes d'*ICI Première de Radio-Canada* et lire ses écrits lors de ses nombreuses collaborations avec des magazines autant canadiens qu'internationaux.

En 2017, elle fonde Tasting Climate Change, un important symposium international qui explore les enjeux et les solutions possibles dans le monde viticole. En 2018, le magazine *Urbania* souligne son travail, son expertise et ses accomplissements en la sélectionnant parmi les 50 Québécois qui créent l'extraordinaire et qui tentent de faire bouger les choses. Michelle est invitée à participer à de nombreux panels et est sollicitée pour juger des concours de grande renommée au Canada et à l'international. Elle poursuit actuellement ses études au prestigieux programme de l'Institut des Masters of Wine.

Remerciements

Nous remercions notre éditeur Dunod, en particulier Églantine Gabarre, Marguerite Cardoso et Florian Boudinot.

Nos remerciements également à toutes celles et ceux qui nous ont aidé ou inspiré :

Lilian Bérillon, Jim Bernau, Melissa Brown, Camille Cohen, Audrey Chaufournier, João Corbette, Dr Roger Boulton, Margot Barolo, Pierre Corvisier, Ann Dumont, Haley Duncan, Thomas Dormegnies, Gilles de Baudus, Mac Forbes, Tony Hoare, Jock Harvey, Julien Gervreau, Dr Mark Greenspan, Dr Dylan Grigg, António Rios de Amorim, Katie Jackson, Dr Peter Jacoby, Allison Jordan, Carlos de Jesus, Ted Kalaboukis, Sophie-Fréderique Ly-Hai, Jean-Philippe Lefebvre, Michael Marler, Christoph Kammüller, Stephen Pannell, Marc Picon, Alice Rule, Karen Titulaeur, Miguel A. Torres, John Williams, Rory Williams, Dr. José Vouillamoz, Lulie Halstead, Justine Tesseron, Alfred Tesseron, Jean-Michel Comme, Mathieu Bessonnet, Michel Drappier, Jean-Louis Trapet, Loïc Pasquet, Paolo de Marchi, Aubert de Villaine, Jean-Charles Abbatucci, Faustine Abbatucci, Jean-Baptiste Lecaillon, Marie-Thérèse Chappaz, Eben Sadie, Adi Badenhorst, Chris et André Mullineux, Callie Louw, Paul Draper, Antonio Magalhães, Marc-André Selosse, Michael Schuster, Pascaline Lepeltier, Andrew Jefford, Hugh Johnson, Stéphanie Martel, Hannelore Chamaux, Christophe Chateau, Michael Seresin, Florence et Daniel Cathiard, Mathilde Thomas-Cathiard et Bertrand Thomas, Eran Pick MW, Sam Harrop MW, Liz Thach MW, Oleg Dmitriev, Fabien Nguyen, Olivier Gergaud, Magali Delmas, Joshua Greene, Eric Asimov, Al Gore, Adrian Bridge, Pancho Campo, Tobias Webb, Agatha Pereira, Etienne Neethling, Kees Van Leeuwen, Nathalie Ollat, Laure de Rességuier, Théo Petitjean, Renan Le Roux, Gwenaël Morin, Cyril Tissot, Andrew Sturman, Liviu Irimia, Amber Parker, Valérie Bonnardot, Mercedes Fourment, Benjamin Bois, Gonzaga Santesteban, Jocelyne Pérard, Maria Cardell, Rebecca Harris, Clémence Vannier, tous les partenaires scientifiques et professionnels viticoles des programmes de recherches LIFE-ADVICLIM, IRP-VINADAPT, LACCAVE, et AVVENIR, et bien d'autres encore.

Crédits photographiques des cahiers couleurs

P. 5 haut : © Étienne Neethling. **P. 5 bas :** Jérémy Cukierman. **P. 6 haut :** Claude Cruells / © Domaine du Comte Abbatucci. **P. 6 bas :** © Domaine du Comte Abbatucci. **P. 7 :** © Pépinière Bérillon. **P. 8 haut :** Jérémy Cukierman. **P. 8 bas :** Hervé Quénol. **P. 9 :** © Louis Trapet. **P. 10 :** Emma K. Morris / Frog's Leap. **P. 11 haut :** © JordiElias. **P. 11 bas :** © Torres. **P. 12 :** © Les Vignerons de Buzet. **P. 13 haut :** © JordiElias. **P. 13 bas :** © Gibson Outdoor Photo – shutterstock.com. **P. 14 haut :** © Château Pontet-Canet. **P. 14 bas :** © Château Pontet-Canet / Photo Benjamin Deroche. **P. 16 haut :** © Amorim. **P. 16 bas :** Karen L Block/UC Davis.

82473 - (I) - BOU 80° - PCA - MPN
Imprimerie CHIRAT - 42540 Saint-Just-la-Pendue
Dépôt légal : septembre 2021

Imprimé en France